Enrico Brissa
Auf dem Parkett

Enrico Brissa

AUF DEM PARKETT

Kleines Handbuch
des weltläufigen Benehmens

Mit Illustrationen von
Birgit Schössow

Siedler

Zitate auf den Seiten 34 und 208 aus:
Thomas Mann, Bekenntnisse des Hochstaplers Felix Krull.
Gesammelte Werke in dreizehn Bänden. Band VII.
© S.Fischer Verlag GmbH, Frankfurt am Main 1960, 1974.

Verlagsgruppe Random House FSC® N001967

Zweite Auflage
März 2018

Copyright © 2017 Siedler Verlag, München, in der Verlagsgruppe Random
House GmbH, Neumarkter Straße 28, 81673 München
Umschlaggestaltung: Birgit Schössow
Satz: Vornehm Mediengestaltung GmbH, München
Druck und Bindung: Friedrich Pustet, Regensburg
Printed in Germany
ISBN 978-3-8275-0112-7

www.siedler-verlag.de

Dieses Buch ist auch als E-Book erhältlich

*Das Leben ist kurz, aber man
hat immer Zeit für Höflichkeit.*
Ralph Waldo Emerson

*Manieren sind ja auch Lüge,
aber angenehmer als »Hoppla«.*
Fritz J. Raddatz

INHALT

VERZEICHNIS DER BEGRIFFE

VORWORT

Wenn es um Manieren geht, hat wohl jeder von uns unvergessliche Erfahrungen gesammelt. Ich erinnere mich gut an die harte Schule meiner italienischen Familie, besonders an meine Großtanten. Aus der Normalität meiner süddeutschen Kindheit kommend, tauchte ich in unserem alten Familienhaus im Piemont regelmäßig in eine Welt von Gestern ein. Das lag nicht nur an all den alten Bildern, Büchern und anderen Zeugnissen der Vergangenheit, die das Haus beherbergte. Hier herrschte auch ein strenges Regiment.

Es war jedenfalls ratsam, sich schon auf der Autofahrt die Namen und korrekten Begrüßungsformeln für die Mitglieder meiner nicht gerade kleinen Familie einzuprägen. Außerdem die wichtigsten Regeln, also diejenigen, deren Nichtbefolgung geahndet wurde. Meine Großtanten legten etwa Wert darauf, dass ich sie mit »Zia« (Tante) plus der Koseform des Vornamens anredete und anschließend küsste. Gerne wurde ich hierbei in die Wange gekniffen. Meinen Großonkel Dino durfte ich schon als Junge nicht mehr küssen. Er verkündete, ich sei nun groß genug, um ihn – sozusagen von Mann zu Mann – mit einem Handschlag zu begrüßen.

Die gemeinsamen Essen fanden oft in einem festlichen Rahmen statt. Ich kann mich nicht daran erinnern, ob sie mir als kleiner Junge Spaß gemacht haben. Wahrscheinlich nicht, weil meist nur die Erwachsenen sprachen. Wir Kinder ersehnten deshalb die Erlaubnis, aufstehen zu dürfen. Dafür habe ich dort Tischsitten gelernt. Der Ton meiner Großtanten war hierbei nicht so verständnisvoll und freundlich wie in einer Berliner Kita. Den Käse habe ich deshalb nur einmal falsch abgeschnitten. Und nur einmal habe ich die Flasche beim Nachschenken falsch gehalten.

Als Kind war mir nicht bewusst, dass bei all dieser Strenge das Einhalten der Regeln kein Selbstzweck war. Sondern auch ein Zeichen von Achtsamkeit und Respekt. Die Regeln, so harsch ich sie auch empfunden habe, gaben mir Halt. Und sie halfen mir auch, eine bestimmte Haltung zu entwickeln, die von Höflichkeit und Rücksicht geprägt ist.

Die Großtanten-Zeiten von Sitte und Anstand sind vorbei (auch in meiner Familie herrschen zeitgemäßere Umgangsformen). Und doch haben mich diese Erfahrungen geprägt. Seit ich im Protokoll arbeite, fällt mir auf, dass viele Menschen, was Umgangsformen und gutes Benehmen angeht, eine große Verunsicherung spüren. Oft werde ich um Rat gefragt, etwa wie man sich an einer großen Tafel verhält oder jemanden korrekt begrüßt. Ich konnte Damen und Herren beobachten, die schon mit einem etwas förmlichen Abendessen derart überfordert waren, dass sie den Abend gar nicht mehr genießen konnten. Oder sie waren so verunsichert, wie sie hochgestellten Persönlichkeiten begegnen sollten, dass der Zweck der Begegnung – ein möglichst barrierefreier Austausch – ein Stück weit gefährdet war.

Im Privaten sieht es nicht anders aus. Dabei scheint es mir, dass die Formen und Regeln des Umgangs, die Gebräuche, Rituale und Symbole menschlichen Benehmens oft nicht mehr präsent sind. Die Unsicherheit ist entsprechend groß. Hat es damit zu tun, dass wir uns in den letzten Jahrzehnten angewöhnt haben, Regeln generell misstrauisch zu begegnen? Man kann ja Regeln in Frage stellen, manchmal zu Recht. Was aber, wenn sie schon gar nicht mehr bekannt sind?

Ich muss dabei an den Jurastudenten denken, der sich mit einer blitzschnellen Bewegung den Knödel, der auf dem Teller seines neben ihm sitzenden Professors verblieben war, wortlos aufspießte und verschlang. Kein Witz, sondern die Realität an einer altehrwürdigen deutschen Fakultät. Oder an die junge Amerikanerin, die den Frühstücksraum eines Hotels in einem – freilich eleganten – Pyjama betrat. Nebst Kopfhörern und Smartphone, dauer-

haft telefonierend. Oder an den verspäteten Gast, der sich nicht
an die Kleidungsempfehlungen hält, das Geschenk vergessen hat,
bei Tisch raucht, in eine kostbare Silberschale ascht, sich mit dem
Fischmesser eine Butterstulle schmiert, reinbeißt, den Rest auf den
Brotteller des Tischnachbarn legt, die Gabel in der rechten Hand
hält, mit dem Besteck rumfuchtelt, um seinen Worten größeren
Nachdruck zu verleihen, das Messer ableckt, ohne Punkt und
Komma spricht und am Ende als Letzter geht.

Dies mögen Extremfälle sein, und die meisten von uns würden sich niemals so rücksichtslos verhalten. Und dennoch ist unser
Alltag voller Egos und Rempler. Ob in der Bahn, beim Einkauf
oder im Sportstudio. Dies sind auch Zeichen dafür, dass wir uns
immer weniger auf die Geltung eines Kodex von Umgangsformen
verlassen können. Warum spüren viele von uns diese Unsicherheit,
warum sind die Selbstverständlichkeiten im Umgang miteinander
verloren gegangen?

Mir scheint, dies hat auch mit den Folgen zu tun, die eine glo-
balisierte Welt und besonders die digitale Revolution für unsere
Umgangsformen hat. Mit der Globalisierung geht ein beträchtlicher Konformitäts- und Anpassungsdruck einher, manche kulturellen Eigenheiten und Sicherheiten gehen verloren. Vieles in
unserem Leben ist weniger berechenbar als noch vor einigen Jahren. In dem Maße, wie sich unsere Arbeitswelt immer schneller
wandelt, sind wir zudem gezwungen, ständig neuen beruflichen
Anforderungen zu genügen. Und uns auf neue Menschen einzustellen. Andernorts mag ein anderer Ton herrschen und es mögen
andere Regeln des Miteinanders gelten. Zugleich scheint unser
Leben deutlich weniger in soziale Strukturen eingebunden zu
sein, ob Familie, Kirchen, Vereine oder Parteien. Wir bekommen
immer weniger soziales Feedback und sind zunehmend auf uns
selbst bezogen (»Mein Handy und ich«). Wie aber sollen wir ein
Gespür für den Umgang mit anderen Menschen entwickeln, wenn
es – außerhalb des Berufes – immer weniger Erfahrungen in einer
Gruppe gibt?

Dazu ist es die Digitalisierung, die uns und unser Verhalten

grundlegend ändert. Und die zu ebenjener Verunsicherung bei-
trägt. Die Rationalisierung der Kommunikation führt zu einer
Datenflut, die uns analoge Nutzer überfordert. Wir wissen oftmals
nicht mehr, wie wir die Masse an Informationen und Nachrichten bewältigen sollen. Die wachsenden Speicher der Smartphones
sind immer rascher gefüllt, der Alltag ist geprägt von ungezählten
E-Mails, SMSen, WhatsApp-Nachrichten, Tweets, Eilmeldungen,
Posts und vielem mehr. Oft können wir uns nicht mehr genau erinnern, wem wir wann etwas geschrieben, oder wann wir von wem
etwas erhalten haben. Viele Menschen lesen eingehende Nachrichten schon gar nicht mehr, ganz davon zu schweigen, dass sie
darauf antworten. Ohne Suchfunktionen wären wir aufgeschmis-
sen. Vielen von uns fehlt die Zeit, die Ruhe und der Überblick, um
unsere Art des Umgangs mit anderen souverän und angemessen
zu gestalten. Die Welt wird immer kleiner, aber auch immer komplizierter. Wenn sich Menschen aber zunehmend als Objekte der
Tools und Apps empfinden, ist ein würdiger Umgang miteinander
fast unmöglich. Zudem kommt die digitale Kommunikation weniger persönlich und verbindlich daher. Statt anzurufen, sagt man
lieber schnell per WhatsApp ab.

Nach meinem Eindruck ist die Verunsicherung in Deutschland
besonders ausgeprägt. Wirken hier die vielen historischen Zäsuren
und gesellschaftlichen Umbrüche der jüngeren Geschichte, die so
manche vermeintliche Gewissheit hinweggespült haben, in unserem Alltag nach?

Umgangsformen dienen bestimmten gesellschaftlichen Gruppen und sozialen Schichten immer auch zur Abgrenzung. In
Deutschland ist dieses Phänomen allerdings weniger ausgeprägt
als anderswo. Rigide Verhaltensnormen gehörten nicht gerade
zum Selbstverständnis unserer Nachkriegsgesellschaft. *Aufstieg
durch Leistung* – das war das Gründungsversprechen der jungen
Bundesrepublik, wobei, zumindest dem Anspruch nach, die Herkunft eine untergeordnete Rolle spielen sollte. Manieren als Teil
von Klassenidentitäten waren mit diesem Anspruch jedenfalls
nicht vereinbar.

Oder kann man gar noch einen weiteren Schritt zurückgehen, zur deutschen Romantik, die mit ihrer Gesellschaftskritik und Weltflucht zu einer Relativierung sozialer Normen geführt hatte? Das berauschte »Genie« entzog sich schließlich den Regeln der Gesellschaft.

»Auf dem Parkett« möchte ein Plädoyer für die schönen Künste der Höflichkeit sein. Es möchte dazu beitragen, das Bewusstsein für die Umgangsformen – und damit für einen zentralen Aspekt der Lebenskunst – zu stärken. Dabei ist die Form kein Selbstzweck, es geht also nicht per se um ein formvollendetes Auftreten und Handeln. Sondern vor allem um eine Haltung, die auf Rücksicht, Respekt und Aufmerksamkeit gründet. Ich möchte keine antiquierten Vorstellungen von Benimm wiederbeleben und die Höflichkeit um ihrer selbst willen retten. Umgangsformen sind einem kontinuierlichen Wandel unterworfen, nicht zuletzt im Verhältnis zwischen *Dame* und *Herr*. Jede Zeit hat ihre eigenen Umgangsformen. Das Buch soll in diesem Sinne dabei helfen, dass wir wieder mehr Wert auf ein achtsames Miteinander legen.

»Auf dem Parkett« fasst einige für den Umgang nützliche Regeln zusammen. Im Übrigen verzichte ich darauf, die Leserinnen und Leser mit einer Sammlung von »Mikro«-Etikette-Vorschriften zu langweilen. Der Mensch ist kein Computer. Es ergibt keinen Sinn, sich alle Aspekte korrekten Benehmens zu merken, um dann – sozusagen algorithmisch – entsprechend zu handeln. Kleinteilige Verhaltensregeln, die mit einer Pseudo-Autorität fixieren, dass »man« so und nicht anders isst oder dieses oder jenes trinkt oder nur auf eine bestimmte Weise hustet oder niest, enden in einem Normendschungel. Einem Netz, in dem man sich unweigerlich verheddert.

Sinnvoller scheint mir, sich mit den Grundlagen menschlichen Verhaltens und Miteinanders vertraut zu machen. Werden diese dann noch durch eine aufmerksame Beobachtung des Alltags und eine rücksichtsvolle Haltung ergänzt, kann eigentlich nichts mehr schiefgehen. Wenn wir uns dabei mit unserer eigenen Kultur vertraut machen und über ein Verständnis für die eigenen sozialen

Normen verfügen, werden wir es im täglichen Umgang mit anderen Verhaltenskodizes sicher leichter haben. Nicht, weil wir die anderen Regeln kennen, sondern weil wir ein Gespür für den Wert dieser Normierungen entwickelt haben.

Von jeher ist das menschliche Verhalten Gegenstand intensiver Betrachtung. Es gibt einen breiten Fundus historischer Quellen und Darstellungen der Beschreibung und Regelung von Umgangsformen. Das reicht von den altägyptischen Schriften und konfuzianischen Riten über das »Zeremonienbuch« des byzantinischen Kaisers Konstantin VII. Porphyrogennetos (die wohl älteste systematische Abhandlung protokollarischer Fragen) bis hin zur höfischen Kultur Japans oder Europas oder den vielen Benimmbüchern der letzten 200 Jahre.

Viele der neueren Werke sind ausdrücklich und ausschließlich den Umgangsformen gewidmet. Manche Autoren haben es sogar zu einiger Berühmtheit gebracht, man denke an Adolph Freiherr Knigge, Erica Pappritz, Emily Post, Amy Vanderbilt, Letitia Baldrige und zuletzt Asfa-Wossen Asserate. Die Namen Knigge, Pappritz und Post sind gar zu einem Synonym für gute Manieren geworden. Im Falle von Knigge völlig zu Unrecht, da sich dieser Aufklärer höchstens am Rande mit Fragen des Benehmens beschäftigt. Dabei hat Gegenwartsliteratur zur Höflichkeit, Etikette und Manieren in Deutschland einen eher schlechten Ruf. »Benimmbüchern« und »Anstandsliteratur« scheint etwas Antiquiertes anzuhaften: überflüssig, banal, ein alter Zopf.

Das vorliegende Buch verfolgt einen anderen Ansatz. Mir geht es im Gegensatz zu den meisten der genannten Autoren nicht um die strenge Befolgung von Regeln, es kommt mir viel eher darauf an, ein Bewusstsein dafür zu entwickeln, wie wir mit den Regeln souverän umgehen können.

Weil die Umgangsformen und das Protokoll untrennbar miteinander verwoben sind, beziehe ich zudem die Welt des Protokolls und Zeremoniells in meine Betrachtungen ein. Diese Verbindung ist nicht nur historischer Natur, sie wirkt bis heute fort. Gerade bei protokollarischen Ereignissen kommt es in besonderer Weise auf ein weltläufiges Benehmen an. Andererseits sind auch im Privaten viele Vorstellungen eines angenehmen Miteinanders von Normierungen im öffentlichen Raum geprägt. In abgewandelter Form leben zahlreiche vormals höfische Usancen in unserem egalitären, modernen Privatleben fort. Es genügt ein Blick auf die Ursprünge zahlreicher Riten und Symbole, etwa bei Tischsitten und Besuchen.

Aus dieser Nähe zur Welt des Protokolls und der Diplomatie ergibt sich auch, dass sich die begrifflichen Erläuterungen dessen, was im Privaten *comme il faut* ist, oftmals eher an traditionellen Vorstellungen orientieren und nicht an anderen Soziotopen, etwa der Lebenswelt von Berlin-Mitte-Hipstern oder der Freiburger alternativen Szene, um nur zwei markante Milieus herauszugreifen. Allen Hipstern sei im Übrigen der kurz nach dem Ersten Weltkrieg verfasste Rat des Dadaisten Walter Serner ans Herz gelegt, der erstaunlich aktuell wirkt: »Die Mode der schwarzen Hornbrillen, welche der Funktion obliegen, Geist anzuschminken, steht durchaus neben jenen Vollbärten, die aus dreißigjährigen Halunken fünfzigjährige Respektspersonen machen. Verzichte auf solche Kindereien, welche dir weniger Vertrauen eintragen als eine gut gewählte und raffinierte Krawatte.«

Oldschool wird in diesem Kontext also positiv verstanden. Als gute Grundlage für eine individuelle Adaption, die der Haltung des Einzelnen gerecht wird. Denn es steht natürlich jedem frei, sich nach den Vorstellungen eines gesellschaftlichen Comments zu richten, oder aber nicht.

Wir alle müssen täglich unzählige Male entscheiden, wie wir uns in welcher Rolle und Funktion verhalten. Wir sind eben vieles in einem. Ein schönes Beispiel ist der Twitter-Account »@POTUS44 (President of the United States): Barack Obama, Dad, husband, President, citizen«.

Obwohl unsere plurale und tolerante Gesellschaft mit Sanktionen zurückhaltend geworden ist, sollte man nicht dem Trugschluss erliegen, dass Normverletzungen nicht mehr geahndet würden. Die Wahrnehmung, Kommentierung und Sanktionierung des Verhaltens anderer gehört nach wie vor zum Kernbereich sozialer Kommunikation. Auch die kleinste gestische Reaktion, etwa die sprichwörtlich hochgezogene Augenbraue, hat im Einzelfall eine beträchtliche diskreditierende Kraft. Der Ruf eines jeden gesellschaftlichen Akteurs ist bekanntermaßen sein soziales Kapital, das es gegen eine stückweise Aufzehrung zu bewahren gilt.

Gute Umgangsformen sind also essentiell. Sie sind ein hartes Auswahlkriterium. Im Job, aber auch im Privaten. Das Besondere bei dieser Auswahl ist, dass sie meist im Verborgenen geschieht. Anders als vor einem Berliner Club bekommt der Abgewiesene hier oftmals gar nicht mit, welche Tür ihm verschlossen bleibt. Sich mit zwischenmenschlichem Verhalten zu beschäftigen und sein eigenes Benehmen zu reflektieren, lohnt sich also immer. Ich möchte mit diesem Buch dazu beitragen, dass es in unserem Leben möglichst wenige geschlossene Türen gibt.

»Auf dem Parkett« beschränkt sich darauf, einige für das weltläufige Benehmen maßgebliche Grundlagen und Zusammenhänge in Form eines alphabetischen Nachschlagewerkes aufzuzeigen. Für die vielfältigen Lebensbereiche steht ergänzend ein großes Repertoire an spezieller Literatur zur Verfügung. Diesem Gedanken folgend, bleibt etwa der gesamte Komplex »Tod und Trauer« ausgespart.

Es werden 150 Begriffe erläutert, von *Abendland* bis *Zurückhaltung*. Diese lassen sich grob in vier Gruppen einteilen. Die erste besteht aus grundlegenden Begriffen (etwa *Dame, Etikette, Protokoll, Ritual, Rücksicht, Symbol* oder *Zurückhaltung*). In der zweiten und größten Gruppe sind die Stichworte zusammengefasst, die die vielfältigen Formen von Kommunikation im gesellschaftlichen Leben umschreiben (hierzu zählen u. a. *Absage, Anrede, Antwort, Begrüßung, Bekanntmachung, Tanz, Verabschiedung* oder *Vorstellung*). Die dritte Gruppe bilden die Begriffe aus der Welt des Protokolls und des Zeremoniells (etwa *Ablauf, Audienz, Bankett, Defilee, First Lady, Flagge, Hymne, Orden, Placement, Rang, Roter Teppich, Schloss Bellevue* und *Staatsbesuch*). Essen und Trinken nehmen einen wichtigen Platz auf dem Parkett ein. Ihnen ist mit *Aperitif, Essen, Serviette, Tafel, Tafelmusik, Tischsitten, Toast, Turning the table, Wein* und weiteren Stichworten die vierte Gruppe gewidmet.

Zum besseren Verständnis sind Verweise auf andere Begriffe farblich kenntlich gemacht. Im Übrigen wird auf das Register verwiesen. Zu Gunsten der Lesbarkeit habe ich darauf verzichtet, Angaben zur Literatur in den Text aufzunehmen. Diese sind im Literaturverzeichnis zusammengefasst.

Ich hoffe, die Leserinnen und Leser auf diese Weise für die schönen Künste der Höflichkeit zu begeistern und freue mich über Anmerkungen, Hinweise und Korrekturen.

Enrico Brissa, im März 2018

A

ABENDLAND

Dass mit der Sonne und dem beklagten Sittenverfall im Schutze der Dunkelheit gleich das ganze A. untergeht, ist genauso zweifelhaft wie das Lamento, die Unterschiede zum islamisch und griechisch-orthodoxen Morgenland würden sich allmählich auflösen. In jüngerer Zeit ist von einer angeblichen »Islamisierung« des A. die Rede – ein fataler Missbrauch des Begriffs.

Jedenfalls ist das A. ein – zumeist mit dem Adjektiv *christlich* versehener – Teil Westeuropas, der als Herkunftsort der Beobachtungen und Empfehlungen gelten mag, die in diesem Handbuch versammelt sind. Das A. ist unser gemeinsames, sich aber auch stetig wandelndes kulturelles Fundament. Das Motto der Europäischen Union »In varietate concordia« fasst dies prägnant zusammen (→ Symbol). Die Vielfalt der »westlichen Welt« bringt dabei ebenso vielfältige Verhaltensnormen mit sich (→ Manieren; Protokoll).

ABLAUF

Eine Art Regieanweisung des Protokolls, damit die Ausgestaltung von Ereignissen einer strengen Ordnung folgt (→ Zeremoniell). Dass es nicht »Ablauf*plan*« heißt, weist auf den protokollarischen Imperativ hin. Früher sprach man von »Hof-Ansage«, »Reglement« oder »Ceremonial«.

Doch widersetzt sich die Realität regelmäßig diesem Befehl. Durch das Verhalten der Beteiligten, durch technisches Versagen – etwa steckenbleibende Aufzüge – und andere Überraschungen. So gesellen sich immer wieder Unbekannte zu den für ein sog. Familienfoto aufgereihten Regierungschefs, wo sie erstmal gar nicht auffallen. Unvergessen – aber nicht für alle damals im Schloss Bellevue Beteiligten komisch – ist auch der Auftritt des als Königin Beatrix verkleideten Hape Kerkeling 1991 (»Ich will lecker essen mit dem Präsidenten«).

Ausgewachsene Exemplare des A. bringen es auf ein Taschenbuchformat. Die Adressaten haben bisweilen ein gespaltenes Verhältnis zu diesen Leitfäden. Einerseits wissen sie die Perfektion der Ablaufgestaltung zu schätzen. Andererseits stöhnen sie über die Fülle der zu beachtenden Details. Protokoll liebt Details. Nicht um ihrer selbst willen, sondern weil sich die erforderliche »Ablaufsicherheit« nur erreichen lässt, wenn die mit der Vorbereitung Betrauten an jede Einzelheit gedacht, alles abgesprochen und in einem A. festgelegt haben. Eine kurze Begrüßungsszene könnte in einem A. so formuliert werden:

»Eintreffen I. M. Königin *Soundso* und S. K. H. Prinz XY an der …
(Das Fahrzeug hält vor dem roten Teppich, I.M. Königin *Soundso* sitzt im Fond rechts.)
Hinweis:
(Blickrichtung zum Gebäude) links: Medienvertreter, rechts: Zuschauer.
Der Bundespräsident und Frau N.N. begrüßen I. M. Königin *Soundso* und S.K.H. Prinz XY.
Gang I. M. Königin *Soundso*, des Bundespräsidenten, S.K.H. Prinz XY und Frau N.N. über den roten Teppich zum Haupteingang des …-Gebäudes.«

Die Klagen über diese Detailversessenheit sind jedoch nicht ganz neu. So schrieb der Journalist und Schriftsteller Fedor von Zobeltitz im Jahre 1904: »Die Hofansagen sind in letzter Zeit eindringlicher geworden; sie sind zuweilen mit Erläuterungen versehen, zuweilen muten sie wie freundliche Warnungstafeln an!«

ABSAGE

Wenn Rücksicht und Verbindlichkeit Voraussetzung für souveräne Umgangsformen und gute Manieren sind (→ Höflichkeit), sollte es für uns alle selbstverständlich sein, dass wir getroffene Verabredungen im Verhinderungsfalle absagen. Ein schwerer Fauxpas ist es, durch ein bloßes Fernbleiben abzusagen.

Man könnte annehmen, bei der A. einer Verabredung gehe es nur um das Wie, also den Zeitpunkt und die äußere Form, nicht um das Ob. Die Realität sieht aber anders aus. Häufig bekommt man weder eine Antwort noch eine A. Die *no-show* desjenigen, der zugesagt hat, dem Ereignis aber fernbleibt, scheint heute in Deutschland ebenso beliebt zu sein wie die spontane Anwesenheit des Gastes, der nie zugesagt hat.

No-shows in Berlin sind ein Thema für sich. In der unverbindlichen Berliner Republik scheint das Gebot der Stunde zu sein, sich bloß niemals festzulegen. Alles soll immer möglich sein, Pläne dürfen ruhig Pläne bleiben. Wer umsetzt, legt sich fest, schränkt seine Optionen ein. Je mehr Möglichkeiten der A. dem Eingeladenen zur Verfügung stehen (Brief, Fax, Telefon, E-Mail, SMS, Kalendereinladungsfunktion, Doodle und zahlreiche Apps), desto weniger erfährt der Gastgeber von dem nicht ganz unerheblichen Umstand, dass er einen Gast weniger zu bewirten hat (→ Einladung; Gast und Gastgeber).

Ein Beispiel für diese Kommunikation à la Boheme: Vor wenigen Jahren lud in Berlin eine jüngere Dame aus Anlass ihres 40. Geburtstages einen größeren Kreis von Freunden und Bekannten in ein italienisches Restaurant ein. Geantwortet hatten nur wenige. Von diesen hatten zwölf zugesagt. Als gute Gastgeberin erschien sie kurz vor 20 Uhr – der verabredeten Zeit –, um ihre Gäste zu begrüßen. Zunächst kam jedoch niemand. Daran änderte sich auch lange nichts. Kurz vor halb zehn Uhr waren fünf gut gelaunte Gäste im Lokal erschienen. Sie fanden ihre Gastgeberin betrunken am Tresen vor.

In der digitalen Welt bleibt offenbar alles im Fluss, verbindliche Verabredungen, Zusagen oder A. gelten womöglich deshalb als spießig und altbacken, weil soziale Netzwerke die Raum-Zeit-Koordination in Echtzeit zu übernehmen scheinen. Solange Apps jedoch nicht in der Lage sind, die logistischen Voraussetzungen eines Ereignisses zu schaffen und zu bezahlen, ist eine solche digitale Laissez-faire-Haltung grob unhöflich. Jeder, der selbst schon einmal der schwindenden Gruppe der Gastgeber angehört hat, wird dies verstehen. Die eigene Zeit und die eigenen Ressourcen können demnach nie kostbarer sein als die Zeit und Ressourcen der Mitmenschen.

Bevor man sich Gedanken zu den angemessenen Modalitäten der A. macht, sollte man sich vor Augen führen, dass nicht jeder Grund zur A. berechtigt. Notlügen taugen nicht, auch sie haben kurze Beine. Abgesehen davon kann es ratsam sein, die A. mit einer Geste der Entschuldigung zu verbinden (→ Blumen).

ADEL

Für Etikette, Manieren und Protokoll ist der A. – oder das, was von ihm übrig blieb – noch immer von Bedeutung. Und zwar in mehrfacher Hinsicht: Als herrschende Klasse prägte er wie keine andere diese Disziplinen, die sich allesamt auf die höfischen Kulturen zurückführen lassen.

Und oft ist der A. auch heute noch ein Reservat, in dem die vom Aussterben bedrohten Verhaltensweisen der Höflichkeit, vor allem im Verhältnis des Herrn zur Dame, geübt werden. Bälle, Hochzeiten und Familientage in Adelskreisen legen hiervon Zeugnis ab. Gute Umgangsformen sind im A. Teil des Selbstverständnisses. Was nicht ausschließt, dass in dieser Gruppe schwarze Schafe grasen. Im Gegenteil: Es scheint, als dominierten sie die Berichterstattung der Klatschpresse.

Ob man »von Familie« ist, zeigt sich zuerst durch das Verhalten, nicht durch eingetragene Namensbestandteile.

Die korrekte Anrede von Mitbürgern adeliger Herkunft ist im Einzelfall schwierig. Im Gegensatz hierzu pflegt man in bestimmten Kreisen des deutschsprachigen A. gerne das Du. »Bürgerliche« werden jedenfalls eher gesiezt. Dieses Duzen hat seine Wurzeln wohl im Sprachgebrauch der k. und k. »Gemeinsamen Armee«, in der sich die Offiziere als ihresgleichen duzten, allerdings unter Verwendung der Titel.

Gleiches galt für das Wiener »Ministerium des kaiserlichen und königlichen Hauses und des Äußern«, in dem die wenigen Diplomaten ohnehin fast alle miteinander verwandt waren. Diese Duztradition wurde dann in die Republik übernommen. Nachdem sich der (österreichische) auswärtige Dienst für Frauen geöffnet hatte, wurden die neuen Kolleginnen zunächst konsequent gesiezt, während sich die Ehefrauen der Diplomaten untereinander duzten. Eine diskriminierende Praxis, die tatsächlich erst in den 1980er Jahren abgeschafft wurde.

In Österreich kann man auch heute noch die Anreden »Du Herr General« und »Du Herr Botschafter« hören. Allerdings nur »nach oben«; »nach unten« genügt das des Titels entledigte Du. Den spanischen Habsburgern *(Casa de Austria)* sei es gedankt, dass diese besondere Form des Du noch heute in Spanien verwendet wird.

Was die Anrede in Kreisen des A. angeht, ist schließlich noch eine nahezu epidemische Verwendung von Spitznamen zu beobachten. Zahlreiche edle Vornamen mit Ahnenbezug werden zu einer Verniedlichung destilliert, die oftmals an ein Plüschtier erinnern, z. B. »Gaudi«, »Jojo«, »Hubsi« und »Ferdi«. Wer diesen Code nicht kennt, gehört nicht dazu.

Unsere dem Gleichheitssatz verpflichtete offene Gesellschaft lebt mit einem Adels-Paradoxon: Der A. ist tot. Es lebe der A.! Gemäß Artikel 123 des Grundgesetzes gilt Artikel 109 Absatz 3 Satz 2 der Weimarer Reichsverfassung als Bundesrecht fort: »Adelsbezeichnungen gelten nur als Teil des Namens und dürfen nicht mehr verliehen werden.« Aus dem Adelsprädikat, das in Deutschland als Präposition daherkam, wurde ein bloßer Namensbestandteil. Als Stand bleibt der A. damit abgeschafft. Dennoch lebt er in der gesellschaftlichen Realität fort. In gewisser Weise sogar mehr als früher, weil sich viele zum A. zugehörig fühlen, die nach den adelsrechtlichen Bestimmungen von 1918 sicher nicht dazugehörten.

Die etwas künstliche Figur der Namensbestandteile führt bisweilen zu sprachlichen Kuriosa, z.B. zu der tautologischen Anschrift an den »Herrn Freiherr« (nicht: Herrn Freiherrn, da Namensbestandteile nicht deklinierbar sind!). Wer die Integration der vormaligen Adelsbezeichnungen in den Familiennamen ernst nimmt, möge der Tochter des Grafen den um »Graf« – nicht etwa Gräfin – ergänzten Familiennamen zubilligen. In Deutschland gibt es nämlich keine nach Geschlecht differenzierten Familiennamen.

Außer den Prädikaten wurden auch die für Angelegenheiten des A. – insbesondere Titel, Wappen und Rangfragen – zuständigen staatlichen Heroldsämter abgeschafft. Die öffentliche Verwaltung wacht demnach nicht mehr über die »Reinheit« des A.

―――――――――――――― AGRÉMENT ――――――――――――――

Wer Gegenstand eines A. wird, kann sich freuen: Er bekommt einen ausländischen Orden oder er wird Botschafter. Ein A. ist also eine Annahme- oder Tragegenehmigung für eine ausländische Auszeichnung oder die völkerrechtliche Zustimmung des Empfangsstaates, einen Vertreter des Entsendestaates für eine diplomatische oder sonstige Mission zu empfangen (→ Akkreditierung).

AIDE-DE-CAMP

War der ADC abgekürzte A. in früherer Zeit als Flügeladjutant eines Befehlshabers oder des Königs vorwiegend mit militärischen Aufgaben betraut (man denke an Joachim Murat als A. Napoleons im Italienfeldzug – und zugeich dessen Schwager), so übernimmt er heute vor allem protokollarische und gesellschaftliche Aufgaben oder solche der privaten Assistenz. Zu Letzteren gehört die Begleitung und Vorstellung von Gästen oder die Zubereitung des Aperitifs auf Reisen. Welche Aufgaben dies im Einzelnen sind, hängt von nationalen Gepflogenheiten ab. In jedem Falle gilt: Bei der Begegnung mit einem Staatsoberhaupt hat man es zumeist mit dem Protokoll und einem A. zu tun.

Die Dienstbezeichnungen von A. variieren. In manchen Ländern des Commonwealth wird der A. irreführend »Stallmeister« (*Equerry*) genannt. Vor allem königliche Staatsoberhäupter und Mitglieder der Königshäuser haben einen oder mehrere A. der Truppengattungen Heer, Marine und Luftwaffe. Sie begleiten nahezu alle Termine, zuweilen nehmen sie sogar an Essen im privaten Kreis teil. Manche Regenten Europas kennen also kein »privates« Mittag- oder Abendessen. Der A. gehört stets zur Tischgemeinschaft. Mit dieser alten Tradition wird einerseits manifestiert, dass ein königliches Staatsoberhaupt immer im Amt ist. (Könige hatten früher schließlich kein Privatleben. Sogar die Geburt – ein wichtiges dynastisches Ereignis – fand vor den Augen des Hofstaates statt.) Andererseits dürfte damit eine allseitige Verhaltensnormierung verbunden sein. Und letztlich kann die Anwesenheit des A. auch eine wichtige Brücke zur »Außenwelt« bedeuten.

Auch bei A. gibt es eine diffizile Hierarchie: Zum »Personal aide-de-camp« I. M. der Königin wird in Großbritannien meist ein Mitglied der königlichen Familie berufen. Zurzeit hat der Herzog von Cambridge dieses Amt inne. Seinem Namen und den weiteren Titeln darf er ein nachgestelltes ADC(P) hinzufügen, demgemäß er sich nun wie folgt nennt: HRH Prince William

Arthur Philip Louis, Duke of Cambridge, Earl of Strathearn and
Baron Carrickfergus, KG, KT, PC, ADC(P).
Die Uniform eines A. ziert eine besondere Achselschnur (vor-
nehm: Aiguillette, vulgo: Affenschaukel).

AKKOLADE

Eine feierliche Umarmung, z.B. während einer Nobilitierungs-
oder Ordenszeremonie. Auch kann sie eine starke Geste der Versöhnung sein. Je nach Einzelfall wird sie durch einen Kuss ergänzt.
Die A. unterscheidet sich grundlegend von der grassierenden
Umarmungskultur der Gegenwart, bei der sich zwei Menschen
wechselseitig umarmen, drücken und auf die Schulter klopfen.
Es sei an den spanischen Politiker Javier Solana erinnert, den
der damalige luxemburgische Premierminister Juncker 2007 fol-
gendermaßen charakterisierte:»Er ist jemand, der die Menschen
mag, der sie auch umarmt, der küsst. Er wird in Brüssel der große
Umarmer genannt. Wer die Welt [...] verbessern möchte, muss sie
umarmen, herzen und drücken können. Er kann das, er muss das,
und wir brauchen das.«
   Eine A. ist demgegenüber nicht immer beidseitig. Korrekter-
weise gewährt der Höherrangige dem Niederrangigen die Ehre einer A., früher etwa bei der Aufnahmezeremonie in den Orden vom
Goldenen Vlies der Kaiser von Österreich den Rittern (→ Rang).
   Die A. gehört damit zu den körperlichen Gesten, die für das
Zeremoniell wichtig sind. Für den an der *Cour* (→ Neujahrsempfang) Teilnehmenden und für alle Beobachter des Zeremoniells
war es z.B. entscheidend, ob der Kaiser beim Defilee nach vorne
trat, ob er auch die Hand gab, wie lange er dies tat und ob die
Kaiserin einen Handkuss zuließ. Eine A. war stets Ausdruck maxi-
maler Gunst. All dies sind Zeichen der Auf- und Abwertung, die
noch heute ihre Gültigkeit beanspruchen. Man denke an den Einsatz körperlicher Gesten in Politik und Diplomatie, insbesondere
an verweigerte oder aber gewährte *handshakes* (→ Hand).

AKKREDITIERUNG

In der Diplomatie die Zulassung eines Mitglieds einer diplomatischen Vertretung durch ein anderes Völkerrechtssubjekt. Die A. ist ein mehrstufiges, nicht-öffentliches Verfahren, von dem hier nur der zeremonielle Teil interessiert. Nach erteiltem Agrément erfolgt die Ernennung des Botschafters durch den Entsendestaat. Hierfür erhält der designierte Botschafter ein Beglaubigungsschreiben seines Staatsoberhauptes (frz. *lettre de créance,* engl. *letter of credence*), welches er dem Staatsoberhaupt des Empfangsstaates oder dem entsprechenden Repräsentanten der internationalen Organisation im Rahmen der Akkreditierungszeremonie überreicht. Diese zeremoniell ausgestaltete Urkundenübergabe ist Höhepunkt der A. Wie diese Zeremonie im Einzelnen ausgestaltet ist, hängt von den Traditionen des Empfangsstaates ab.

Als Kleiderordnung ist in Deutschland bei A. der Cut vorgesehen (→ Kleidungsempfehlungen). Hierdurch wird die Exklusivität, Dignität und Singularität des Ereignisses unterstrichen. Der designierte Botschafter wird mit einem kleinen militärischen Zeremoniell im Ehrenhof von Schloss Bellevue empfangen. Danach trägt er sich in das Gästebuch ein. Anschließend begibt er sich mit einigen hochrangigen Botschaftsmitarbeitern in den Langhanssaal, wo er dem Bundespräsidenten das Beglaubigungsschreiben und das seinen Vorgänger betreffende Abberufungsschreiben überreicht.

Danach ziehen sich der Bundespräsident und der Botschafter zu einem ersten Gespräch zurück. Dem protokollarischen »Rauswie-rein-Grundsatz« entsprechend, wird der Botschafter schließlich mit einem kleinen militärischen Zeremoniell verabschiedet (→ Verabschiedung). Als Zeichen des rechtswirksam vollendeten Amtsantritts wird die Flagge des Entsendestaates vor Schloss Bellevue gehisst.

Dem designierten und dann akkreditierten Botschafter wird für die Hin- und Rückfahrt der Wagen des Bundespräsidenten oder

zumindest ein Wagen aus seinem Fuhrpark zur Verfügung gestellt.
Ferner erhält er eine Ehreneskorte von fünf Motorradfahrern.

──────────── ANCIENNITÄT ────────────

Für viele von uns scheint das Altern ein biologischer Irrtum zu sein,
dessen Folgen wir durch allerlei Bemühungen und Tricks revidie-
ren wollen. Trotz dieser Fehlentwicklung, die ein Altern in Würde
verhindert, hat das Alter in einigen Bereichen handfeste Vorzüge:
Für Diplomatie und Protokoll, aber auch für den weltläufigen
Umgang miteinander, ist die A. ein wesentliches, u. a. dem Recht
entstammendes Ordnungsprinzip (→ Rang). Der *elder statesmen* ist
überall Ausweis von Erfahrung und Seriosität.

Die Rangfolge der Staaten und Souveräne – und ihrer Repräsentanten – folgte zunächst dem Alter der jeweiligen Dynas-
tie und Krone und wurde in komplizierten Hofordnungen und
Rangtabellen niedergelegt. Allein der sechsunddreißig Zeilen
umfassende Titel des 1705 von Zacharias Zwanzig verfassten
Buches »Theatrum Praecedentiae, Oder Eines Theils Illustrer
Rang-Streit / Andern Theils Illustre Rang-Ordnung …« gibt
einen guten Eindruck von der Komplexität der Materie. Da diese
Altersfeststellung meistens Gegenstand erbitterter Streitigkeiten
war und Fragen des Vortritts auch zu tödlichem Streit führten –
oder man von Begegnungen allein deshalb absah, weil sich keine
Einigung über die *Préséance* erzielen ließ –, entwickelte sich mit
der A. zunehmend ein weniger streitbefangenes Kriterium. Über-
dies entstanden ausgehend von Venedig überall Republiken, deren
Rang ja ebenso wenig nach dem Alter einer Krone bemessen werden konnte wie der Rang ihrer Repräsentanten.

Auf dem Wiener Kongress 1814/15 konnte immerhin eine Einigung über die Rangfolge der diplomatischen Vertreter erzielt werden. Mit dem bis heute gültigen »Dreiermodell«, nach dem es drei
Rangklassen (1. Botschafter, Legaten und Nuntien, 2. Gesandte
und Minister, 3. Geschäftsträger) gibt und sich die hierarchische

Einordnung des Amtsträgers innerhalb seiner Klasse nach dem Datum der Überreichung des Beglaubigungsschreibens richtet, verständigte man sich auf ein rationales, der Gleichberechtigung der Staaten verpflichtetes Ordnungskriterium (→ Akkreditierung).

Nicht einigen konnten sich die Signatarstaaten jedoch auf eine konkrete Rangfolge der Staaten. Deshalb sollte bei multilateralen Verträgen das Los über die Reihenfolge der Unterschriften entscheiden. Die Kongressakte selbst wurde allerdings in alphabetischer Ordnung unterzeichnet. Sehr zur Freude des Gastgebers, weil *Autriche* im französischen Alphabet den ersten Rangplatz einnahm.

Der A. begegnet man auch heute noch in vielen Bereichen. Zum Beispiel als Alterspräsident des Deutschen Bundestages, dem die Aufgabe zukommt, in der konstituierenden Sitzung der neuen Wahlperiode den Vorsitz zu führen, bis der neu gewählte Präsident oder einer seiner Stellvertreter das Amt übernimmt. Seit 2017 sieht die Geschäftsordnung vor, dass nicht mehr das lebensälteste Mitglied des Bundestages als Alterspräsident fungiert, sondern das am längsten dem Bundestag angehörende Mitglied, das hierzu bereit ist. Bei gleicher Dauer der Zugehörigkeit zum Bundestag entscheidet das höhere Lebensalter. Im staatlichen und zwischenstaatlichen Bereich ist die A. schließlich ein entscheidendes Kriterium für Sitzordnungen, Rednerreihenfolgen oder Vertretungsregelungen.

Und auch in der privaten Sphäre: Man bedenke, wie gut und fürsorglich die betagtere Verwandtschaft bei familiären Zusammenkünften platziert wird.

Die A. ist damit als Rangordnungskriterium für zahlreiche Aspekte des Parketts relevant (→ u. a. Anrede, Ehrenplatz; Vorstellung). Dies berechtigt freilich nicht dazu, seinen Gesprächspartner ohne weiteres nach dem Alter zu fragen (→ Fauxpas).

ANKÜNDIGUNG

Sie dient neben der Vorstellung, der Bekanntmachung und dem Defilee dazu, die Identität einer hochgestellten Person festzustellen und öffentlich kundzutun. Alle Anwesenden erfahren z.B. wer den Saal betritt, wenn der Hausintendant die Person mit den Worten ankündigt: »Meine Damen und Herren! Der Bundespräsident!« Darüber hinaus dient die A. dazu, die Aufmerksamkeit auf die eintretende Person – etwa den Gastgeber oder den Ehrengast – zu lenken und Ruhe einkehren zu lassen. Je nach Kontext werden die Gäste aufstehen oder applaudieren.

Die A. kann auch durch ein kurzes Musikstück (»Intrada«) oder ein akustisches Signal ersetzt werden. In Großbritannien durch die »Royal Entrance Fanfare«, in der Wiener Hofburg durch ein dreifaches Trompetensignal, wenn der Staatsgast die Hofburg betritt. Beim Auszug gibt es keine A. Allerdings wird das akustische Äquivalent meist so gestaltet wie der Einzug, also entweder durch ein Musikstück (»Retirada«), oder durch das akustische Signal (Raus-wie-rein-Grundsatz).

ANREDE

Sie mögen es kindlich finden, aber es entspricht meinen Bedürfnissen und wird mir Freude machen, mich zu verneigen, wie man sich nur vor einem König verneigt, und im Gespräch recht oft die Anrede »Euer Majestät« zu gebrauchen. »Sire, ich bitte Euer Majestät, den untertänigsten Dank entgegenzunehmen für die Gnade, daß Euer Majestät – und so immerfort. Noch lieber würde ich mir eine Audienz beim Papst erbitten und werde es bestimmt einmal tun. Dort beugt man sogar das Knie, was mir großen Genuß bereiten würde, und sagt »Votre Sainteté«.
[Thomas Mann, Bekenntnisse des Hochstaplers Felix Krull]

Sie erfolgt mündlich oder auch als Grußformel zu Beginn eines Briefes. A. sind oftmals ritualisiert und hängen daher sehr von kulturellen Gegebenheiten ab (→ Ritual). Andererseits ist die Verwendung angemessener A. – wie die Konversation überhaupt – ein Ausdruck des eigenen Benehmens (→ Manieren). Wer heute ein an den Wehrbeauftragten gerichtetes Anliegen mit »Lieber Herr Wehrmachtsbeauftragter« vorträgt, hat sich über seinen ersten Eindruck wenig Gedanken gemacht.

Zur korrekten A. gehört auch die Verwendung des richtigen Namens. Die an einer Konversation Beteiligten haben demnach die Aufgabe, sich die Namen der anderen einzuprägen. Wem dies schwerfällt, versuche sich in einer der bekannten Memorierungstechniken. Mir scheint, es hilft nichts besser, als den Namen öfter zu verwenden, notfalls ihn sich selbst mehrfach laut vorzusagen.

Eine Konversation beginnt grundsätzlich erst nach einer Vorstellung oder Bekanntmachung. Das Wort an Unbekannte zu richten, kann im Einzelfall auch heute noch grob unhöflich sein. Ausnahmen sind hier aber natürlich möglich. Jedenfalls sollte man sich dann selbst vorstellen.

Auch die Korrespondenz beginnt mit einer A. Nur bei rein behördeninternen Schreiben wird hierauf verzichtet. Davon zu unterscheiden ist die *Anschrift*, die die wesentlichen (und zutreffenden!) Angaben über den Adressaten (Name, Titel, Funktion, Adresse) beinhaltet. Die Gestaltung von Schriftstücken (etwa Briefen, Urkunden und Verträgen) folgt den Regeln des *Kanzleizeremoniells*, einer eigenen, leider vom Aussterben bedrohten Kunst. Als *Kurialien* bezeichnete man bis in das vergangene Jahrhundert die wesentlichen Formalia dieser Schriftstücke (Devotionsstrich, Titulaturen, Anschrift, Anrede, Schlussformel). So benutzten Könige in an den Kaiser gerichteten Schreiben die schöne Formel: »Eurer Kaiserlichen Majestät sind unsre besonders freundwilligen Dienste, und was wir sonst viel mehr liebes und gutes vermögen, jederzeit zuvor«.

Größte Sorgfalt sollte auch auf die Gestaltung der *Schlussformel* verwendet werden. Immerhin hinterlässt der Verfasser mit ihr einen letzten Eindruck.

Bei einer *Ansprache* ist die A. besonders wichtig. Falsche A. können den Eindruck der anschließenden Rede ruinieren (→ Fauxpas). Einerseits können Adressaten mit falschen A. bedacht werden, andererseits kann auch die Reihenfolge falsch sein (→ Rang). So wäre es unpassend, ein Staatsoberhaupt bei einem Toast mit seinem bloßen Nachnamen anzusprechen (»Liebe Frau …« oder ein König als »Königliche Hoheit« statt »Majestät«). Schließlich ist es nicht Ziel der A., die Zuhörer durch eine Begrüßungsorgie einzuschläfern. Sie muss also so präzise und knapp wie möglich gehalten werden. Werden alle Anwesenden einzeln begrüßt, wird keiner herausgehoben. Exzellenz und Egalität widersprechen sich auch in diesem Punkt (→ Distinktion). Bei Ansprachen sollte demnach nur ein kleiner Kreis mit einer namentlichen A. begrüßt werden, die übrigen Zuhörer zusammengefasst (z.B. als »Sehr geehrte Damen und Herren, liebe Gäste«).

Welche A. die »richtige« und angemessene ist, hängt vom Einzelfall ab. Ein Erzbischof würde etwa den Papst mit der kirchlichen A. »Heiliger Vater« begrüßen, während er von weltlichen Gesprächspartnern mit »Eure Heiligkeit« angesprochen würde. Die vorhandenen Leitfäden und »Anredetafeln« (vgl. z.B. den vom Bundesministerium des Innern herausgegebenen »Ratgeber für Anschriften und Anreden«) geben hierfür eine erste Orientierung. Je detaillierter darüber hinaus die Kenntnisse des einzelnen Sachverhaltes sind, umso treffender wird die A.

Wenig hilfreich ist es, sich möglichst viele A. und Begrüßungsgesten des In- und Auslands zu merken. Zu vielfältig, unterschiedlich und variabel sind die kulturellen Rahmenbedingungen. Statt hier ein Halbwissen über Usancen anderer Kulturkreise zu offenbaren, empfiehlt es sich, sein Gegenüber im Verlaufe der Begegnung nach den Besonderheiten seines Kulturkreises zu fragen. So drückt man auch seine Wertschätzung aus.

Ist die inhaltlich korrekte A. gefunden, muss noch das richtige Pronomen ausgewählt werden (vgl. Kasten »Fehlerquellen«).

Das »Ihrzen« (»Was wünscht Ihr?«) und »Erzen« (»Was beliebt Er?«) ist aus dem Hochdeutschen verschwunden und nur noch vereinzelt bei einigen Mundarten nachweisbar (z.B. im Badischen). Heute wird gesiezt und geduzt (→ Du). Mit der Auswahl der A. wird immer auch die Distanz und Nähe der Gesprächspartner bemessen. Die dritte Person (früher: »Gestatte Er mir …«) drückt eine größere Distanz aus als die zweite Person (»Gestatten Sie mir …«). Heute werden A. in den meisten Fällen symmetrisch verwandt; nur Minderjährige werden meist geduzt, während man ihnen das »Sie« abverlangt.

Auch die egalitär geprägte Gesellschaft der Gegenwart kennt kleine Biotope, in denen die Vielfalt möglicher A. gepflegt wird. Wer beispielsweise mit British Airways fliegt, kann auf der Homepage zwischen neunzehn verschiedenen Anredeformen wählen: Mr, Mrs, Miss, Ms, Mstr, Capt, Prof, Dr, Dame, Lady, Lord, The Rt Hon, Rabbi, Rev, Sir, Baroness, Baron, Viscount, Viscountess.

Fehlerquellen:
Anschriften und Vorstellungen werden in der dritten Person gehalten, Anreden jedoch in der zweiten Person. Demnach lautet die briefliche Anschrift:
> *Seiner Exzellenz, dem Botschafter der …*

Der in einer Receiving line stehende Botschafter würde vorgestellt:
> *Seine Exzellenz, der Botschafter der …*

Die mündliche A. lautet jedoch:
> *(Eure) Exzellenz* oder Herr Botschafter, nicht: *Seine Exzellenz!*

Soldaten der Bundeswehr der Dienstgradgruppe Generale und Admirale werden pauschal mit »General« oder »Admiral« angesprochen; bei Anschriften und Vorstellungen ist aber die konkrete Dienstgradbezeichnung zu verwenden (etwa »Herr Brigadegeneral XY«).

ANTRITTSBESUCH

Im offiziellen Kontext und in traditionell geprägten Kreisen finden auch heute noch A. statt. Aus einem der Anciennität verwandten Grundsatz ergibt sich, dass sich der Hinzukommende den bereits Anwesenden im Rahmen eines A. oder »Einstands« vorstellt. Im privaten Umgang ist diese Geste der Respektserweisung zwar noch nicht vollends ausgestorben. Aber doch hat sie einen Platz auf der Roten Liste guter Manieren.

Während A. früher ihrer Verbindlichkeit nach und in ihren Details strikt geregelt waren (Zeitpunkt, Dauer, Anzahl der Besuchskarten (→ Visitenkarte), Geschenke, Blumen etc.), vollzieht sich die private Anbahnung heute – vor allem im Großstadtmilieu – eher auf unkonventionelle Weise. Man trifft sich seltener im häuslichen Umfeld, dafür häufiger in Cafés oder Restaurants.

Doch in jedem Fall wird empfohlen, sich nach einem Umzug oder beruflichen Wechsel im Rahmen eines A. persönlich vorzustellen. Auch, um die gute Form zu wahren, aber vor allem, um eine Grundlage für eine dauerhaft gute Beziehung zu schaffen. Viele haben dafür jedoch kein Verständnis mehr. So schallte einem Freund, der an der Nachbartüre eines Berliner Mietshauses klingelte, ein knappes »Wat willste?« entgegen, bevor die Türe ins Schloss fiel.

Wenn der A. nicht möglich ist, weil es zu viele und zu weit entfernte berufliche Kontakte zu bedenken gilt, empfiehlt sich eine briefliche Vorstellung (→ Korrespondenz).

Natürlich kommt es auch bei A. zu Peinlichkeiten (→ Fauxpas). Manchmal sind diese aber auch beabsichtigt. Berühmt ist der A. von Bundeskanzler Adenauer bei den drei Alliierten Hohen Kommissaren auf dem Petersberg am 21. September 1949. Statt für die Begrüßung vor dem Teppich stehen zu bleiben, betrat Adenauer denselben und verharrte dort für die Dauer seiner Ansprache. Dies wurde allgemein als Geste des Anspruchs auf Gleichrangigkeit verstanden.

ANTWORT

Es ist ein Gebot guter Umgangsformen, in angemessener Zeit und auf angemessene Art und Weise zu antworten und dadurch aus der einseitigen Kommunikation eine beidseitige zu machen (→ Höflichkeit; Etikette). Wer etwa zu einem Abendessen eingeladen wird, sollte so schnell wie möglich antworten.

Dieses Gegenseitigkeitsprinzip ist Ausdruck von Verbindlichkeit und Verlässlichkeit sowie eines grundsätzlichen Strebens nach Harmonie – alles fundmentale Grundlagen von Manieren (→ u.a. Absage; Besuch; Dank; Einladung; Entschuldigung; Geschenk). Obwohl dies selbstverständlich ist, haben sich für Einladungen Formulierungen und Codes entwickelt, mit denen ausdrücklich um eine A. ersucht wird (z.B. RSVP = *répondez s'il vous plaît* oder U.A.w.g. = Um Antwort wird gebeten).

Dabei sollten sich die gewählten Kommunikationsmittel entsprechen. Grundsätzlich antwortet man auf einen Brief auch mit einem solchen. Je nach Umständen kann davon abgewichen werden. Wenn auf einer Einladungskarte eine Telefonnummer angegeben ist, kann der Eingeladene auch telefonisch antworten. Es steht ihm zudem frei, zunächst telefonisch zu antworten und später ein Billet folgen zu lassen. Die digitale Nachrichtenflut führt leider dazu, dass die kulturelle Errungenschaft der A. akut gefährdet ist.

Die Korrespondenz ist ein besonderes, auch rechtlich geschütztes Mittel der Verständigung. Die Mitteilungen sind zunächst nur für die Adressaten bestimmt und dürfen grundsätzlich anderen nicht zur Kenntnis gegeben werden.

Im Zeitalter der »Antworten-an-alle-Funktion« von E-Mail-Programmen weicht diese Vertraulichkeit zunehmend digitalen Schrotschüssen. Die Verwendung des großen Verteilers führt oftmals zu Missverständnissen. Dies kann unterschiedliche Gründe haben. Wendet man sich gleichzeitig an viele Adressaten, droht die Botschaft nicht punktgenau anzukommen. Andererseits können sachlich vorgetragene Argumente allein dadurch zu Verstimmungen führen, dass diese vor einem mitlesenden Zuschauerkreis vorgebracht werden. Schließlich führt das hohe Tempo elektronischer Übermittlungen häufig auch dazu, dass sich am unteren Ende der »digitalen Schriftrollen« ursprüngliche Nachrichten befinden, die man vorher besser gelöscht hätte. Es ist ein Segen, wenn die »Antworten-an-alle-Funktion« aus technischen Gründen ausfällt. Man müsste sie abschaffen.

ANZUG

Mehrteiliges, aus einem Stoff geschneidertes Kleidungsstück des Herrn auf dem Parkett. Außerdem Bezeichnung für die Bekleidung an sich. Als zweiteiliger A. aus Jacke und einer (stets mit Gürtel oder Hosenträgern zu tragenden) Hose bestehend, als dreiteiliger A. um eine Weste ergänzt. In Sachen Eleganz und Weitläufigkeit ist der A. einer »Kombination« – also einer aus unterschiedlichen Stoffen gefertigten Kleidung – weit überlegen.

Von der enormen Vielfalt männlicher A. sind nur noch wenige Grundformen übrig geblieben. Einladungskarten aus dem frühen 20. Jahrhundert lassen erahnen, wie umfangreich auch und gerade die Garderobe des Herrn war: Von »Herren vom Militair« ist dort die Rede, die die Wahl hatten zwischen »Gesellschaftsanzug« und »Paradeanzug bezw. Regts-Uniform«, wobei »die Herren Generale und Offiziere der Fußtruppen mit langen Beinkleidern« oder aber in »Gala mit langen Beinkleidern von der Farbe der Uniform« zu erscheinen hatten. Die »Herren vom Civil« hatten am Berliner Hof die »kleine Uniform [des Hofes], Schuhe und Strümpfe« zu tragen. Weitere Festlegungen waren möglich und üblich, beispielsweise »Ueberrock, hoher Hut«, »Hofgarten-Anzug«, »Die Herren Minister: 2te gestickte Uniform«.

Die Gegenwart ist glücklicherweise von einer wesentlichen »Anzugerleichterung« geprägt – sofern überhaupt noch solche getragen werden.

Heute gibt es den Cut als förmlichen Tagesanzug, den Smoking als kleinen Gesellschaftsanzug, den Frack als großen Gesellschaftsanzug oder den schlichten A. Dieser wiederum kann aus allerlei Farben und Mustern geschneidert sein. Wie schon der berühmte Höfling und Renaissance-Autor Baldassare Castiglione festgehalten hat, sind auf dem Parkett zumeist der dunkle oder schwarze A. anzutreffen. Bei der Farbwahl hat der Herr zwischen Schwarz, Dunkelgrau, Anthrazit und Dunkelblau *(blu notte)* alle Freiheiten. Das Innenfutter verträgt etwas mehr Farbe. Damen tragen den A. in Form eines Hosenanzugs (→ Kleid; Kostüm).

Von den Umständen des Anlasses hängt ab, welches Kleidungsstück das angemessene ist (→ Kleidungsempfehlungen). Bei protokollarischen Ereignissen sind diese Gegenstand diskreter Absprachen. Betrachtet man einige Bilder von Staatsbesuchen, ergeben die von den Gastgebern getragenen Farben die Nationalfarben des Staatsgastes. Ferner widerspräche es beispielsweise der politischen Ikonographie, wenn sich beide First Ladies in Kleidern derselben Farbe begegneten. Manchmal geht es aber einfach schief. Als etwa der französische Staatspräsident Valéry Giscard d'Estaing ein Land der Bundesrepublik besuchte, bemerkte dessen Ministerpräsident eine Differenz des Farbtons der A. Er selbst trug einen hellen A., der französische Gast einen dunklen. Der Ministerpräsident eilte deshalb zwischen zwei Programmpunkten nach Hause, um einen dunklen A. anzuziehen. Nunmehr korrekt gekleidet, fuhr er seinem Gast entgegen. Den Wagen entstiegen, bot sich beiden ein merkwürdiges Bild. Der französische Staatspräsident hatte jetzt einen hellen, der Ministerpräsident einen dunklen A. an.

Von selbst versteht sich schließlich, dass der A. seinem Schnitt und seiner Größe nach passen muss. Etwaige Herstelleretiketten sind übrigens vom Ärmel zu entfernen. Als Tragehinweis sei lediglich erwähnt, dass man die Jacke in Gesellschaft grundsätzlich nicht auszieht (außer vielleicht aus politischen Gründen, also etwa bei einem Gewerkschaftskongress) und im Stehen stets geschlossen hält. Geschlossen wird jeweils nur einer der Knöpfe, bei drei Knöpfen der mittlere, bei zweien der obere. Sitzt man an der Tafel, ist die Jacke geöffnet.

APERITIF

Unter einem A. – oder auf Schweizerdeutsch Apéro – versteht man zunächst ein meist alkoholhaltiges Kaltgetränk, das vor dem Essen eingenommen wird. Welches Getränk wann und wie gereicht und durch welche kleinen Speisen es ergänzt wird, ist kulturell sehr unterschiedlich. Vor der Äußerung eines (komplizierten) Getränkewunsches sollte der Gast stets zu erkunden versuchen, was angeboten wird. Während in Italien zum *aperitivo* u.a. auch *tramezzini* und *stuzzichini* gereicht werden, gibt es andernorts lediglich Salzmandeln und Nüsse.

Allen Aperitifkulturen ist jedoch der Zweck gemein: Einerseits regt ein A. den Appetit an. Andererseits hat er auch eine soziale Bedeutung. Während des A. stellt der Gastgeber die nacheinander eintreffenden Gäste vor. Die Vorstellung oder Bekanntmachung der Tischgenossen ist vor allem dann eine wichtige Aufgabe des Gastgebers, wenn kein Defilee vorgesehen ist.

Auch Mischformen sind denkbar: Die Gastgeber (und ggf. der Ehrengast) können die Gäste am Eingang des Raumes, in dem der A. stattfindet, begrüßen oder aber sie kommen in Begleitung des Ehrengastes als Letztes in diesen Raum und beginnen mit der Vorstellung.

Mit dem A. lässt sich schließlich die Wartezeit für die bereits Eingetroffenen angenehmer gestalten. Sofern mit dem sog. Sitzspiegel eine Skizze der Tischordnung aufgestellt ist, können sich die Gäste während des A. auch mit dem Placement vertraut machen. Pars pro toto versteht sich der A. damit als ein eigenes, dem Essen vorgeschaltetes Ereignis.

Zudem hat sich der A. als eigenständiges Empfangsformat etabliert. Er eignet sich für zeitlich knapp bemessene Einladungen in den frühen Abendstunden, der »blauen Stunde«. Der A. ermöglicht traditionell die ungezwungenere Begegnung eines größeren

Personenkreises, seit dem weitgehenden Verschwinden privater Antrittsbesuche gerne in Form eines ersten Kennenlernens. Angesichts dieser offenkundigen Vorzüge erfreut sich der A. auch bei uns einer zunehmenden Beliebtheit.

ARM ANBIETEN

Arm in Arm zu gehen, ist ein Ausdruck von Nähe und guten Manieren. Leider ein wenig aus der Mode gekommen, verdient diese Geste der Höflichkeit dringend eine Wiederbelebung. Der Herr begleitet die Dame und bietet ihr hierzu seinen A. an, den diese ergreift. Da die Dame rechts geht (→ Ehrenplatz), wird ihr der *rechte*, leicht gekrümmte Arm angeboten.

Darüber hinaus sprechen auch der demografische Wandel, der Zustand deutscher Straßen und Gehwege, die hohen Absätze der Damen und die Unübersichtlichkeit des Großstadtverkehrs für die mit dieser Geste verbundene Gangstabilisierung: »To an old lady or to an invalid a gentleman offers his arm if either of them wants his support« (Emily Post, 1932). Unabhängig vom Alter und den die Trittsicherheit beeinflussenden Faktoren wird der A. angeboten, wenn die Dame zu Tisch oder zum Tanz begleitet wird (→ Tafel; Ball).

AUDIENZ

Das Privileg, allein oder in einer Gruppe vor eine deutlich höhergestellte Person treten zu dürfen. Die A. beinhaltet das Recht, *erscheinen* zu dürfen, nicht notwendigerweise das Recht auf eine Unterredung. Heutzutage sind A. dem Heiligen Stuhl und königlichen Höfen vorbehalten. Der Bundespräsident gewährt keine A., er empfängt zu einem Gespräch oder begegnet Bürgerinnen und Bürgern in anderer Weise.

AUFMERKSAMKEIT

Sie ist entscheidend für das weltläufige Benehmen. Als konkrete Fähigkeit, aber auch als Maxime des achtsamen Verhaltens. Sie ist eine Voraussetzung für die Welt des Protokolls und nicht zuletzt eine Kardinaltugend des Protokollbeamten, der die codierten Zeichen, Symbole und Gesten entschlüsseln und senden muss. Historisch betrachtet war die A. eine wichtige Voraussetzung, um »bei Hofe« überleben zu können.

Ergänzt wird die A. durch eine zweite, nur scheinbar gegensätzliche Geisteshaltung, nämlich die elegante Nachlässigkeit oder *Sprezzatura*. Baldassare Castiglione zufolge ist die Anmut davon abhängig, jede »Ziererei« zu vermeiden und eine gewisse Nachlässigkeit zur Schau zu tragen, die die Mühe verbirgt und alles, was man tut und spricht, als ohne die geringste Kunst und gleichsam absichtslos hervorgebracht erscheinen lässt. Wer also einen größeren Gästekreis mit einer Soiree erfreut, wird sich in diesem Sinne am Abend selbst so verhalten, als wären überhaupt keine Vorbereitungen erforderlich gewesen. Das Ereignis läuft ohne sichtbare Mühen ab, ohne gehetzte Gastgeber und eilendes Personal.

AUFSTEHEN

Sich stehend zu begrüßen, ist ein Gebot der Höflichkeit und eine Art, Respekt zu erweisen. Das dem Zeremoniell innewohnende Streben nach Harmonie und Symmetrie manifestiert sich auch darin, dass sich Gleichrangige auf Augenhöhe begegnen (→ Rang).

Betritt etwa ein Gleichrangiger das Büro seines Kollegen, so gebieten die guten Manieren, sich zu erheben, seinem Gast einen Sitzplatz anzubieten und sich gemeinsam zu setzen. Höherrangige, Damen und Ältere haben in gewissen Fällen das Privileg, sitzen bleiben zu dürfen (→ Anciennität). Es versteht sich von selbst, zumindest vor einer Dame aufzustehen und stehen zu bleiben, bis

sie Platz genommen oder den Raum verlassen hat (zu Sexismusvorwürfen → Herr).

Aufgestanden wird grundsätzlich bei der ersten Begegnung. Bei
wiederholten Begegnungen – etwa im Büroalltag – sollte von diesem Grundsatz abgewichen werden. Der Ehrerweisende nimmt
frühestens gleichzeitig, besser jedoch nach dem Geehrten den
Platz ein. Ein Verwandter von mir stand immer auf, wenn er mit
Damen telefonierte. Ein Ferngespräch sei eben auch ein Gespräch.

Während es heutzutage für den glatten Gottesdienstablauf sehr
darauf ankommt, dass kundige Vorbilder zur rechten Zeit aufstehen (oder aber sich hinknien), erheben sich die Gäste beim Einzug von Staatsoberhäuptern meist aus eigenem Antrieb. Manchmal wird das A. dann auch mit einem kleinen Applaus verbunden.
Bei Trinksprüchen und Hymnen sollte man sich stets erheben
(→ Toast).

Wer steht zur Begrüßung auf?
- Alle Herren vor Damen (Ausnahme: einige Fälle klaren Rang-
  und Altersunterschieds).
- Damen, *sofern* andere Damen oder ein deutlich älterer Herr
  begrüßt werden. Anderenfalls bleiben sie sitzen und geben sit-
  zend ihre Hand.
- Der Rangniedrigere vor dem Ranghöheren.
- Der Jüngere vor dem Älteren (→ Anciennität).

B

Er ist nicht irgendeine Abendgesellschaft auf glattem Parkett, sondern eine Institution der europäischen Kulturgeschichte. Sie war vor allem auch für das höfische Leben und die Diplomatie von großer Bedeutung.

Schon sein Name deutet an, dass der Gesellschaftstanz immer viele gesellschaftliche Funktionen hatte. Neben der Initiation ermöglichte er ritualisierte Näheerlebnisse in Zeiten strikter körperlicher Distanz, ähnlich den noch heute beliebten »Pfänderspielen« wie »Flaschendrehen« und »Strip-Poker«. Daneben diente er der kontinuierlichen Übung der Etikette und damit einer Festigung und Abgrenzung sozialer Gruppen. Zudem war der Gesellschaftstanz immer auch ein intimer Begleiter von Macht und Politik. Kein Wunder, dass eine ganze Saison nach dem B. benannt wurde.

Die kulinarische Umrahmung eines B. war und ist variabel, entweder als Tee oder Buffet – früher sehr gerne mit Bowle – eher klein gehalten oder aber in Form eines Abendessens als »Ball und Souper« in einem etwas größeren Rahmen. Bei einem traditionellen B. wird während der Musik getanzt und nicht gegessen. Dieses bleibt den Pausen vorbehalten. In früherer Zeit wurde streng darüber gewacht, dass sich kein Herr am Buffet bedient, während Damen auf eine Aufforderung warten und somit Gefahr laufen, zum Mauerblümchen zu verkümmern.

Außer den Hofbällen gab es früher auch »Subskriptionsbälle«, die außerhalb des Hofes stattfanden und den Zweck hatten, auch solche Untertanen einzuladen, die nicht Teil der Hofgesellschaft waren.

Als streng reglementierte Tanzveranstaltung und als soziales Ereignis politischer Relevanz ist der B. in Deutschland jedoch nahezu ausgestorben. Insbesondere die »Quadrille à la Cour« wird außerhalb Wiens und seiner B. nur noch selten getanzt. »Tanzkarten« *(carnet de bal)*, auf denen schon vor Ballbeginn vermerkt wurde, wer wann mit wem tanzt, gehören der Vergangenheit an. Nicht auszuschließen, dass diese eines Tages in digitaler Form als App wieder auferstehen.

Für den Leser wird es darauf ankommen, ob er den B. als Gastgeber oder als Gast erlebt. Die Ausrichtung eines echten B. ist eine komplexe Angelegenheit, die hier nicht behandelt werden kann. Angenehmer ist es, zu einem B. eingeladen zu werden. Angesichts der Mühen, die die Gastgeber auf sich nehmen, trifft den Gast

allerdings die Pflicht, sich streng nach den Instruktionen des Gastgebers (Ballanzug, Orden etc.) zu richten. Diese werden der Einladung oftmals als Programm beiliegen. Unnötig zu sagen, dass sich der männliche Gast gerade beim B. als *Kavalier* zu verhalten hat. Der erste Tanz gebührt der Begleitung oder Tischdame; danach können und sollten die Damen – vor allem die am selben Tisch platzierten – zum Tanz aufgefordert werden (→ Tafel; Tischsitten). Die Dame wird hoffentlich einwilligen. Tut sie dies nicht, sollte sie zu diesem Stück auch mit keinem anderen tanzen. Nach dem Tanz wird die Dame zurück zum Tisch begleitet.

Wie jeder Tanz lebt gerade ein B. davon, dass die Tänzer jenes Spannungsfeld beherrschen, das zwischen dem Befolgen und der Überschreitung von Regeln existiert. Dies hat auch praktische Bedeutung für die Frage, wann und in welchem Zustand ein Tänzer das Parkett wieder verlässt. Hier gilt es, den richtigen Zeitpunkt zu erkennen. Für das längere Verweilen scheint der trügerische Umstand zu sprechen, dass die eigenen tänzerischen Fähigkeiten im Zustand der ekstatisch-alkoholischen Entrückung immer glanzvoller zu werden scheinen (→ Zurückhaltung).

Während in der Weimarer Republik noch die berühmten »Präsidentenbälle« des Reichspräsidenten von Hindenburg stattfanden, die dieser in seinem Palais in der Wilhelmstraße Nr. 73 ausrichtete, gibt es heute keinerlei offizielle B. mehr. Stattdessen ist der Bundespresseball ein wichtiges gesellschaftliches Ereignis der Berliner Republik. Sieht man jedoch davon ab, dass der Bundespräsident und seine Frau den Tanz eröffnen, hat er mit einem B. im klassischen Sinne nur sehr wenig gemein. Er ist eher eine Party mit vorgeschaltetem Walzer.

BANKETT

Ein B. (aus dem ital. *banchetto*) ist die umgangssprachliche Bezeichnung für ein Festmahl oder – preußisch ausgedrückt – eine »Tafel« (→ Nebenessen; Placement; Tischsitten; Turning the table).

B. können mittags und abends stattfinden und sind unabhängig von der Tischform. Offiziell spricht man selten von einem B., sondern eher von *Mittag-* oder *Abendessen* – oder deren Synonymen, in Hamburg etwa von einem »Senatsfrühstück«, das in Wahrheit ein vollwertiges Mittagessen ist. Von einem *Souper* oder *Diner* ist jedoch kaum noch die Rede.

Als *Staatsbankett* wird das festliche Essen eines Staatsbesuchs bezeichnet, das gewissermaßen den Höhepunkt des Empfangszeremoniells bildet. Eingeladen wird jedoch auch hier zu einem Abendessen, nicht zu einem B.

BEGRÜSSUNG

Die persönliche Begegnung beginnt mit einer B., die wir erwidern, und endet mit der Verabschiedung (→ Anrede). So zeigen wir dem anderen unsere Achtung, unser Wohlwollen oder unsere freundschaftliche Verbundenheit (→ Konversation; Korrespondenz). Die B. ist ein wichtiges Friedensritual.

Auf welche Gesten und Worte es ankommt, hängt sehr vom kulturellen und religiösen Kontext ab. Während es in Deutschland noch weit verbreitet ist, sich bei der ersten täglichen Begegnung die Hand zu reichen (Innenminister de Maizière formulierte dies 2017 in seinen »Grundsätzen für eine deutsche Leitkultur«: »Wir geben uns zur Begrüßung die Hand«) oder sich gar zu umarmen (→ Akkolade) und zu küssen, verlieren »Diener« (→ Verbeugung), Knicks und die Entblößung des Hauptes an Bedeutung. Zum einen, weil der Hut nur noch selten anzutreffen ist. Zum anderen scheinen Mützen, Schirmmützen und Fahrradhelme auch in geschlossenen Räumen durchgängig getragen zu werden.

Die B. folgt denselben rangbasierten Regeln wie die Vorstellung. In Deutschland grüßt nach traditioneller Auffassung der Herr die Dame zuerst. Im Vereinigten Königreich ist es andersherum. Zudem grüßt der Jüngere (→ Anciennität), Rangniedrigere und Hinzutretende zuerst. Ferner hängt der Fortgang einer eleganten Konversation vom Verhalten des Ranghöheren, Älteren oder der Dame ab. Nach traditioneller Auffassung wüde der Herr die Dame grüßen, die Dame würde dem Herrn die Hand reichen, die dieser ergreift. Sodann würde die Dame das erste Wort an den Herrn richten und ihn beispielsweise nach seinem Befinden fragen. Aber natürlich sind diese Regeln nicht in Stein gemeißelt.

B. in der Gruppe sind schwieriger und führen immer wieder zu Unsicherheiten – auch auf dem politischen Parkett, wie zuletzt US-Präsident Trump im Juli 2017 bei seinem Besuch in Polen erfahren musste. Die Frau des polnischen Präsidenten ging an der ausgestreckten Hand des Gastes vorbei, um zunächst Melania Trump die Hand zu schütteln. Als Gastgeberpartnerin wäre es angemessener gewesen, zunächst den Ehrengast zu begrüßen und im Anschluss daran dessen Partnerin. Zwei Monate zuvor hatte es eine ähnlich peinliche Szene gegeben. Während des NATO-Gipfels in Brüssel ging der US-Präsident mit ausgestreckter Hand auf den französischen Präsidenten Macron zu, der jedoch – völlig zu Recht – zuerst die Bundeskanzlerin als dienstältere Dame begrüßte.

Um ein nicht alltägliches höfisches Beispiel der Gegenwart zu bemühen: Begegnet man I.M. (→ Majestät) Königin Elizabeth II [anders als bei anderen königlichen Namen wird hier nach II kein Punkt gesetzt], wird man im Regelfall vorgestellt. Jedenfalls wartet man schweigend ab, ob sie das Wort ergreift. Der Herr steht aufrecht, um sich im richtigen Zeitpunkt zu verbeugen. Die Dame knickst. Man reicht die Hand erst und nur dann, wenn I.M. dieselbe reicht. Natürlich ist man als Ausländer rechtlich nicht dazu

verpflichtet, das Haupt zu beugen. Zum weltläufigen Benehmen gehört es jedoch zweifelsfrei, dies freiwillig zu tun. Für den noch unwahrscheinlicheren Fall, dass man I. M. alleine begegnete, wahrt man zunächst einen mehrere Meter messenden Abstand. Betritt sie plötzlich den Raum, bleibt man – diesen Abstand wahrend – stehen und verbeugt sich oder knickst. Verlässt man in ihrer Anwesenheit den Raum, muss man nicht mehr rückwärtsgehen. Im britischen Königlichen Haushalt wird nur noch vom *Marshal of the Diplomatic Corps* und dem *Queen's Equerry* (→ Aide-de-camp) erwartet, dass sie in ihrer Anwesenheit den Raum rückwärts verlassen. Um Unfällen vorzubeugen, wurde dies allen anderen erlassen.

Diese Feinheiten des Umgangs drohen mit dem unterschiedslosen »Ciao« zu verschwinden. Natürlich steht einer Verwendung von »Ciao«, »Tschüss«, »Moin« und »Servus« – je nach Umständen – nichts im Wege. Es wäre jedoch kein Zeichen weltläufigen Benehmens, sich ausnahmslos mit diesen oder ähnlichen Worten zu begrüßen oder zu verabschieden.

Bei der Bundeswehr gibt es allerdings noch detaillierte Regelungen, wer wen wann wie und wie oft zu grüßen hat. Zum Glück entfällt der militärische Gruß in Gemeinschaftsräumen, Speisesälen, Sanitätsbereichen, Wasch-, Dusch- und Toilettenräumen.

Das »Begrüßungszeremoniell« ist auch entscheidend für protokollarische Besuche. Beginn und Ende der Begegnung sind dabei stets in besonderer Weise ausgestaltet (→ Raus-wie-rein-Grundsatz), wobei der stufenweise Wechsel von der einen Machtsphäre in die andere durch unterschiedliche Riten des Übergangs dargestellt wird (etwa B. an der Landesgrenze, Eskorte, Ehrengeleit, Beflaggung (→ Flagge), Salutschüsse, B. am Wagen etc.).

Die *Begrüßung mit militärischen Ehren* ist das förmlichste Begrüßungszeremoniell der Gegenwart. Die Bilder dieser Zeremonie gehören zu den bekanntesten Bildern des Protokolls. Die »m. m. E.« hat weltweit eine lange Tradition. Bevor der Bundespräsident einen Gast mit diesem Zeremoniell empfangen kann, muss er selbst einmal mit militärischem Zeremoniell begrüßt worden sein. Das geschieht zu Beginn seiner Amtszeit.

Wie jede Form der B. ist das militärische Zeremoniell ein Zeichen des Respekts, den der Gastgeber seinem Gast und dessen Land erweist. In Deutschland werden militärische Ehren im Rahmen von offiziellen Besuchen durchgeführt. Entweder am Amtssitz des Bundespräsidenten (→ Schloss Bellevue; Villa Hammerschmidt) oder bei der Bundeskanzlerin. Manchmal auch an anderer Stelle. Grundsätzlich nur bei der ersten Begegnung und bei Staatsbesuchen, offiziellen Besuchen und bei Regierungskonsultationen.

In einem kleineren Format gehören militärische Ehren zum Zeremoniell der Akkreditierung.

In früheren Zeiten war die Sicherheit und Vertrauen schaffende B. oftmals sogar rechtlich geregelt. Nach dem bayerischen Landfrieden des 13. Jahrhunderts war beispielsweise demjenigen die Hand abzuschlagen, der jemanden beraubt hat, den er »vor gegrüzzet« hatte. Heute wird darüber gestritten, ob muslimische Schüler und deren Eltern verpflichtet sind, der Lehrerin die Hand zu geben.

BEKANNTMACHUNG

Eine gelungene Unterhaltung oder ein Gespräch in der Gruppe setzt voraus, dass alle wissen, mit wem sie es zu tun haben (→ Konversation). Einige kennen sich, andere nicht. Hier sind B. und Vorstellung sehr hilfreich. Kennt ein Beteiligter weitere Anwesende, die sich wiederum nicht kennen, so ist es seine soziale Verpflichtung, diese einander vorzustellen oder sie miteinander bekannt zu machen. Vorstellung und B. sollten ebenso beherzt wie souverän vollbracht werden. Also locker und mit Leichtigkeit (»con Sprezzatura« → Aufmerksamkeit).

Vorstellung und B. ist gemein, dass mindestens zwei Personen, die sich nicht kennen, einen Dritten kennen, der beide einander in Kontakt bringt. Während die Vorstellung von einem Rangverhältnis ausgeht (zu deren Regeln → Vorstellung), werden Gleichrangige weniger förmlich miteinander bekannt gemacht. Weil nicht jeder diese soziale Pflicht zu erfüllen vermag oder manche tatsächlich glauben, Namensschilder – die man ohnehin eher meiden sollte – ersetzten diese, ist man in heutiger Zeit leider häufig darauf angewiesen, sich selbst bekannt zu machen. Dies auch Damen zuzumuten, ist wenig höflich, aber doch manchmal trotz bester Absicht unvermeidbar (→ Höflichkeit).

BESTECK

In der Kulturgeschichte des Essens nimmt das Tafelbesteck (profaner: Essbesteck) einen besonderen Platz ein. Früher führte jeder seine eigenen Speisegeräte als höchstpersönliche und kostbare Gegenstände mit sich. Namensgebend war der Umstand, dass das oftmals verzierte B. in aufwendigen Futteralen »steckte«.

Schon die Römer trugen Messer und Löffel am Gürtel. Über Jahrhunderte hinweg beschränkte man sich in Europa auf diese, darüber hinaus behalf man sich mit den Fingern und Brot. Im 16. Jahrhundert kam die aus Italien stammende Gabel hinzu. Diese etablierte sich rasch, zunächst als zweizackige, kaum gekrümmte Spießgabel, später drei- und vierzackig. Wobei die Gabel zunächst nicht überall willkommen geheißen und – warum auch immer – als »Teufelswerkzeug« gebrandmarkt wurde (»Gott behüte mich vor Gäbelchen«, beschwor Martin Luther). Die kulturgeschichtliche Bedeutung des Löffels kann man noch heute an der Redewendung »den Löffel abgeben« erkennen. Im Schwarzwald wurden die Löffel der Verstorbenen bisweilen an der Wand des Bauernhauses befestigt.

Tafelsilber ist Kulturgut. Das Kurpfälzische Museum in meiner Heimatstadt Heidelberg beherbergt etwa das Tafelsilber der Kurfürstin Elisabeth Augusta von der Pfalz, während das gut 500 Teile umfassende Tafelservice des bayerischen Königs Maximilian I. Joseph als besonders eindrückliches Beispiel höfischer Tischkultur und Prachtentfaltung in der Silbersammlung des Münchner Resi-

denzmuseums verwahrt wird. Größer geht jedoch immer: Dank
König Georg IV verfügt der Königliche Haushalt in London –
genauer der Royal Collection Trust – über den rund 4000 Teile
zählenden »Grand Service«, der auch heute noch bei Banketten
zum Einsatz kommt.

Das im Schloss Bellevue vorhandene und von Wilkens & Söhne
gefertigte *Staatssilber* wird ausschließlich für die Staatsbankette
verwendet.

Diebstahl macht solche Sammlungen unmöglich. Es ist daher
eine rechtlich-moralische »Todsünde«, wenn der Gast das Vertrauen des Gastgebers missbraucht und B. oder andere Dinge
stiehlt. Schon 1879 wurde in dem Buch »Der herrschaftliche Diener« gewarnt: »Nach jedem größeren Mittagstisch muß sich der
Diener vom richtigen Bestand seines Silberzeuges überzeugen.
Dies wird umso mehr nöthig, wenn noch fremde Diener bei der
Aufwartung beschäftigt waren.«

BESUCH

*Es erfordern bißweilen die Anverwandschafften und freundfchafft-
lichen Zuneigungen so grosse Herren gegen einander tragen, theils
die Schuldigkeit gegen die Höhern, theils auch mancherley raisons
d'Etat daß sie einander in Person besuchen.*
[Julius Bernhard von Rohr, Einleitung zur Ceremoniel-Wissenschafft]

B. und Monarchenbegegnungen scheiterten früher oftmals an
einer fehlenden Verständigung über Rangfragen (→ Vortritt).
Aber auch heute noch können Besucher und Besuchte viel falsch
machen. B. können selbst unangemessen sein oder aber zu selten,
zu häufig, zu einer ungelegenen Zeit, ja zur Unzeit, zu kurz, zu lang,
in unpassender Kleidung etc., etc. durchgeführt werden. Der Grat
zwischen B. und Heimsuchung ist ein schmaler.

Eine Vielzahl von Besuchsarten korrespondiert mit der Vielfalt
möglicher Zwecke. So gibt es freiwillige und notwendige, unange-

meldete und angemeldete B., Gegenbesuche, Logierbesuche, Antrittsbesuche (für Staatsoberhäupter eine von Kaiser Wilhelm II.
erfundene Kategorie), Abschiedsbesuche, Arbeitsbesuche, offizielle B., Staatsbesuche und Audienzen. Das Protokoll spricht auch
gerne von ausgehenden und eingehenden B. (österreichisch:»Her-
einbesuchen«).

B. können starke symbolische Zeichen sein, eine Geste des Respekts oder der Wiedergutmachung und Aussöhnung. Während der
gesellschaftliche Umgang früher deutlicher geregelt war, ist heute
nicht jedem bewusst, dass es unter bestimmten Umständen eine
ungeschrieben *soziale* Verpflichtung zum B. gibt (→ Höflichkeit;
Manieren; Etikette). Hierzu zählen Gegenbesuche, Antrittsbesuche und Krankenbesuche.

Wie bereits die Antrittsbesuche zeigen, ist eine Einladung
nicht zwingend erforderlich; bei einem B. ohne Einladung und
Ankündigung entscheidet der Besuchte, ob er den B. annimmt. Für
das Gelingen eines B. ist eine gute Vorbereitung und wachsame
Durchführung unerlässlich (→ Aufmerksamkeit). Oftmals wird es
sich anbieten, sich rechtzeitig nach den häuslichen Gewohnheiten
des Besuchten zu erkundigen. Dies kann die Uhrzeit, die Ausgestaltung des B., Geschenke oder die Kleidung betreffen. Sofern es
sich um einen angekündigten B. handelt, sollte man sich über die
Details verständigen.

Im Übrigen sind Reisen und B. eine uralte Kategorie der staatlichen Repräsentation und Diplomatie. Durch B. im eigenen oder
in fremden Ländern wurden seit jeher Macht und Legitimation
derselben oder aber Freundschaft und Versöhnung sichtbar gemacht. Hierfür ließ man sich auch gerne Zeit. So dauerte der erste
Staatsbesuch von Königin Elizabeth II in (West-)Deutschland
1965 zehn Tage. Aber auch der Staatsbesuch von Bundespräsident
Lübke in Indien erstreckte sich 1962 auf neun Tage. Dass es heute
bedeutend schneller geht, liegt nicht nur an den besseren Reisemit-
teln, sondern an der globalen Erkenntnis: Time is money.

BEZAHLEN

Manchmal bleibt bis zum Schluss unklar, wer eigentlich die Zeche zahlt. Dies kann in Restaurants, Bars und auf sonstigem Parkett zu Peinlichkeiten führen. Und durch die ungeschickte Behandlung der Bezahlfrage wird ein zuvor angenehmer Eindruck rasch zunichtegemacht. Außerdem können sich während des B. Charaktereigenschaften manifestieren, die den anderen Beteiligten vorher verborgen geblieben sind.

Aus dem Charakter einer Einladung ergibt sich, dass der Einladende immer zahlt. Wie an anderer Stelle dargestellt, handelt es sich um keine Einladung, wenn der Eingeladene selbst zahlen soll. So weit keine Unklarheiten.

Sie entstehen erst, wenn es diesen Absprachen an Klarheit fehlt. Findet die Zusammenkunft bei einem Beteiligten zu Hause statt, ist grundsätzlich geklärt, wer bezahlt. Mitunter gibt es auch hier ein privates »burden sharing«, um den logistischen Aufwand zu minimieren. Jeder bringt irgendetwas mit, in Ausnahmefällen wird man wohl auch eine Rechnung teilen.

Über »Zahlungsflüsse« haben sich die Beteiligten demnach generell nur dann zu verständigen, wenn sie in einer Gaststätte bewirtet wurden und zuvor keine ausdrückliche Einladung ausgesprochen worden ist. Verabredet man sich zum Beispiel in einem Restaurant, ohne dass einer der Beteiligten den anderen ausdrücklich eingeladen hat und ergibt sich die Einladung auch nicht aus dem Kontext, so haben sich grundsätzlich beide an den Kosten zu beteiligen. Früher galt die Regel, dass der Herr die Dame ausführt. In Deutschland sieht die Gegenwart anders aus. Angesichts der Gleichberechtigung ist es ja auch nur konsequent, den eisernen Grundsatz über Bord zu werfen.

Und doch: In anderen – auch europäischen – Ländern herrschen zum Teil andere Gepflogenheiten. Das B. erfordert also Fingerspitzengefühl und interkulturelle Kompetenz. Dies verraten auch unterschiedliche Bezeichnungen und »Codes« für das B.

Der italienische Ansatz »a la romana«, nach dem die Gesamt-
kosten eines Essens quotiert und auf die Beteiligten umgelegt
werden, erscheint immer als gerechte, schnell zu errechnende
und elegante Lösung. Der Charakter einer Tischgenossenschaft
manifestierte sich auch in dem Umstand, dass sich die römischen
Wirte weigerten, pro Kopf abzurechnen. Jeder Tisch bekam nur
eine Gesamtrechnung. Für die Errechnung der Quotierung sind
lediglich Grundkenntnisse der Bruchrechnung erforderlich. Sonst
hilft der auf jedem Handy vorhandene Taschenrechner. Ausnahmen von dieser Methode sind auch hier möglich und im Blick
zu behalten. Wenn ein Teilnehmer nur ein Salätchen gegessen
hat, während sich die anderen an Hummer und Filet erfreuten, ist
dem Bescheidenen auszureden, sich mit einer Quote zu beteiligen.
Der Bezahlvorgang erfordert somit immer Augenmaß.

Die andere Möglichkeit ist, dass jeder Tischgenosse nur das bezahlt, was er auch konsumiert hat. Natürlich zuzüglich eines An-
teils am Trinkgeld. Diese etwas komplizierte Methode, die dem
individuellen Konsumverhalten die Großzügigkeit opfert, ist allerdings wenig elegant. Jeder kennt diese unschönen Szenen, wenn es
viel zu lange dauert, bis sich überhaupt jemand für die Rechnung
zuständig fühlt und diese an sich nimmt. Plötzlich kann niemand
rechnen, einige können mangels Lesebrille den Bon nicht lesen.
Ja, schließlich muss die Taschenlampe eines Handys angeschaltet
werden, um überhaupt etwas erkennen zu können. Dann beginnt
ein längerer Erinnerungsprozess, in dem die verschiedenen Speisen und Getränke rekapituliert und unverständlichen Buchungs-
bezeichnungen zugeordnet werden. (»Ja, meine Suppe muss Tages-
gericht 1 sein«). Und dann kommt das peinliche Ende. Während
man in anderen Ländern nach Durchführung einer »a la romana«-
Bezahlung meist viel zu viel Geld auf dem Tisch liegen hat, genügt
das individuell Abgerechnete in Deutschland mitunter nicht, um
die Rechnung mitsamt eines Trinkgeldes bereits im ersten Anlauf
zu begleichen. Es ist daher wenig erstaunlich, dass diese Berech-
nungsmethode schon sprachlich gerne einem jeweils anderen – mit
Geiz in Verbindung gebrachten – Kulturkreis zugeschrieben wird

(»going dutch«, »pagar a la catalana« oder aus türkischer Sicht auch uns: »Alman usulü ödemek«).

BILLET

Die Aushändigung oder Versendung eines B. ist als »kleiner schriftlicher Verkehr« eine elegante Form der Korrespondenz mittels einer personalisierten Drucksache, meist einer klassischen Visitenkarte (also nicht Adress- oder Geschäftskarte!). Während ein B. nur mit wenigen, ritualisierten Worten oder standardisierten Codes (→ Visitenkarte; Ritual) ergänzt wird, dienen Briefkarten der Übermittlung eines kurzen handschriftlichen Briefes. Empfehlungs- oder Komplimentkarten können ebenfalls als B. verwandt werden. B. werden stets in einem Umschlag versandt.

Handschriftlich verfasste Nachrichten zeigen die persönliche Wertschätzung und Aufmerksamkeit immer noch am besten. Durch die digitale Kommunikation ist dieser Effekt sogar noch verstärkt worden. Die von Robotern geschriebenen und bestellbaren handschriftlichen B. und Briefe sind schwer im Kommen.

BLUMEN

Sie sind in den meisten Kulturkreisen fest verankert, wobei *Ikebana* als der Inbegriff floraler Hochkultur gilt. Der Verwendung von B. sind nahezu keine Grenzen gesetzt, sie werden verschenkt und überreicht, auf Bühnen geworfen, schmücken Wappen und Kleidung, das Haar, Knopflöcher, Räumlichkeiten und Gräber; sie werden aus Flugzeugen abgeworfen, Flüssen überantwortet oder Herrschern vor die Füße gestreut; mitunter ließen Herrscher sie auch auf ihre Gäste herabregnen (z.B. Nero in der *domus aurea*). Auch in der nationalen Erinnerungskultur haben B. eine große Bedeutung (man denke nur an die *remembrance poppies*). Zunehmend werden B. aber auch verspeist, sogar Lupinen.

Auch das Protokoll beschäftigt sich intensiv mit der Auswahl und dem passenden Arrangement von B. In mancher Delegation eines Staatsbesuches findet sich ein »flower arranger«. So ist die Blumenauswahl bei internationalen Besuchen an den Farben der Nationalflagge orientiert (»florales Zeremoniell«). In einigen Fällen gibt es aber auch negativ assoziierte Farben, die nicht gewählt werden dürfen (z.B. wird man israelische Gäste nicht mit gelben Blumen empfangen, da dies an die nationalsozialistische Zwangskennzeichnung mit dem gelben Stern erinnern könnte). Bei der Dekoration einer Tafel wird grundsätzlich darauf geachtet, dass die Sicht auf die gegenüber platzierten Tischgenossen sowie die Gastgeber und Ehrengäste nicht durch den Blumenschmuck beeinträchtigt wird. Jedoch nicht überall. Bei einem im Ausland veranstalteten Bankett verschwand mein »Gegenüber« hinter einem riesigen Bouquet – mit voller Absicht, da eine über den Tisch geführte Konversation nach höfischen Vorstellungen grundsätzlich unüblich wäre. »Bei Hofe« spricht man ausschließlich mit seinen Tischnachbarn (→ Turning the table).

Das Protokoll kümmert sich bei »Kranzspenden« auch darum, dass der richtige Kranz mit der passenden Kranzschleife in dem korrekt aufgereihten Kranzträgerzug zum Ereignisort (vulgo: Kranzabwurfstelle) gebracht und in der richtigen Anordnung abgelegt oder aufgestellt wird. Alternativ werden Trauergebinde verwandt.

Die private Verwendung von B. ist zurückhaltender reglementiert. Einige Grundregeln sollten aber beachtet werden. Zunächst besteht keine gesellschaftliche Verpflichtung, die Gastgeber bei jeder Einladung mit einem (floralen) Geschenk zu bedenken. Dem Prinzip der Gegenseitigkeit kann und sollte zunächst einmal durch eine Gegeneinladung genüge getan werden. Ferner werden bei offiziellen und größeren Einladungen keine B. mitgebracht. Brächten alle Gäste B. mit, wären die Gastgeber sonst vor allem damit beschäftigt, die Blumen zu versorgen. Da es offenbar aus der Mode kam, den Gastgebern am Tag nach der Einladung B.

zukommen zu lassen, sei hier an diese elegante Geste der Höflichkeit erinnert.

Dem Blumengruß wird eine oberhalb des Namens handschriftlich ergänzte Visitenkarte oder aber eine andere Art des Billets beigefügt. Früher war es absolut unüblich, Herren B. zu schenken. Dieses Verbot besteht in der Gegenwart so nicht mehr fort. Sofern man annimmt, dass sich der Bedachte über Blumen freut, steht diesem nichts im Wege. Keine B. werden bei Antrittsbesuchen, bei Kondolenzbesuchen und von den Ehrengästen geschenkt. Regionale Ausnahmen bestätigen die Regel. Überreicht ein Paar einem anderen Paar Blumen, so geschieht dies traditionell durch den Herrn an die Dame. Bei gleichgeschlechtlichen Paaren gibt es keine Regel. Papier und Folie sind vor der Aushändigung zu entfernen.

Nicht erläutert werden kann an dieser Stelle die ohnehin nur wenig konsistente florale »Farbenlehre«; jedes gute Fachgeschäft wird hier mit Rat zur Verfügung stehen und jedenfalls verhindern, dass der Verehrten traditionelle »Totenblumen« (z.B. weiße Lilien, Astern oder Callas), ein Kaktus oder sonstige Topfpflanzen überreicht werden. Natürlich kann es aber im Einzelfall sehr wohl angebracht sein, eine Lilie (zur Vermeidung von Abfärbungen am besten nach Entfernung der Blütenstempel), eine Calla, eine Topfpflanze oder sonst eine vermeintlich »verbotene« B. zu verschenken. Der Frau des Chefs wird man jedenfalls keine roten Rosen mitbringen und einem Kranken auch keine Callas.

Allgemein bekannt ist ferner, dass man größere B. nur in ungerader Zahl verschenkt, jedenfalls bis etwa zur Zahl 15. Der Grund für diese numerische Festlegung ist, dass sich eine ungerade Anzahl besser arrangieren lässt. Ab fünfzehn Stück spielt dies aber keine Rolle mehr. Betörend riechende B. werden grundsätzlich nicht verschenkt; sie kommen auch nicht als Dekoration des Speisetischs, des Schlafzimmers oder gar des Krankenzimmers in Frage.

BUNTE REIHE

Eine durch Los und Zufall gestaltete Reihenfolge bei Sitzordnungen (→ Placement) und Einzügen. Damit ist sie eine bewusste Abkehr von den Ordnungskriterien des Rangs.

Pêle-mêle wurden die Gäste entweder platziert, um Rangstreitigkeiten zu vermeiden, oder bei jenen Lustbarkeiten, die wegen ihres bukolischen Charakters eine gewisse Form- und Zwanglosigkeit voraussetzten.

Auch heute noch ist die B. sehr beliebt. Ob sie für den Anlass wirklich angemessen ist, hängt vom Einzelfall ab. Für ein Placement spricht jedenfalls die Tatsache, dass der Gastgeber mit einer guten – weit über Fragen des Rangs hinausgehenden – Sitzordnung die Voraussetzung für eine gute Konversation schaffen kann.

C

CHEF DES PROTOKOLLS

Seine Bezeichnungen sind je nach politischen Umständen und Staatsverfassung unterschiedlich, seine Aufgaben im Kern immer ähnlich. Ob von einem *Zeremonienmeister*, dem *Ober-, Hof- und Haus*-Marschall, dem *Gentiluomo di camera e maggiordomo di settimana* oder dem päpstlichen *responsabile dei viaggi (Reisemarschall)* die Rede ist oder war – stets ging es darum, den jeweiligen Amtsinhaber in Sachen des Protokolls, des Zeremoniells und der Etikette zu beraten und Ereignisse, die diesen betreffen (offizielle Termine, Begegnungen, Besuche, Reisen, Feste etc.), vorzubereiten, zu begleiten und nachzubereiten.

Angesichts der Komplexität dieser Bereiche und der oftmals nur mündlichen Tradition, die mitunter dazu verleitete, von einer Geheimwissenschaft des Protokolls zu sprechen, erstaunt es nicht, dass das Amt des C. immer wieder auch ein erbliches war. So wurde z.B. das in seiner Bedeutung herausragende, ja stilbildende Amt des *Grand Maître des Cérémonies de France* während des Ancien Régime über mehrere Generationen von den Familien *Pot* und *de Dreux-Brézé* ausgeübt – später auch in der Zeit der Restauration. Die revolutionäre Abschaffung des Amtes war somit nur von kurzer Dauer. Überhaupt verhalf Napoleon dem Protokoll zu neuem Glanz. Im 20. Jahrhundert waren es dann die – einer Vorliebe für höfische Kultur an sich unverdächtigen – kommunistischen Staaten des Warschauer Vertrages, die großen Wert auf Fragen des Protokolls legten. Dazu passte, dass die protokollarischen Angelegenheiten des »Ministeriums für Auswärtige Angelegenheiten der DDR« in den ersten Jahren in den Händen von Ferdinand Thun (bis 1949: Ferdinand Graf von Thun und Hohenstein) lagen. Also eines Diplomaten, der schon durch seine hochadelige Abstammung mit einem noch höfisch geprägten Zeremoniell in Berührung gekommen war (→ Adel).

Heute verfügen in Deutschland alle Verfassungsorgane des Bundes und der Länder, einige Städte, die Kirchen und große Wirtschaftsunternehmen über eigene Protokolleinheiten, wobei der konkrete Aufgabenzuschnitt variiert.

Die Aufgaben eines C. und seiner Kolleginnen und Kollegen umfassen:

Erstens die Beratung des jeweiligen Amtsinhabers in allen Fragen des Protokolls und des Zeremoniells. Die staatliche Repräsentation und die Diplomatie stehen im Vordergrund. In manchen Fällen ist der C. auch für die internationalen Beziehungen zuständig, etwa im Deutschen Bundestag. Fragen der Etikette und Manieren kommen am Rande vor. Beispielsweise durch Fragen verunsicherter Gäste: »Wie muss ich ... anreden? Was muss ich im Defilee beachten? Mit welchem Besteck esse ich was?«

Zweitens die Vorbereitung, Begleitung und Nachbereitung der offiziellen Ereignisse. Mitunter wirken hunderte Personen – mit nicht immer identischen Interessen – an der Durchführung solcher Termine mit. Beim C. laufen dann alle Fäden zusammen, ihm obliegt die nahezu unsichtbare Steuerung, er verantwortet den Ablauf. Deshalb muss er die unterschiedlichen Interessen der Beteiligten erkennen, beherzt entscheiden, gut verhandeln und auch Nein sagen können.

Da bei politischen und diplomatischen Ereignissen eine Trennung von Inhalt und Form kaum möglich, jedenfalls nie zweckmäßig ist, muss er alle Details beider Sphären kennen. So hängt die zeremonielle Ausgestaltung eines Staatsbesuches entscheidend von der politischen Planung und den beabsichtigten Botschaften ab.

Drittens steht er außerdem den Amtsinhabern immer zur Verfügung, damit diese diffizile Situationen überbrücken können. Wenn zwei Amtsinhaber in ihrem Gespräch unterbrochen werden, weil der C. das Zeichen zum Aufbruch gibt, werden zur Auflockerung häufig zwei Witze erzählt: a) »Frage: Kennen Sie den Unterschied zwischen Protokollchefs und Terroristen? Antwort: Mit Terroristen kann man verhandeln.« oder b) »Auch Präsidenten haben Chefs. Ich meine unsere Protokollchefs und sehe meinen gerade hereinkommen. Das bedeutet, dass wir unser sehr interessantes Gespräch leider zum Abschluss bringen müssen.« Meistens geht es gut, es soll aber auch den Fall gegeben haben, dass sich ein hochrangiger Gast daraufhin mit den Worten an den C. wandte: »Wir hassen Sie!«

COCKTAILPARTY

Sie findet in der Regel am frühen Abend statt – dabei schließt sie die Lücke, die sich zwischen »Fünfuhrtee« oder »Kaffee und Kuchen« und einer Soiree auftut, wenn es keinen Aperitif geben sollte.

Doch bei wem von uns ist der Tag schon so strukturiert? Wer arbeitet, hat also höchstens die Chance auf eine C. Sie ist dann ein schönes Bindeglied zwischen Arbeit und Abendessen.

In den Zwanzigerjahren des vorherigen Jahrhunderts in nordamerikanischen Städten entstanden, trat die C. einen bis heute andauernden Siegeszug an. Der Charme der C. liegt darin begründet, dass vergleichsweise viele Gäste mit geringem Aufwand und in einer überschaubaren Zeitspanne empfangen werden können. Die C. kann, muss aber nicht zu Hause stattfinden. Zu ihren wesentlichen Eigenschaften zählen:

- Die Einladung kann formlos (z.B. telefonisch) ergehen.
- Zeitfenster: zwischen 17.30 Uhr und 20 Uhr. Einer C. folgt grundsätzlich kein sich anschließendes Abendessen. Cocktails vor einem Abendessen sind ein Aperitif, keine C. Pünktliches Erscheinen ist nicht erforderlich, jeder kann nach Beendigung der Arbeit erscheinen; eine pünktliche Verabschiedung ist jedoch zwingend. Nach 20 Uhr wollen die Gastgeber zu Abend essen. Ausnahme: Der *cocktail prolongé* findet ungefähr von

19 bis 22 Uhr statt und sieht ein sich anschließendes warmes Buffet vor.

- Eine Begrüßung der Gastgeber ist erforderlich; im Übrigen ist eine zwanglose Kommunikation ohne förmliche Bekanntmachung oder Vorstellung mit rasch wechselnden Gesprächspartnern üblich.
- Die C. findet überwiegend als Stehempfang statt; meist sind nur wenige Sitzgelegenheiten vorhanden.
- Gereicht werden Cocktails und Longdrinks, Wein, nicht alkoholhaltige Getränke und – wie beim Aperitif – Kleinigkeiten zu essen. Um den Aufwand gering zu halten, erkundigt sich der Gast danach, welche Getränke angeboten werden und bestellt nicht – wie an einer Hotelbar – seinen mit seltenen Zutaten (wie viele Gins gibt es inzwischen eigentlich?) gemixten Spezialcocktail. Ein weltweit beliebter Klassiker der C. ist *gin and tonic* (G & T).
- Kleidung: (dunkler) Anzug für den Herrn und – nomen est omen – Cocktailkleid für die Dame. Früher wurden Damen und Herren auch in dieser Frage ungleich behandelt: Während die von ihrer Arbeit kommenden Herren in ihrem Tagesanzug zur C. gingen, zogen sich die Damen um (Cocktailkleid statt Nachmittagskleid). Heute haben Herren und Damen gleichermaßen die Möglichkeit, sich nach der Arbeit (ggf. im Büro) umzuziehen.

CUTAWAY COAT (CUT)

Der C. oder *morning dress* (vulgo: Schwalbenschwanz) ist ein klassischer Tagesanzug für den Herrn. Er ist eine Fortentwicklung des für das 19. Jahrhundert bestimmenden Gehrocks, dessen Schöße gekürzt worden waren (»cut away«). Sein abendliches Pendant ist der Frack. Den C. trägt man also nie am Abend.

Der C. besteht aus einer schwarzen oder grauen einreihigen Jacke, einer schwarz-grau gestreiften oder grauen Hose, einer

Weste, einem weißen Hemd, einer Krawatte oder einem *Plastron*
(Halstuch) und schwarzen Schuhen. An königlichen Höfen wird
die schwarze Jacke bevorzugt, bei gesellschaftlichen Ereignissen
eher die graue. Allerdings besteht hier eine grundsätzliche Tole-
ranz, so dass der Besitz eines C. genügt. Fliegen (Querbinder) oder
Gürtel werden nie zum C. getragen. Kummerbund auch nicht
(→ Smoking). Die Farbwahl der Weste ist ein wichtiger Punkt: Zu
Beerdigungen sollte eine schwarze, zu hochförmlichen Ereignissen eine dunkle und zu Hochzeiten eine graue getragen werden.
Außerdem die schwarze oder dunkle Weste eher am Vormittag
und die graue eher am Nachmittag. Farbige Westen sind möglich,
aber nicht nötig. Bei einreihigen Westen bleibt der unterste Knopf
geöffnet. Die Farbe der Krawatten folgt ähnlichen Regeln.

Historisch betrachtet ist der C. kein höfisches, sondern ein
bürgerliches Kleidungsstück. »Bei Hofe« trug man als *grande toilette* üblicherweise *habit à la francaise* (später *habit habillé*) oder
Uniformen (Diplomatenuniformen, Gala etc.). Eine weitere Revo-
lutionierung erfuhr der C., als in der Weimarer Republik Reichs-
kanzler und Außenminister Gustav Stresemann 1925 eine kurze
Jacke zu den gestreiften Hosen einführte und so den »Stresemann«
erfand.

Wird der C. mit einem grauen Zylinder und (grauen, hirschle-
dernen) Handschuhen kombiniert, spricht man in Großbritannien
vom *morning dress*. In Ermangelung königlicher Pferderennen
wird der C. in Deutschland vor allem bei Hochzeiten und Beerdigungen getragen. Über diese gesellschaftlichen Ereignisse hinaus
trägt man den C. bei einigen zeremoniellen Ereignissen, z. B. bei
der Akkreditierung und beim Neujahrsempfang des Bundespräsidenten für das Diplomatische Korps.

D

Jenseits der Anredefloskel »Meine sehr verehrten D. und Herren« ist die D. leider weitgehend aus dem Bewusstsein der Gegenwart verschwunden. Bei Wikipedia findet sich nur der knappe Hinweis »Dame: steht für eine Frau«, während dem Stichwort Herr ein ausführlicher Eintrag gewidmet ist. Manieren sind ohne die gesellschaftliche Institution der D. allerdings ebenso wenig vorstellbar wie Protokoll und Zeremoniell.

Im Ursprung war dies ein aus dem Lateinischen (*domina*) entliehener und in mehreren Sprachen verwandter Titel einer adeligen Frau. In Großbritannien wird die weibliche Entsprechung eines Ritters noch heute als *Dame* bezeichnet. An dieser Stelle sei zugegeben, dass sich die Welt des Parketts bisher nur an zwei Geschlechtern orientiert.

Besonders die Ausrichtung der höfischen Kultur des Mittelalters auf die D. und wohl auch die christliche Marienverehrung haben das Bild der D. lange geprägt. »Anmut«, »Güte« und »Verehrung« waren hier die Zuschreibungen. Und obwohl der gesellschaftliche Wandel im 20. Jahrhundert glücklicherweise zu einem anderen Rollenverständnis beigetragen hat (→ Bezahlen; Herr), leben im Umgang mit D. bestimmte althergebrachte Vorstellungen und Verhaltensnormen fort.

Einer D. den Vortritt zu lassen, ihr die Türe zu öffnen, aus dem Mantel zu helfen oder ihr nachzuschenken, all dies bedeutet nicht, die Errungenschaften der Gleichberechtigung in Frage zu stellen. Auch in Zeiten, in denen das »Damenprogramm« selbstverständlich »Partnerprogramm« heißt und »Damenkränzchen« ausgestorben sind, dürfen Frauen als D. bezeichnet und in *galan-*

ter Weise behandelt werden – und sich ihrerseits damenhaft verhalten.

Das Verhältnis zwischen D. und Herr hat sich in den vergangenen Jahrzehnten stark gewandelt. Zum Glück. Wer heute Werbefilme der 1950er Jahre ansieht, könnte sie für *Fakes* halten. Doch die klaren Worte des Grundgesetzes – »Männer und Frauen sind gleichberechtigt« – sind noch immer nicht umgesetzt. Was bedeutet dies für die Umgangsformen zwischen beiden Geschlechtern? Darf ein Herr die D. noch mit galanter Zuvorkommenheit und Höflichkeit behandeln und ihr seine Assistenz anbieten? (→ Arm anbieten; Aufstehen; Ehrenplatz; Türe). Oder ist dies diskriminierend, weil er ihr hierdurch die Gleichberechtigung abspricht? Ich denke, dass es keinen Widerspruch zwischen Gleichberechtigung und höflichem Umgang gibt. Eher ist in dieser Frage besonderes Feingefühl erforderlich, die Umstände sind entscheidend. Es ist eben ein Unterschied, ob sich D. und Herr bei einem gesellschaftlichen Ereignis begegnen oder aber bei einer Arbeitsbesprechung im Büro. Lehnt sie die fürsorgende Assistenz ab (»Danke, ich kann meinen Mantel auch alleine anziehen«), kann der Herr dies nur zur Kenntnis nehmen. Eine D. zuvorkommend zu behandeln, bedeutet daher nicht, sie auf ihr Geschlecht zu reduzieren.

DANK

Seit der Antike wird in der Philosophie über Bedeutung und Stellenwert des D. gestritten. Während Cicero die Dankbarkeit als »Mutter aller Tugenden« ansah, lehnte sie Aristoteles wegen der Verpflichtung des Dankenden als Schwäche ab (→ Geschenk).

Die »Kultur der Dankbarkeit« ist bei uns gegenwärtig konkreten Gefahren ausgesetzt. D. wird gerne vergessen, vielleicht auch absichtlich unterlassen, weil er als ineffizient und schwach gilt. In diesem Punkt scheint sich die pietistisch-schwäbische Lebensweisheit »Net gmault isch globt gnug« in ganz Deutschland durchgesetzt zu haben. In anderen Ländern, z.B. in Frankreich, wird der D. jedoch als Fundament einer »Anerkennungs-kultur« hochgehalten. Dem *Remerciement* geht es wesentlich besser als seinem deutschen Pendant. Für unsere Nachbarn gilt: keine Rede, keine Wortmeldung, kein Elternabend ohne umfassende Dankbarkeitsbekundungen. So weit muss es vielleicht nicht kommen. Für mich bietet sich hier ein Mittelweg, der sich in kleinen Gesten des D. äußert. So freut sich jeder Gastgeber, wenn er nachträglich ein Billet oder eine andere Aufmerksamkeit erhält (→ Blumen).

DEFILEE

Das D. (aus dem franz. *défilé*) ist trotz seiner militärischen Wurzeln ein durch und durch ziviles Ereignis, das in ganz Europa bekannt ist (engl.: *receiving line*, span.: *besamanos*, ital.: *baciamano*). Es dient vor allem der individuellen Vorstellung einer Vielzahl von Personen. Diese schreiten – einzeln oder in Gruppen – an hochgestellten Persönlichkeiten, zumeist dem Gastgeber, Ehrengast und Partner, vorbei. Das D. findet in der Regel vor einem zeremo-

niell ausgestalteten Ereignis statt (z.B. einem Essen oder einem Empfang). Es gibt aber auch Veranstaltungen, deren Hauptzweck das D. ist, zum Beispiel Neujahrsempfänge, bei denen das D. einige Stunden dauern kann. Diese sind dann ein Hochamt des Protokolls, bei dem die höchsten Repräsentanten des Staates und der Gesellschaft sowie eine Gruppe verdienter Bürgerinnen und Bürger am Bundespräsidenten und seiner Frau vorbeidefilieren (→ First Lady).

Über die Gunst der Vorstellung hinaus ist das D. eine Ehrerweisung: Der Vorzustellende reicht die ihm zuvor ausgehändigte Vorstellkarte an einen Mitarbeiter des Protokolls, der diese an den Chef des Protokolls weiterreicht. Hierauf wartet der Gast, bis er an der Reihe ist. Der Chef des Protokolls hält visuellen Kontakt mit dem Gastgeber, überblickt den Ablauf des D. und liest die Vorstellkarte vor. Gleichzeitig gibt er dem wartenden Gast ein Zeichen, dass er das D. absolvieren möge. Gastgeber, Ehrengast und ihre Partner stehen in einer Reihe und erwarten die dann an ihnen Vorbeidefilierenden. Handelt es sich um eine Veranstaltung offiziellen Charakters, sind Flaggen aufgebaut und oftmals Medienvertreter anwesend. Die Tatsache, dass sich der Vorzustellende auf die im D. stehenden Personen hinzubewegt, drückt ein klares Rangverhältnis aus. Dieses wird durch die ausgerufene Vorstellung und die Flaggen weiter verdeutlicht.

Im Einzelfall kann man viel aus dem Verhalten aller Beteiligten eines D. ablesen. Neben der gewährten Verweildauer gibt es zahlreiche Gesten, die eine besondere Nähe ausdrücken können (→ Akkolade). Wenn der Bundespräsident beim D. des Neujahrsempfangs einer hochbetagten Überlebenden des Holocaust entgegengeht und sie durch den Saal führt, ist das ein starkes Zeichen.

Was ist in einem Defilee zu beachten?
Während es in anderen Ländern üblich ist, die Gäste mit einem Beileger zur Einladung über die anstehenden Abläufe zu informieren, geschieht das in Deutschland nur selten. Deshalb wird hier zusammengefasst, was für ein D. relevant ist:

- Die Reihenfolge der im D. stehenden Persönlichkeiten ist: Gastgeber, Ehrengast, Partner des Ehrengastes, Partner des Gastgebers. Jeder steht vor seiner Flagge.
- Die zuvor auf ihre Richtigkeit überprüfte Vorstellkarte wird zur Aushändigung bereitgehalten.
- Große Handtaschen und andere Gepäckstücke werden zuvor abgegeben. Im D. werden keine Geschenke, Briefe, Photographien oder Visitenkarten übergeben.
- Der Vorzustellende und seine Begleitung stellen sich in der auf der Karte wiedergegebenen Reihenfolge auf. Der primär Eingeladene steht an erster, der Partner an zweiter Stelle (»Ladies first« ist hier falsch!). In dieser Reihenfolge absolvieren beide das D.
- Der Vorgestellte stattet die im Einzelfall angemessene Ehrerweisung ab (Verbeugung, Knicks, Handschlag etc.). Ein sehr kurzer Austausch von Begrüßungsfloskeln kann angemessen sein. Das D. ist kein Ort der Konversation. Einerseits warten andere Vorzustellende, andererseits warten die Gastgeber und Ehrengäste.
- Nach dem D. sollten Gastgeber und Ehrengäste Gelegenheit haben, sich die Hände zu waschen.

DELEGATION

Eine Gruppe von Personen, die eine hochgestellte Persönlichkeit auf einer Reise oder bei einem Termin begleitet und dieser zuzurechnen ist. Auch im Zusammenhang von Vorausreisen spricht man von D. Als Synonyme werden *Entourage, Begleitung* und *Gefolge* (für den Papst z.B. immer noch »il seguito papale«) verwendet. Früher sprach man von *Suite* oder *Hofstaat* und *Kortege*. Ein Gefolge, das dem Gast von Seiten des Gastgebers gestellt wird, nennt man »Ehrengeleit«. Die Begrüßung an der Landesgrenze und durchgängige Begleitung ist ein uralter Bestandteil des Zeremoniells und wird als sog. Milderungsritual umschrieben (→ Eskorte; Übergangsriten).

Die Mitglieder einer D. werden in Delegationslisten aufgeführt, die mitunter mehrere Seiten umfassen. Neben der Offiziellen D. gibt es häufig auch eine Wirtschaftsdelegation. D. setzen sich höchst heterogen zusammen. Von mitreisenden Regierungschefs, Ministern, Staatssekretären, Protokoll, Vorstandsvorsitzenden, Repräsentanten der Kultur, Medienvertretern, Sicherheit, Kammerdienern, Ärzten, Lakaien bis zum Floristen ist (fast) alles möglich. Umso wichtiger ist die in Delegationslisten streng zur Anwendung kommende Rangfolge: »Oben« ist höherrangiger als »unten«. Während man früher die Bedeutung des reisenden Prinzipals ohne weiteres an der Würde und Größe der D. festmachen konnte, bedarf es hierfür in der heutigen Zeit einer genauen Einzelfallbeobachtung. In Anwesenheit der D. geführte Gespräche bezeichnet man als »Delegationsgespräche« (→ Tête-à-Tête).

DISTINKTION

Protokoll, Zeremoniell und Manieren leben von der D. (→ u. a. Anrede; Rang; Vorstellung). Dabei herrscht ein gewisses Spannungsverhältnis zum grundgesetzlichen *Gleichheitsgebot*. Das Protokoll hat dabei geradezu eine Ordnungsfunktion, wodurch die unterschiedlichen Rangstellungen und Funktionen der Akteure zum Ausdruck gebracht werden. Verkürzt ausgedrückt, bleibt die Türe für manche verschlossen. Wer aber Zutritt hat, handele entsprechend seinem Rang und seiner Funktion. Im Gegenzug möchte er meist auch so behandelt werden. Ausnahmen beleben freilich das Geschäft. Manchmal gibt es schließlich Kriterien, die wichtiger sind als der Rang. Begegnet man Hinterbliebenen eines Unglücksfalles, sollte man sich nicht mit Rangfragen aufhalten. Im Tod und in der Trauer sind alle Menschen gleich.

DRUCKSACHEN

Bedrucktes Papier – egal welcher Art – hat es in der digitalen Gegenwart schwer. Was für die Zeitungsverlage gilt, gilt erst recht für häusliche D. Wer besitzt noch private Visitenkarten, bedrucktes Briefpapier, Einladungskarten oder Komplimentkarten? Und wer weiß, wie man diese stilvoll verwendet? Die digitale Kommunikation hat diesen Nutzerkreis stark dezimiert. Allerdings gibt es auch eine Gegenbewegung. Die multimediale Sättigung scheint zu einer Renaissance herkömmlicher Kommunikationsformen zu führen. Ja, es gibt sie wieder, die handschriftlichen Briefe und D. (→ Korrespondenz). Auch der »Digital Native« erkennt, dass mit diesen traditionellen »Tools« eine Botschaft manchmal besser gelingt als mit binär codierten Informationen. Ein handschriftlicher Brief oder eine D. werden vom Adressaten in jedem Falle mit einer größeren Aufmerksamkeit wahrgenommen. Einerseits gehen sie nicht im alltäglichen digitalen Dauerbeschuss unter. Andererseits ist mit ihnen eine besondere Wertschätzung verbunden, da sich der Absender Zeit für den Empfänger nimmt und darüber hinaus auch Geld für die D. und das Porto ausgibt. Obwohl er doch auch eine schnelle und kostenlose E-Mail hätte schreiben können.

D. müssen zum konkreten Anlass passen. Zudem sind sie ein bleibender Ausdruck der Persönlichkeit desjenigen, der sie einsetzt – also auch im übertragenen Sinne eine Visitenkarte.

Außer den ereignisbezogenen D. (Bekanntmachungen der Verlobung, Hochzeit, Geburt, Todesanzeigen etc.) sind vor allem Visitenkarten und Geschäftskarten bekannt. Aber auch Briefpapier, Briefkarten, Billets und Komplimentkarten zirkulieren wieder. Wer noch keine D. hat, sollte sich einfach mal einen Satz drucken oder schenken lassen und es zukünftig mit einem kommunikativen Mix versuchen (→ Geschenk).

Die Gestaltung von D. ist eine komplizierte, von nationalen, regionalen und familiären Besonderheiten sowie dem persönlichen Stil abhängige Angelegenheit. In jedem Fall empfiehlt sich die Beauftragung einer erfahrenen Druckerei.

Bei Einladungskarten und Anzeigen wird traditionell der Herr zuerst genannt. Auf angelsächsischen und italienischen Drucksachen findet sich oftmals nur die Anschrift, nicht jedoch der Name. In einigen Familien werden nur die Namen, nicht aber die Anschrift aufgedruckt – manchmal auch nur ein Monogramm oder Initialen. Oder ein Wappen oder eine Krone. Ein Billet des Chefs des Hauses Hohenzollern beispielsweise wird nur über Initialen und eine Krone verfügen und von der »Generalverwaltung des vormals regierenden Preußischen Königshauses« expediert sein. Oftmals ist auch hier weniger mehr (→ Zurückhaltung). Nicht alle akademischen Grade, Titel und Dienstbezeichnungen müssen auf jede D. gedruckt werden.

DU

Mit dem D. ist es wie mit der Zahnpasta. Einmal draußen, bekommt man sie nicht wieder in die Tube. Eine Rückkehr zum »Sie« wäre ein geradezu feindseliger Akt. Während die Duz-Gewohnheit früher auf bestimmte soziale Gruppen beschränkt war, erfreut sich die Anrede in der zweiten Person, die eine gewisse Distanzlosigkeit suggeriert, inzwischen epidemischer Beliebtheit. Auch wenn es natürlich starken sozialen Wandlungen unterworfen war, wer wen duzte (in der Familie oder im Adel, bei den Sozialdemokraten und Kommunisten, der Kirche, den (Berg-)Seilschaften und Sportsfreunden), gab es bis vor wenigen Jahrzehnten immerhin noch große Reservate des »Sie«. Heute gelten Verfechter des »Sie« in vielen Kreisen schon als skurril und kauzig, vielleicht sogar als Soziopathen.

Es ist wie überall: Eine inflationäre Verwendung führt zur Entwertung. Das unterschiedslos verwandte D. lässt keine Rückschlüsse auf den Grad einer Verbindlichkeit oder gar Intimität zu.

Im Gegenteil kann sich hinter einem »Sie« eine viel tragfähigere
Freundschaft und Beziehung verbergen als hinter dem D.

Wenn in großen Unternehmen das D. als Anrede verordnet
wird, ist dies letztlich nur ein Akt der Hilflosigkeit. Allgemeines
und angeordnetes Geduze führt den nachvollziehbaren Wunsch
nach Vertrautheit und Nähe ja geradezu ad absurdum. Je differen-
zierter die Möglichkeiten der Anrede, desto präziser – und damit
wahrhaftiger und verlässlicher – können die Beziehungen schließlich gestaltet werden. Auch intimste und langjährige Freundschaften erfordern kein D. Als Ausweis einer besonderen Nähe bietet
sich nach Hamburger Manier die »Sie«-Anrede mit Vornamen
an. Manchmal kommt es aber erst in hohen Alter zum Äußersten.
So soll Konrad Adenauer seinem jahrzehntelangen Weggefährten
Robert Pferdmenges das »Du« erst zum 85. Geburtstag angeboten
haben. Er blieb, wie es heißt, der einzige Duzfreund des Kanzlers.

E

EHRENPLATZ

Gemeinhin wird bei zwei Menschen der rechte Platz als E. begriffen (Faustregel: rechts vor links, vorne vor hinten, oben vor unten). Der Herr läuft und sitzt demnach links von der Dame: *A lady never on the left!* Ebenso der Gastgeber im Verhältnis zum Gast oder der Jüngere zum Älteren (→ Anciennität).

Ausnahme: wenn der rechte Platz schlechter oder unsicherer ist, z.B. durch den Straßenverkehr. So geht der Herr am Straßenrand. Gehen drei Personen nebeneinander, so ist der E. grundsätzlich in der Mitte. Begleitet allerdings ein Herr zwei Damen, kann der Herr in der Mitte gehen. Welche der Damen dann rechts geht, hängt vom Rang- und Altersverhältnis der beiden ab. Gehen oder stehen zwei Paare nebeneinander, so gibt es zwei Möglichkeiten: Entweder die Paare reihen sich symmetrisch auf (Herr, Dame, Herr, Dame) oder aber das Gastgeber-Paar rahmt das Gast-Paar ein.

EINLADUNG

Das gesellschaftliche Leben hat einen Vorzug: Man wird meist irgendwo eingeladen. Der Gastgeber übernimmt alle Kosten (→ Bezahlen; Großzügigkeit). Und der Gast wird sich für diese Großzügigkeit gelegentlich revanchieren. Zum Beispiel seinerseits mit einer E.

Der Eingeladene sollte allerdings zunächst klären, ob es sich um eine ernst gemeinte E. handelt oder eine reine Höflichkeitsfloskel. Das hängt von den kulturellen Umständen ab.

Anders als früher hat die E. heute keine rechtliche Qualität mehr. Wird man »eingeladen«, an einer kostenpflichtigen Veranstaltung teilzunehmen, handelt es sich genau genommen um keine E. im traditionellen Sinne.

Durch die Annahme der E. wird der Einladende zum Gastgeber und der Eingeladene zum Gast. Beiden obliegt es, die Details des Ereignisses zu klären, wobei hierfür soziale Gepflogenheiten maßgeblich sind.

Eine E. erfordert zwingend eine rasche Reaktion (→ Antwort). Diese zu unterlassen, ist grob unhöflich. Auf dem Parkett ginge es sehr viel weltläufiger zu, wenn dieser Grundsatz häufiger beachtet würde.

Die E. gibt Aufschluss darüber, wer in wessen Namen wen wann wozu einlädt. Alle wichtigen Details sollten daher in der E. enthalten sein (Ort, Zeit, Dauer, Partner?, Kleidungsempfehlungen etc.). Bei der Auswahl und Gestaltung der E. (mündlich, durch einen Boten, schriftlich, durch eine Karte, durch akustische oder optische Signale, fernmündlich, durch E-Mail, SMS, Doodle etc.) ist der Einladende grundsätzlich frei. Die Kunst besteht darin, eine dem Anlass angemessene Form der E. auszuwählen. Mal wird eher eine SMS, mal eher eine Einladungskarte oder ein handschriftlicher Brief passen (→ Billet; Drucksachen; Korrespondenz; Visitenkarte).

EINZUG

Seit der Antike wird der E. herausragender Persönlichkeiten als »Herrschaftszeichen« zeremoniell ausgestaltet (→ Spalier). Die Inszenierung insbesondere der ersten Ankunft (Intrada, Entrée) zielte auf eine Überhöhung des Herrschers und dadurch Absicherung seines Machtanspruches und seiner Legitimität ab. Nach dem spanischen Hofzeremoniell ersetzte die *Entrada* sogar eine

Krönungszeremonie. Noch heute wird bisweilen die Ankunft neuer Amtsinhaber an ihrem Amtssitz förmlich ausgestaltet, wenn auch in stark abgewandelter Form. So wird ein neu gewählter Bundespräsident nach seiner Vereidigung mit militärischen Ehren im Schloss Bellevue begrüßt.

Im Privaten wäre es lächerlich, von einem E. zu sprechen. Als Gast sollte man dennoch einige Regeln beachten, wenn man zu einem größeren, etwas unübersichtlichen Empfang oder einer Party kommt. Vor allem sollte man sich unverzüglich zum Gastgeber begeben, um diesen zu begrüßen und sich für die Einladung zu bedanken. Schließlich kann sich der Gastgeber erst dann um seinen Gast kümmern, wenn er von dessen Anwesenheit weiß.

E-MAIL

Auch wenn die jüngere Generation eher über Soziale Netzwerke zu kommunizieren scheint, gibt es sie noch, die gute alte E. Eigentlich ist sie auch gar nicht so schlecht, diese elektronische Form der Korrespondenz. Unbestritten ziemlich schnell und günstig. Zumal sich die Briefpost in beiden Punkten gegenläufig zu entwickeln scheint.

Allerdings ist bei der E. auch Vorsicht geboten. Wegen ihrer Geschwindigkeit und dem Verbreitungsgrad unterscheidet sie sich kaum noch von einer digitalen Bekanntmachung oder einem öffentlichen Anschlag. Vertrauliches sollte demnach grundsätzlich nicht als E. mitgeteilt werden.

Ferner sollten die für jede Form der Korrespondenz geltenden Regeln auch beim Verfassen einer E. beachtet werden. Namentlich gilt dies für die Anrede, Schlussformel, Orthographie sowie ein Mindestmaß an äußerer Gestaltung. Bei der Anrede den richtigen, also weder allzu distanzierten noch allzu vertraulichen Ton zu treffen, scheint immer schwieriger zu werden. Anders sind die zahlreichen »Hallos«, »Hallöchen« und »Tschüsschen« nicht zu erklären. Um nicht von »XOXO«, also den »hugs and kisses«, zu sprechen. Kein Zweifel, dass die in diesen Formeln zum Ausdruck gebrachte Vertrautheit in den allermeisten Fällen nur vorgespiegelt ist. Solche *Fakes* gehören weder in eine E. noch in eine andere Form des Umgangs. »Digital Natives« beschweren sich zunehmend darüber, dass die Standardformel »Mit freundlichen Grüßen« so kalt und distanziert – ja sogar arrogant – klinge und deshalb in einer E. nichts verloren habe. Dem kann ich nichts abgewinnen.

Der Adressatenkreis einer E. sollte mit besonderer Sorgfalt bestimmt werden. Fehler des »Verteilers« können fatal sein. Abgesehen davon sind digitale Schrotschüsse und ihre Beantwortung mittels der »Antwort-an-alle-Funktion« eine Zumutung.

Alle Formen der digitalen Kommunikation sind in dem Sinne unmittelbarer, dass zwischen den Gedanken und deren Mitteilung weniger Zwischenschritte unternommen werden. Man bedenke nur, wie lange man sich mit dem Inhalt eines Briefes befasst (Gedanken, Auswahl Briefpapier, Entwurf, Reinschrift, Kuvertierung, Adressierung, Frankierung, Einwurf), um diese Möglichkeiten der Reflexion bei einer E. schmerzlich zu vermissen.

Das Gebot der Gegenseitigkeit bedeutet, dass man auf Briefe und Karten grundsätzlich nicht mit einer E. antwortet. Ausnahmen sind immer möglich, z. B. dann, wenn sich der Absender mit einer elektronischen Replik einverstanden erklärt hat. Etwa, wenn in der gedruckten Einladungskarte eine für Antworten bestimmte E-Mail-Adresse angegeben ist.

EMINENZ

Der lateinische Ursprung des Wortes (»eminere«) lässt erkennen, dass E. ein für herausragende kirchliche Würdenträger reserviertes Ehrenprädikat ist, mit dem in der römisch-katholischen Kirche Kardinäle und in der Orthodoxie die Metropoliten angeredet werden (→ Anrede).

In der direkten Rede heißt es »Eure E.!«. Zu beachten ist, dass der Kardinalstitel alle akademischen Grade konsumiert. Als *Sanctae Romanae Ecclesiae Cardinalis* (S.R.E.) hat man die höchstrangige Würde nach dem Papst erlangt. Auf einen etwaigen Professorentitel oder einen Doktorgrad muss dann verzichtet werden. Die vollständige Anschrift eines Kardinals lautet daher: *Seiner Eminenz (dem Hochwürdigsten) Herrn Vorname Kardinal Nachname.* Graue E., die im Hintergrund Fäden ziehen, treten in der Gegenwart nur selten auf dem deutschen Parkett auf. In Abgrenzung zu S.E. (Seiner Exzellenz oder Seiner Erlaucht) lautet die Abkürzung S.Em.

ENTSCHULDIGUNG

Grundsätzlich entschuldigt man sich nicht selbst, sondern bittet um E. Angemessen ist dies stets dann, wenn die Handlungen des einen sich auf einen anderen nachteilig auswirken. Zum Beispiel durch Fehlverhalten wie die täglich wiederkehrende Unachtsamkeit (→ Aufmerksamkeit; Fauxpas). Indes wäre eine Entschuldigungsbitte auch dann angemessen, wenn das eigene – an sich nicht zu beanstandende – Verhalten unangenehme Folgen für andere hat. In allen diesen Fällen ist die E. das erste Mittel der Wahl, um das Verhältnis wieder zu normalisieren.

Der um E. Gebetene wird der Bitte jedenfalls dann folgen und dem Bittenden vergeben, wenn dieser einsichtig war und Reue gezeigt hat. Eine inflationäre Verwendung der Verzeihungsbitte als Redewendung droht dieses Mittel aber zu entwerten. Im Übrigen sollte die E. nie als Einleitung zu einem verbalen Angriff benutzt werden.

Die Fähigkeit, Verantwortung für das eigene Verhalten zu übernehmen, hat zweifellos eine zentrale Bedeutung für weltläufiges Benehmen.

EREIGNIS

Ein Schlüsselbegriff des Parketts. War früher von »Hofereignissen« die Rede, verzichtet man bei der Bezeichnung von E. in der demokratischen Gesellschaft selbstverständlich auf den höfischen Bestandteil – und zwar selbst dann, wenn das E. in einem Schloss stattfindet. Andere Wortverbindungen sind aber nützlich, z.B. der »Ereignisort«. Völlig unverständlich bleibt die gegenwärtige Beliebtheit des im Deutschen doch etwas primitiv anmutenden Wortes »Event«. Was ist eigentlich ein Event-Urlaub? Welche Urlaubsform ist denn ereignislos?

ESKORTE

Die auch Ehreneskorte genannte E. ist eine mitunter bewaffnete Begleitung hochgestellter Persönlichkeiten bei protokollarischen Ereignissen (→ Delegation; Staatsbesuch; Übergangsriten). Sie kann zu Fuß, zu Pferde, in Wagen, auf Schiffen und Booten, in Luftfahrzeugen oder mit Motorrädern (Kradfahrern) erfolgen. Die sog. Weißen Mäuse sind geradezu ein Sinnbild des Protokolls (→ Symbol).

Die Schutz und Sicherheit des Eskortierten dienende E. ist als Milderungsritual (→ Delegation; Übergangsriten) Ausdruck der Garantenstellung des Gastgebers für den Gast, der hierdurch in manchen Fällen auch einer gewissen Kontrolle unterworfen ist.

Die Eskortenstärke richtet sich nach der Art des Ereignisses. So werden Staatsoberhäuptern bei Staatsbesuchen 15 und bei anderen Formaten sieben Motorräder (»Kräder«) zugebilligt. Parlamentspräsidenten und Regierungschefs erhalten bei offiziellen Besuchen grundsätzlich sieben, sonst fünf. Die letzte E. besteht bei Trauerstaatsakten aus fünf Motorrädern, die den Sargwagen auf der letzten Fahrt begleiten. In der Sprache des Protokolls enthält dieser den mit der Sargdecke (→ Flagge) bedeckten »scharfen Sarg«.

ESSEN

Gemeinsam zu essen, hat in vielen Kulturkreisen eine wichtige kommunikative und manchmal auch kultische Bedeutung. Das gemeinsame Mahl ist ein gelebter Vertrauens- und Friedensbeweis, manchmal auch ein Akt der Versöhnung. Jedenfalls, wenn es sich nicht um Kirschen handelt.

Ungeachtet der kulturellen Vielfalt des E. ist allen Esskulturen ein hoher Grad an Normierung zu eigen (→ Tischsitten). Mit den Umgangsformen bei Tisch (→ Bankett; Tafel) vertraut zu sein, ist eine Grundvoraussetzung des souveränen und weltläufigen Benehmens. Manchmal wird das Protokoll auch als »Essen für Deutschland« bezeichnet.

ETIKETTE

Die Gesamtheit gesellschaftlicher Verhaltensregeln. Genauer betrachtet ein ungeschriebener Kodex für individuelles Verhalten, dessen Verbindlichkeit dadurch entsteht, dass ihn die Mehrheit beachtet. Jeder wird den wunderbaren Ausspruch kennen: »Das ist bei uns nicht üblich!« Die sprichwörtliche »gute Kinderstube« umschreibt die Tatsache, dass soziale Normen zu einem wesentlichen Teil in der Familie tradiert werden (sollten).

Andererseits sind »Benimm-Regeln« natürlich einer ständigen Wandlung und in Zeiten der Globalisierung einem gewissen Anpassungsdruck unterworfen. Das Sozialverhalten scheint sich in vielen Bereichen zu harmonisieren (um nicht gleich von Nivellierung zu sprechen). Man denke an die den Kopfhörern geschuldete Gruß- und Sprachlosigkeit von Mitreisenden.

Die E. ist grundsätzlich auf einen Kulturkreis beschränkt. Begegnen sich Menschen unterschiedlicher Kulturen, kann es daher leicht zu Missverständnisses, Verunsicherungen und Irritationen kommen (→ Fauxpas). Hier helfen nur besonderes Fingerspitzengefühl und Kenntnisse der anderen Kultur. Kollidieren kulturelle Vorstellungen, sind interkulturelle Lösungsmechanismen hilfreich (→ Wein).

Der französische Ursprung des Wortes weist darauf hin, dass E. in früherer Zeit grundlegend anders verstanden wurde. In der höfischen Zeit wurden mit »étiquettes« oder »etiquetas« (spanisch) Zettelchen mit Hinweisen zum Rang der bei Hof Zugelassenen und weitere Details des Zeremoniells bezeichnet. Diese wurden – vergleichbar den modernen Stickern – sichtbar an die Kleidung geheftet. So entwickelte sich E. zunächst zu einem Synonym für Zeremoniell, während es heute weitgehend gleichbedeutend mit dem Begriff »Manieren« verwendet wird.

Nachdem *Karlheinz Graudenz* und *Erica Pappritz* die Leserschaft der frühen Bonner Republik mit ihrem ebenso umfänglichen wie detaillierten »Buch der Etikette« genervt hatten, sprach man in der damaligen Hauptstadt in Anlehnung an ihre Empfehlungen zur korrekten Nutzung der WC-Kette gerne von »Eti-Kette«.

EXZELLENZ

Ein für hervorragende (lat. *excellere*) Würdenträger reserviertes Ehrenprädikat, mit dem heute ausländische Staatsoberhäupter (sofern ihnen kein anderes Prädikat zusteht, etwa Majestät oder Durchlaucht), ausländische Regierungsmitglieder, Parlamentspräsidenten und Botschafter sowie Bischöfe angesprochen werden. Titelkollisionen sind denkbar, zum Beispiel wenn ein ausländischer Botschafter hochadeligen Geblütes ist.

Seit der Weimarer Republik müssen deutsche staatliche Repräsentanten im Inlandsverkehr auf die E. verzichten.

Die Abkürzung lautet »S.E.«, im Plural »I.I.E.E.« (→ Anrede). Dem Leser der Gegenwart dürfte die E. ferner als Standardanrede der Oper bekannt sein. Beispielhaft sei der 3. Akt von Mozarts »Le nozze di Figaro« erwähnt, in dem Susanna »È mio dovere, e quel di sua Eccellenza è il mio volere« singt.

F

FAUXPAS

Der auf dem Parkett begangene Fehltritt, also die protokollarische Havarie oder sonstige Entgleisung, wird eleganter als F. bezeichnet.

Dieses Handbuch will dabei helfen, solche unbewussten Verstöße gegen gute Umgangsformen zu vermeiden. Wer sich bewusst danebenbenimmt, braucht dieses Buch nicht. Bei manchen Blamagen fragt man sich allerdings, ob ihnen ein Bewusstsein zugrunde lag. Wenn ein am Haupttisch platzierter Vorstandsvorsitzender eines deutschen Konzerns bei einem festlichen Abendessen mit höchsten staatlichen Repräsentanten die Jacke auszieht, bleibt diese Frage offen (→ Manieren; Tischsitten).

Doch ebenso wichtig wie die Vermeidung eines F. ist der Umgang mit dem bereits erfolgten Fehltritt. Und zwar für denjenigen, der ihn begangen hat, genauso wie für alle, die ihn wahrgenommen haben. So wie es richtig sein kann, den F. dezent zu übergehen, muss in anderen Fällen ausdrücklich um Entschuldigung gebeten werden. Betroffene sollten ihrerseits davon absehen, den Finger in die Wunde zu legen. Sofern man auf den F. eingehen möchte, bieten sich am ehesten taktvolle Hinweise an. Unpassend ist es schließlich, wenn auch derjenige, der ihn begangen hat, immer wieder auf den F. zurückkommt.

Ein eindrucksvoller F. ereignete sich im Rahmen des 2007 durchgeführten Staatsbesuches I.M. (→ Majestät) Königin Elizabeth II in den USA. Präsident Bush hatte sich bei seiner Rede im Garten des Weißen Hauses versprochen und gesagt, die »Queen« habe bereits 1776 (statt 1976) an den Jubiläumsfeiern aus Anlass der Amerikanischen Revolution (»United States Bicentennial«) teilgenommen. Die Anwesenden lachten, woraufhin er mit den

Worten »she gave me a look that only a mother could give a child«
nachsetzte und einen F. daraus machte. Kurze Zeit später eröffnete
die Königin ihre Tischrede bei einem Abendessen in der Residenz
des britischen Botschafters mit den Worten: »I wondered whether
I should start this toast by saying, ›When I was here in 1776…‹«.
Während Präsident Bush aus einem lustigen Versprecher – einem
Malheur –, der jedem passieren kann, einen F. machte, trug die
Königin durch ihre launige Bemerkung eher zu einer Entspan-
nung der Situation bei. Dies blieb jedoch nicht die letzte Heraus-
forderung für die zwischen dem Vereinigten Königreich und den
Vereinigten Staaten bestehende »special relationship«. 2011 traf es
nämlich auch noch Präsident Obama, als er während des Staats-
banketts den Toast auf Ihre Majestät ausbrachte. Weder seinen
Redenschreibern noch ihm selbst war offenbar geläufig, dass die
Tischrede mit dem Toast endet und unmittelbar im Anschluss an
die fast liturgischen Worte »The Queen« die Hymne gespielt wird.
So auch in diesem Fall. Statt mit der Rede aufzuhören, sprach
Präsident Obama während der Hymne mit erhobenem Glas weiter und wollte zu den harmonischen Klängen von »God Save the
Queen« mit Königin Elizabeth II fröhlich anstoßen. Die ein-
drucksvolle Art und Weise, wie er mit diesem Ansinnen an der
Gastgeberin abperlte und wie die zahlreichen Gäste versteinerten,
kann jeder Nutzer des Internets in zahlreichen Videos nachver-
folgen (ab 03:22 Min. bis 04:02 Min. – 40 Sekunden, die endlos
erscheinen).

Launig gemeinte Äußerungen können zum F. werden, wenn
der Witz leider fehlt. So sagte beispielsweise ein weiblicher Gast
während eines Empfangs, bei dem das Buffet längst eröffnet war,
dem Botschafter eines europäischen Staates, der sich gerade ein
Lachshäppchen genommen hatte, allen Ernstes, er könne sich
doch nicht vor dem Gastgeber bedienen. Der Angesprochene war
wenig amüsiert, stellte den Teller ab und ging weiter.

FIRST LADY

Ungeachtet der schönen Bezeichnung »Erste Dame« hat sich auch hierzulande die F. eingebürgert – unter Umgehung der europäischen Alternativen *Première Dame* oder *Primera Dama*. Das »first« gibt einen unmissverständlichen Hinweis auf den ersten Platz in der protokollarischen Rangfolge. Mit »Lady« kommt allerdings auch ein überholtes Rollenverständnis von Mann und Frau zum Ausdruck (→ Partner).

Ehemänner und Lebensgefährten von weiblichen Amtsträgerinnen firmieren unter keiner vergleichbaren Bezeichnung. Sie nehmen auch nicht am »Damenprogramm« teil, sondern am »Partnerprogramm« (Steigerung: »Partnerinnen- und Partnerprogramm«).

Die deutsche F. ist die Frau oder Lebensgefährtin des Bundespräsidenten. Sie hat kein offizielles Amt inne. Dennoch nimmt sie öffentliche Aufgaben wahr, repräsentativer oder karitativer Art. In der öffentlichen Wahrnehmung gilt sie als eine Art »Institution«. Mit guten Gründen ließe sich sagen, dass sie das höchste Ehrenamt im Staate innehat.

Begegnet man aber der F. in Begleitung des Bundespräsidenten, so grüßt man Letzteren zuerst (→ Begrüßung). »Ladies first« gilt also bei der First Lady nicht.

FLAGGE

F. sind nicht nur für die Seefahrt wichtig, sondern auch für das Zeremoniell (sog. Flaggenzeremoniell). Obwohl die Bezeichnungen F. und Fahne umgangssprachlich oft synonym verwandt werden, meinen sie doch Unterschiedliches. Während die F. in der Vexillologie (Flaggenkunde) ein beliebig reproduzierbares Tuch mit einer feststehenden Anordnung von Farben, Symbolen und Applikationen bezeichnet, versteht man unter einer Fahne ein zu

einem konkreten Zweck hergestelltes – ggf. sogar geweihtes – fest
am Stock befestigtes Einzelstück, das wegen seiner Unersetzlich-
keit und seiner hohen Symbolkraft besonderen Schutz und eine
besondere Achtung verdient. Als Eselsbrücke mag dienen, dass es
»Fahneneid« und nicht »Flaggeneid« heißt.

Unter den deutschen F. nimmt die seit dem 3. Oktober 1990
vor dem Westportal des Reichstagsgebäudes in 28,5 Metern
Höhe gehisste »Fahne der Einheit« eine Sonderstellung ein. Mit
sechs mal zehn Metern Abmessung ist sie die größte offizielle
Fahne Deutschlands. Außerdem ist sie als Denkmal den üblichen
Beflaggungsvorschriften enthoben. So wird sie grundsätzlich nicht
auf Halbmast gesetzt.

Standarte und Stander sind besondere Formen der F. Es gehört
zu den großen und leider doch immer wieder vorkommenden protokollarischen Havarien, die falsche Nationalflagge (Niederlande
statt Frankreich; Ungarn statt Italien etc.) oder die richtigen F.
falsch zu verwenden (etwa die Bundesflagge Gold-Rot-Schwarz
statt Schwarz-Rot-Gold zu hissen). Manchmal wird auch die
F. einer vorherigen Staatsform verwandt, zum Beispiel die der
DDR für die Bundesrepublik. Ähnlich peinlich ist nur, die falsche
Hymne zu spielen.

Die F. steht für das sie repräsentierende Subjekt. Daher ist die
konkrete Anordnung der F. ein delikates, die Rangfolge widerspie-
gelndes Unterfangen. In Fragen des Flaggenzeremoniells ist eine
sorgfältige Vorbereitung nötig. Vorherige Erkundigungen und
klare Absprachen sind probate Mittel zur Pannenvermeidung.

In Trauerfällen wird Halbmastbeflaggung angeordnet. Dass
Fragen der Beflaggung eine politische Brisanz entwickeln können,
hat die Queen nach dem Tod von *Princess Diana* erfahren. Sie
folgte der öffentlichen Meinung – Die Zeitungen titelten: »LET
THE FLAG FLY AT HALF-MAST« und »WHERE IS OUR
QUEEN? WHERE IS HER FLAG?« – und ließ zum Begräbnis –
»gegen das Protokoll« – über *Buckingham Palace* die Nationalflagge
auf Halbmast setzen (→ Standarte; Symbol).

FRACK

Die männliche Abendgarderobe der Gegenwart findet ihren Höhepunkt im F. (*evening dress; white tie; cravate blanche*). Zu ihm gehört die von Hand zu bindende weiße Schleife. Wird der F. mit einem schwarzen »Querbinder« getragen, handelt es sich entweder um eine – kaum noch vorkommende – Trauerbekleidung oder aber um eine von Kellnern und Dienern getragene Dienstkleidung.

In Deutschland wird der »große Gesellschaftsanzug« jedoch nur noch selten als Abendgarderobe getragen (→ Anzug). Abgesehen von einigen Bällen und der Bremer »Schaffermahlzeit« gibt es kaum noch Gelegenheiten, ihn aus dem Schrank zu holen.

Dabei hat der F. große Vorteile: Kaum ein Kleidungsstück ist so wie dieser geeignet, die Stattlichkeit des Trägers zu unterstreichen. Auch wenig imposante Herren machen im F. »una bella figura«.

Außerdem werden Orden eigentlich nur zum F. und zu Uniformen getragen, jedenfalls die sog. Volldekoration. Für den Chef des Protokolls eine mitunter komplizierte Sache. Bei hohen zeremoniellen Anlässen, z.B. einem Staatsbankett, können sich die Verhandlungen über die Größe der zu tragenden Ordenszeichen über erstaunlich lange Zeiträume hinziehen. Die drängenden Fragen sind hier, wer welchen Orden in welcher Ausführung trägt und wie das Ordenszeichen richtig getragen wird.

Ursprünglich waren der F. und seine Vorläufer kein höfisches Kleidungsstück, sondern ein zu informellen Anlässen getragener Herrenrock. Erst in der zweiten Hälfte des 18. Jahrhunderts begannen die höfischen Gesellschaften Europas, ihn in Ergänzung des *habit habillé* und der Uniform zu offiziellen Anlässen zuzulassen. Damit wandelte er sich von einem modernen, informellen zu einem höfischen, konservativen Kleidungsstück. F., Cut und Walzer haben hier viel gemein.

Streng genommen wird nur die taillenkurze, nicht zu schließende Jacke mit spitzen Revers aus Seidensatin und mit den typischen Schwalbenschwanz-Schößen als F. bezeichnet. Zu dem umgangssprachlich F. bezeichneten Anzug gehören Hosen mit doppelten Seidenstreifen (»Galons«), eine weiße Pikeeweste mit Revers und ein Hemd mit Falten- oder Pikeebrust, einfachen Manschetten und Klappkragen. Zum F. werden Pumps mit Seidenschleife, Lackschuhe oder auf Hochglanz polierte schwarze Schuhe und schwarze Kniestrümpfe getragen. Wenn der Herr F. (oder Smoking) trägt, wird sich die Dame für ein langes Abendkleid entscheiden. Zum F. trägt man keine Armbanduhr, sondern eine besonders flache Taschenuhr.

FRIEDRICH DER GROSSE

Für die geschätzten österreichischen Leser lediglich Friedrich II., ab 1740 König *in* und ab 1772 König *von* Preußen sowie Kurfürst von Brandenburg. Preußischer Repräsentant des aufgeklärten Absolutismus, vielfältiges – nicht immer friedliches – Wirken, leider auch als Kritiker des Zeremoniells:

> »Es gibt in Preußen keine Rangstufen, keine Etikette, keine Botschafter. Dadurch sind wir gesichert vor allen Streitigkeiten um den Vortritt und vor allen aus dem Stolze der Könige entspringenden Schikanen, die an den anderen Höfen ernste Aufmerksamkeit beanspruchen und eine Zeit verschlingen, die man nützlicher für das Allgemeinwohl anwenden kann.«

Es ist wahr: Der sparsame »Alte Fritz« hatte eine tief sitzende Abneigung gegen alles Zeremonielle. Die Kräfte der Aufklärung waren ihm näher. Nur zu ungern erinnerte er sich an die pompöse Hofhaltung seines Großvaters, König Friedrich I. Aber natürlich war sein Leben trotz dieses Widerwillens gegen die Etikette streng geregelt. Auch ein König konnte sich nicht den Zeremonien des eigenen Hofes entziehen. So musste er wohl oder übel Masken-

bälle, Kostümfeste, *Couren* (→ Neujahrsempfang) und Galatafeln
über sich ergehen lassen.

Diese Passage seines »Politischen Testaments« muss wohl eher
so gedeutet werden, dass Hof und Etikette in Wahrheit am längeren Hebel saßen. Deshalb wollte Friedrich II. seine kleine Refor-
magenda wenigstens der Nachwelt aufgeben – freilich in einem die
wahren Verhältnisse kaschierenden Ton.

G

GAST UND GASTGEBER

Für das Protokoll sind Gast und Gastgeber (früher »Hausherr« und »Hausfrau«; → Placement) zwei maßgebliche Funktionszuweisungen – und für das Parkett wichtige Rollen, mit denen viele Pflichten verbunden sind (→ Einladung). In der digitalen Ära bedürfen persönliche Begegnungen mehr denn je der ausdrücklichen, ja zum Teil mehrfachen Verabredung. Allerdings erfreuen sich wechselseitige Besuche und Begegnungen im kleinen Kreis gerade in dieser Zeit, in der niemand Zeit hat, einer kleinen Renaissance.

In seinem Konzept des Weltbürgerrechts hat Immanuel Kant (»Zum ewigen Frieden«) die Bedeutung des Besuchsrechts und – davon unterschieden – des Gastrechts hervorgehoben. Diese früher auch rechtlich zu verstehende Beziehung ist heute nur noch gesellschaftlicher Natur.

Der Gast wird gratis bewirtet. Fließt Geld, handelt es sich um mehr als einen Gast-Status, nämlich eine Vertragsbeziehung (sog. Hotel-, Restaurant- oder Fluggast).

Der Gastgeber gestattet dem Gast, ihn in seiner unmittelbaren Einflusssphäre, z. B. seinem rechtlich geschützten, ja »befriedeten« Besitz aufzusuchen. Dies unterscheidet den Besuch von geplanten Begegnungen an einem dritten Ort. Der Wechsel in die Sphäre des Gastgebers wurde stets – und wird auch heute noch – durch Übergangsriten markiert. Dies ist der Fall, wenn der ältere oder höherrangige Gast am Wagen begrüßt und in das Haus begleitet wird. Die Eintragung in das – im Privaten selten gewordene – Gästebuch ist auch ein solcher Ritus. Es ist eigentlich schade, dass die Gästebücher verschwunden sind. Auch hier steuern wir auf eine Erinnerungslosigkeit zu. Wenn wir Einträge alter Gästebücher lesen, wird uns schmerzlich bewusst, dass von uns kaum etwas zurückbleiben wird. All die digitalen Daten werden wohl unlesbar sein.

Mit dem Eintreten in die Sphäre des Gastgebers sind gesellschaftliche Pflichten verbunden. Der Gastgeber schuldet dem Gast Obhut, respektvolle Zuvorkommenheit und Höflichkeit. Er hat die Bedürfnisse des Gastes vorherzusehen oder doch zumindest zu erahnen. Der Besuch wird minutiös geplant und vorbereitet. Der Gast schuldet dem Gastgeber ebenso respektvolle Zuvorkommenheit, zurückhaltende Höflichkeit und Dankbarkeit. Diese Pflichten äußern sich in zahlreichen Gesten und Handlungen. So lässt der Gastgeber dem Gast den Vortritt, es sei denn, er geht vor, um den Weg zu zeigen (im Italienischen eine gern gebrauchte Formulierung: »le faccio strada«). Überhaupt gibt der Gastgeber wie selbstverständlich zu verstehen, dass sich wenig um ihn, dafür alles um die Gäste dreht. Der Gast kann seinen Dank auf vielfältige Weise ausdrücken.

Vor allem aber bleibt es dem Gastgeber überlassen, den Ablauf der Zusammenkunft zu gestalten. Was die Konversation betrifft, behandeln sich Gast und Gastgeber mit besonderer Rücksichtnahme und unter Beachtung der allgemeinen, für die stilvolle Unterhaltung geltenden Regeln. Als »steinerner Gast« bei Tisch zu sitzen, die angebotenen Speisen und Getränke zu sich zu nehmen, ohne sich an der Konversation zu beteiligen, ist ein Ausweis von Unbeholfenheit und eine grobe Unhöflichkeit. Der Gastgeber hat seinerseits dafür Sorge zu tragen, dass alle Gäste in die Konversation einbezogen bleiben und sich niemand ausgeschlossen fühlt. »Schwierige« Gäste bedürfen einer besonderen Betreuung durch die Gastgeber und andere Gäste (→ Placement).

GESCHENKE

Mit G. ist es so eine Sache. Sie können in gleicher Weise zu Freud und Leid führen. Trifft man ins Schwarze, freuen sich beide, der Schenker ebenso wie der Beschenkte. Verfehlt man den Geschmack des Bedachten oder wählt sonst etwas Unpassendes aus, bleiben allseits unschöne Gefühle zurück. Die Auswahl ist also ein diffiziler kreativer Akt, der Geschmack, Zeit und Geduld braucht. Dass Schenken stressig sein kann, wird jeder schon im – dann wenig besinnlichen – Advent erlebt haben.

Wie O. Henry in seiner herzerweichenden Kurzgeschichte »Das Geschenk der Weisen« gezeigt hat, kommt es auf die Liebe des Schenkers an, nicht auf den Wert und Nutzen des G. In dieser Geschichte möchte die Frau ihrem Mann zu Weihnachten eine Kette für seine kostbare Taschenuhr kaufen. Da sie kein Geld hat, lässt sie sich hierfür ihr langes Haar abschneiden, um es einem

Perückenmacher zu verkaufen. Gleichzeitig verkauft ihr Mann
seine Uhr, um seine Frau mit einem teuren Kamm-Set zu überraschen. Im Ergebnis erhalten also beide ein nutzloses Geschenk,
und zeigen damit doch große Liebe und Opferbereitschaft.

Es kann aber auch so einiges schiefgehen. So schenkte Bundeskanzler Schröder dem amerikanischen Präsidenten Clinton
zwei Jahre nach Beginn der sog. Lewinsky-Affäre (»Monicagate«)
kubanische Zigarren. Abgesehen von plumpen Assoziationen
fielen diese nach damaligem US-amerikanischen Recht unter
das Handelsembargo. Damit nicht genug, soll es sich nach aus-
führlichen Medienberichten auch um Zigarren gehandelt haben,
die der Bundeskanzler selbst geschenkt bekommen hatte. G. wei-
terzuschenken ist aber immer gefährlich. Manchmal übersieht
man schlicht einen kleinen Hinweis auf den ursprünglichen
Schenker, etwa das berühmte Billet in der Pralinenschachtel
(→ Fauxpas).

Welche Regeln beim Schenken zu beachten sind, ist in den sel-
tensten Fällen festgeschrieben. Das macht die Sache kompliziert.
Manche Begegnungen erfordern ein G., manche dienen einzig
einer Geschenkübergabe, bei manchen ist es angezeigt, bei manchen möglich, bei anderen sollte man davon Abstand nehmen oder
es bei einer einseitigen Gabe belassen.

Wer unsicher ist, ob er jemandem etwas schenken sollte, kann
sich daran orientieren, was für die Anrede gilt. Für beides spielen die Hierarchie und die Art der Begegnung eine wichtige
Rolle (→ Rang). So schenkt man grundsätzlich nicht nach »oben«.
Gerade bei protokollarischen G. (→ Staatsbesuch) ist dies ein
wichtiger Aspekt.

In der wechselseitigen Schenkung äußert sich grundsätzlich die
Gleichrangigkeit der Handelnden, die sich ihrer Verbundenheit
versichern. Mit der Annahme des G. lässt der Beschenkte – weit
über eine etwaige Verpflichtung zur Gegengabe – eine besondere
Form der Verbindlichkeit zu (→ Dank). Wenn der Beschenkte –
aus welchen Gründen auch immer – eine solche Bindung ablehnt,
kann er entweder die Annahme des G. verweigern oder aber das

G. mit einem unausgesprochenen Vorbehalt annehmen. Dieser *In-pectore*-Vorbehalt dürfte in den meisten Fällen die bessere Lösung sein als die grobe und unhöfliche Zurückweisung. Als Beispiel diene hier eine italienische Dame. Nach ihrem Tod fanden sich in einem Schrank zahlreiche verpackte G. – auch und gerade von Familienmitgliedern. Angenommen hat sie diese, jedoch nur mit einem inneren Vorbehalt.

Wie der französische Soziologe Marcel Mauss gezeigt hat, markieren Verpflichtung und Freiheit zur Gabe ein auch für die moderne Gesellschaft prägendes Spannungsfeld. Oft besonders schwierig zu entscheiden ist die Frage, ob eine Gegengabe erforderlich oder angemessen ist. In der Regel sollten G. erwidert werden, es gibt aber Ausnahmen. Nur wer weiß, warum er beschenkt wurde, kann entscheiden, ob er seinerseits etwas schenken sollte. Jedem wird ja klar sein, dass Geburtstagsgeschenke in Deutschland nicht erwidert werden, G. zu Weihnachten jedoch schon. Eines steht aber fest: Das Gießkannenprinzip ruiniert jede Kultur der Schenkung, weil inflationäres Schenken das G. als Geste der Wertschätzung und des Danks entwertet. Es gibt demnach keinen kategorischen Imperativ des Schenkens: Da Gastgeber und Gast die Rollen immer wieder tauschen, ist die Gegenseitigkeit bereits hierdurch gegeben. Es mag dann als kleinlich erscheinen, die Besuche durch eine nicht abreißende Schenkungskette zu ergänzen. Die pure Anwesenheit des Gastes kann manchmal genug sein. Jedenfalls bei förmlichen Abendgesellschaften – z.B. Staatsbanketten – sind G. unüblich.

Gleiches gilt für die Umstände der Geschenkübergabe, also vor allem die Frage, ob das G. in Anwesenheit des Schenkers ausgepackt werden sollte (Letzteres nur, wenn es nicht zahlreiche G. gibt). G. werden in Deutschland meistens verpackt. Wenn auch nicht so schön wie in asiatischen Ländern. Manchmal kann es aber auch hilfreich sein, ein G. unverpackt zu überreichen. Der Botschafter eines kleineren europäischen Staates etwa pflegte Bücher stets unverpackt zu verschenken, um diese in Anwesenheit des Beschenkten signieren zu können. So geschah

es auch im Rathaus einer deutschen Stadt. Nachdem der Ober-
bürgermeister das Buch aufgeschlagen und die Widmung gele-
sen hatte, reichte er seinerseits das eingepackte Gegengeschenk
an eine Mitarbeiterin zurück und ließ sich ein anderes Exemp-
lar desselben Buches geben. Dieses signierte er dann und über-
reichte es dem Botschafter unverpackt. Auf diese Merkwürdigkeit
angesprochen, gestand er später, die Staatennamen verwechselt
zu haben, und deshalb sei die Widmung falsch gewesen.

Eine Kardinalpflicht des Schenkers und des Beschenkten ist es,
sich an das G. zu erinnern. Der Schenker, da er hierdurch vermei-
det, dem Beschenkten zu einem anderen Anlass ein identisches
G. zu machen. Der Beschenkte, weil er hierdurch seine Dankbarkeit zum Ausdruck bringen kann.

Manchmal lassen Gastgeber den Gästen am Ausgang Tüten mit
G. aushändigen. Interessant ist, welche Schlangen sich bei solchen
»Give-away-Schaltern« bilden können, und mit welchen physischen und psychischen Tricks weitere Gaben in Besitz genommen
werden. Es wird berichtet, dass bei manchen Ereignissen Bediens-
tete der Sicherheit (Security) zur Bewachung dieser Schalter abgestellt werden. In früherer Zeit hätte sich jedenfalls kein Herr mit
einer Tüte blicken lassen.

GESCHMACK

Die Bedeutung von Stil und G. für weltläufiges Benehmen
kann nicht hoch genug bemessen werden. Unklar bleibt letztlich, wie sich G. erlernen lässt. Jedenfalls bildet sich diese besondere Form der Urteilskraft nicht von allein. Vorbild, Erziehung und
Diskurs sind entscheidend. Wer unsicher ist, frage geschmackssi-
chere Freunde rechtzeitig um Rat, bevor die Geschmacklosigkeit
unter den Weihnachtsbaum – und dann in den Müll – gelangt.
Eine beliebte Form des Recyclings von Scheußlichkeiten ist das
sog. Schrott-Wichteln, bei dem man den Nikolaussack mit Dingen
füllt, die man selbst einfach furchtbar findet.

Auf einen guten G. kommt es in allen Bereichen menschlichen Lebens an, vor allem aber ist er eine entscheidende Voraussetzung für gute Umgangsformen. Bei der Dame von Welt
und ihrem männlichen Antagonisten scheint jedenfalls auf
unerklärliche Weise jede Entscheidung – wie sie spricht, wie sie
sich kleidet und was sie schenkt – die ästhetisch richtige zu sein.

GESTE

Seit einiger Zeit erfährt die sog. Merkel-Raute (»Merkel dia-
mond«) eine weltweite Rezeption mit ebenso erstaunlichen wie
unterschiedlichen Deutungsversuchen. Dies ist insofern bemerkenswert, als wir Deutschen im internationalen Vergleich bisher
nicht durch eine besondere Gestik aufgefallen sind. Dies schien eher
eine Sache der Italiener mit ihren beweglichen Händen (→ Hand).
Unterhaltungen waren hierzulande eher auf die sprachliche Ebene
beschränkt.

Sprache ist das raffinierteste Instrument der Verständigung (→ Konversation; Korrespondenz). Dies sollte aber nicht
dazu verleiten, die nonverbale Kommunikation zu unterschät-
zen, also die Gestik, Mimik, Körperhaltung und Kleidung
(→ Kniefall). Eine Klarheit der Botschaft lässt sich nur erreichen,
wenn Wort, Tat und G. in Einklang miteinander gebracht werden.

Überhaupt nimmt wohl das Bewusstsein für die Bedeutung der
Körpersprache ab. So scheinen die verbale und die körperstrach-
liche Ausdrucksweise oft frappierend auseinanderzuklaffen. Mimik,
Körperhaltung und G. sind nur selten Teil der Erziehung und des
Unterrichts. Dabei zählt für menschliche Umgangsformen jedes
Detail: Wie stehe ich? Wie gehe ich? Wie setze ich mich hin, wie
sitze ich? Wie gebe ich die Hand, was mache ich überhaupt mit
meinen Händen und Armen, wenn ich spreche? Von der sprichwörtlich hochgezogenen Augenbraue als Ausdruck des Missfallens
war schon die Rede.

—————————— GROSSZÜGIGKEIT ——————————

Die Jagd nach »Schnäppchen« und der »Geiz ist geil«-Zeitgeist,
nach dem die Gabe aus freien Stücken und ohne Kalkül als Zeichen der Schwäche und Deformation angesehen wird, macht der
G. zu schaffen.

Dabei ist gerade die G. ein Fundament weltläufigen Benehmens. Gute Manieren sind nämlich zu einem wesentlichen Teil
altruistisch geprägt. Es zeugt von Beschränktheit und Kleinka-
riertheit, wenn wir nur noch geben können, um einen bestimmten
Zweck zu erreichen. Gleiches gilt für die Unart, jeden auch noch
so kleinen Mangel zu rügen und alles daranzusetzen, Recht oder
jedenfalls das letzte Wort zu behalten. Garniert durch den Zusatz,
der Adressat möge die Kritik nicht »persönlich« nehmen, es gehe
hier nur ums »Prinzip«. Warum nicht einfach mal großzügig über
etwas hinwegsehen?

Die in ihrer G. Beschränkten diskutieren nicht über eine
Vorfahrt – sie geben Gas. Trinkgelder sind aus unterschiedlichsten Gründen nicht oder jedenfalls nie in der angezeigten Höhe
möglich (→ Bezahlen). Viele dem Eigennutz Verpflichteten setzen wohl alles daran, keinesfalls für einen Herrn oder eine Dame
gehalten zu werden. Denn diesen ist die G. heilig.

H

HALTUNG

Wie wir uns sehen und geben, wird von nichts mehr bestimmt als von unserer H. Sie ist also der Schlüssel zu vielem, vor allem auch zu unseren Umgangsformen. Beruhigend, dass sich H. ändern und wir alle an der Verfeinerung unserer Manieren arbeiten können. Wenn wir uns nicht auf verbindliche Regeln verlassen können, oder gar keinerlei Verbote oder Gebote existieren, hilft uns die H. als innerer Kompass, uns angemessen zu verhalten.

Die *Contenance* ist als unvoreingenommene und gelassene H. für das weltläufige Benehmen besonders wichtig (→ Herr; Dame). Wer in Zeiten der Prüfung und Krise einen kühlen Kopf bewahrt und gelassen auftritt, zeigt wahre Souveränität und Würde. Wenn zur Affektsteuerung noch die Fähigkeit zum Interessenausgleich und eine mutige Bereitschaft zum Handeln hinzukommen, nähert sich die H. einem Ideal. Contenance zeigte Stalins Dolmetscher und Vertrauter Wladimir Nikolajewitsch Pawlow. Er dolmetschte während eines Abendessens das mit dem britischen Generalstabschef Sir Norman Brooke geführte Tischgespräch, als es zu einem heftigen Streit zwischen den beiden kam. Gelassen und präzise dolmetschte er jedes Wort, auch die wechselseitigen Beleidigungen. Dies setzte er auch unbeeindruckt fort, als ihm Sir Norman den Nachtisch über dem Kopf entleerte. Unklar ist, ob es sich um einen »great cake of ice cream« oder »vast ice-pudding« gehandelt hatte.

Mitunter wird auch politisch um H. gerungen, zuletzt beispielsweise in der Verteidigungspolitik. So wurde 2017 heftig debattiert, ob es in den Streitkräften ein »Haltungsproblem« gebe.

———————————— HAND ————————————

Außer den Beinen und Füßen hat auch die H. – ergriffen, geschüttelt, geküsst oder als Geste verwendet – eine wichtige Rolle auf dem Parkett. Nie jedoch bleibt sie in der Hosentasche, schon gar nicht, wenn der Herr mit einer Dame spricht.

Bei einer Begrüßung muss zunächst entschieden werden, ob sie überhaupt ergriffen werden darf. Hierüber bestimmen die Dame oder der Ranghöhere auf gestische Weise. Die Dame kann dem Herrn das Privileg gewähren, ihre H. zu küssen. Auch der Ort kann entscheidend sein (nie auf dem Klo). In jedem Falle sollte man sie straff halten und einige Augenblicke schütteln, aber nur bei maßvoller Kraftentfaltung. Ein schmerzvoller Händedruck ist genauso wenig *comme il faut* wie ein nicht enden wollendes Dauerschütteln oder ein schlaffes Händchen. Gehalten wird stets die gesamte H. Nur im Ausnahmefall ist es statthaft, einzelne Finger zu halten. So bei der Graduiertenfeier der Universität Cambridge, der »Congregation ceremony«, bei der jeweils vier Kandidaten einen Finger der rechten H. des *Praelectors* ergreifen. Aus der Mode gekommen ist die früher auf dem diplomatischen Parkett praktizierte Übung, je nach Rang drei oder vier Finger zu geben oder eben die ganze H.

Der verweigerte Handschlag ist eine deutliche Geste, gefürchtet sowohl auf dem privaten wie dem öffentlichen Parkett (→ Akkolade). So kam es beim Antrittsbesuch von Bundeskanzlerin Merkel bei US-Präsident Trump zu keinem Handschlag. Obwohl die Photographen etwas plump »Handshake! Handshake! Handshake!« riefen und die Bundeskanzlerin ihren Gastgeber gestisch um einen solchen ersuchte. Kurz zuvor war Präsident Trump wegen eines sehr ausgeprägten Händeschüttelns mit der britischen Premierministerin Theresa May heftig kritisiert worden. Die britische Zeitung *The Telegraph* schrieb hierzu: »Donald Trump's handshakes are like the man himself: aggressive, confusing, and secretly inadequate.« Gegen ein zu massives Händeschütteln – oder gar eine drohende Umarmung – kann man sich durch einen beherzten Griff in den Ellbogen schützen. Zuletzt wurde dem französischen Präsidenten Emmanuel Macron attestiert, sich erfolgreich gegen die »Trump-Quetsche« gewehrt zu haben, indem er beim Händeschütteln kräftig gegenhielt.

HANDSCHUHE

Nur noch wenige Damen vervollkommnen ihre Garderobe durch H. Vergessen sind die Zeiten, in denen zu jeder »Toilette« passende H. gehörten und man sich nicht die nackte Hand gab. Eine Dame verließ das Haus grundsätzlich nur mit H. Gleiches galt natürlich auch für den Herrn.

Ferner wurde einem Boten ein H. als Zeichen der Vertretungsvollmacht (→ Symbol) mitgegeben, etwa um eine Ehe zu schließen (sog. Handschuhehe). Noch heute kennen einige Rechtsordnungen – darunter das islamische Recht – die Stellvertreterhochzeit, also die Trauung einer Braut und eines Stellvertreters des Bräutigams.

Eine bekannte Handschuhehe ist die 1770 in Wien vollzogene Vermählung der fünfzehnjährigen Erzherzogin Maria Antonia Josepha Johanna von Österreich mit dem ebenfalls fünfzehnjährigen Dauphin Louis Auguste, wobei sich der Bräutigam durch Erzherzog Ferdinand Karl von Österreich-Este, einen Bruder der Braut, vertreten ließ. Kein gutes Omen für die Ehe des späteren französischen Königs Ludwig XVI. mit Marie Antoinette.

Noch weniger romantisch war freilich die Nutzung des H. im Kontext von Fehde und Duell. Zur Erklärung einer Fehde oder Herausforderung zum Duell warf der Herr dem Kontrahenten einen H. (Fehdehandschuh) vor die Füße oder schlug ihm damit ins Gesicht.

Die Dame darf noch heute dem Herrn die behandschuhte Hand geben. Natürlich kann sie ihn auch ausziehen. Vor der Gewährung eines Handkusses wird sie dies tun, es sei denn, es handelt sich um einen zur Abendgarderobe passenden H., der beispielsweise zum Tanz anbehalten wird (→ Ball; Kleidung). Die Länge der H. wird stets auf die Kleidung, also vor allem auf den Schnitt des Kleides, abgestimmt. Trägt ein Herr H., so zieht er den rechten aus, bevor er die Hand zum Gruß reicht (→ Begrüßung).

Jenseits von Stil und Etikette sind es vor allem praktische Gründe, die für H. sprechen, etwa im Falle des bunten Thermofäustlings. Heutzutage gibt es sogar mit Silberfäden durchwirkte H., damit wir auch im Winter mit warmen Fingern über den Touchscreen wischen können.

HANDY

Zum H. entwickeln viele Menschen ein inniges Verhältnis, das manchmal an religiösen Fetischismus erinnert. Die Omnipräsenz dieses Kultobjekts kann jedoch in mehrfacher Hinsicht zu einem Problemfall für die guten Manieren werden.

Vom H. geht einerseits ein erhebliches Störpotential aus. Der laute Samba-Klingelton im Gottesdienst und mit lauter Stimme geführte Telefonate im öffentlichen Raum sind allgegenwärtig. Vielfach unbekannt scheint zu sein, dass sich nicht jeder Ort und nicht jeder Gesprächsinhalt für Telefonate eignet. Vor überlangen Ferngesprächen wurde früher mit roten Schildern gewarnt (»Nimm Rücksicht auf Wartende. Fasse dich kurz!«). H. werden andererseits nur noch selten zum Telefonieren benutzt. Andere Fähigkeiten stehen im Vordergrund – sich diesen zu widmen, kann anderen gegenüber extrem unhöflich sein.

Gesprächspartnern gebührt stets die ungeteilte Aufmerksamkeit (→ Konversation). Als Grobian gibt sich zu erkennen, wer sein H. auf den Speisetisch legt oder im Gespräch mit Dritten »textet« oder »surft«. Dass ein Verwandter von mir aufzustehen pflegte, wenn er mit einer Dame telefonierte, mag allerdings übertrieben erscheinen.

───────── HERR ─────────

Auch jenseits von Beleidigungen – berühmt ist der Zwischenruf des Abgeordneten Joschka Fischer: »Mit Verlaub, Sie sind ein Arschloch, Herr Präsident!« – ist bei der Verwendung der Anrede H. nicht allen bewusst, dass sie ihrem Gegenüber eine alte titelähnliche Bezeichnung zubilligen.

Aus der Masse der H. ragt der *wahre* H. heraus. Nicht das Adjektiv (»un vero Signore«) macht ihn zum H., sondern sein der Ritterlichkeit und *Sprezzatura* des Hofmanns verpflichteter Lebenswandel, seine Haltung, die von Takt und Stil geprägt ist (→ Respekt; Zurückhaltung).

Ein Beispiel ritterliche Bravour gab Prince Charles – dessen Wappen als *Prince of Wales* übrigens das deutsche Motto »ICH DIEN« ziert – 1994 bei den Feierlichkeiten zum Nationalfeiertag in Sydney. Während der vierundzwanzigjährige David Kang mit einer Startpistole zwei Schüsse auf den britischen Thronfolger abfeuerte, schaute dieser ziemlich gelassen – oder »cool as a cucumber«, wie damals gesagt wurde – in Richtung des Schützen und justierte dabei lediglich die Manschette seines linken Hemdsärmels.

Contenance zeigte auch der Afrikaforscher und Schriftsteller Sir Henry Morton Stanley. Nachdem er David Livingstone am Ende einer einjährigen Suchexpedition und vielen tausend zurückgelegten Kilometern in Tansania gefunden hatte, soll er ihn mit dem berühmten Satz »Dr. Livingstone, I presume?« begrüßt haben. Dass es keinen Beleg für diese im Vereinigten Königreich noch heute beliebte Anekdote gibt, macht nun wirklich nichts. Schon

Giordano Bruno stellte fest: »Se non è vero, è molto ben trovato« (»Wenn es nicht wahr ist, ist es doch sehr gut erfunden«).

Das Idealbild eines H. sieht ungefähr so aus: Er lebt in Übereinstimmung mit sich, befreit von Dünkel und Spießigkeit. Dank seiner Haltung verhält er sich stets souverän, ohne sich um kleinteilige Verhaltensnormen zu kümmern. Sein Charme und seine Höflichkeit lassen seine Gesellschaft angenehm erscheinen. Dabei kommt es heute nicht mehr auf eine »soignierte Erscheinung« an, ein H. kann durchaus lässig auftreten. Im Kern geht es ja um innere Werte, um die Substanz, nicht um äußere Formen oder gar Fragen der Kleidung.

All dies gilt selbstverständlich auch für die Dame. Zusammen genommen sind beide die kleinste Einheit einer Gesellschaft, das originäre Duo des Parketts. (Zum gewandelten Rollenverhältnis → Dame.)

HOF

Den Schäferknecht glaub' ich allhier zu spüren,
Vom Prinzen nichts und nichts von Hofmanieren.
[Johann Wolfgang von Goethe, Faust: Der Tragödie zweiter Teil – Kapitel 17]

Ausgehend von seiner architektonischen Bedeutung hat sich der H. zu einem Schlüsselbegriff monarchisch-feudaler Staatlichkeit und Kultur entwickelt. Der private Haushalt des Herrschers war der Ursprung eines jeden H.

Obwohl Hofstaaten und höfische Kultur fast verschwunden sind, spielt der H. für das Verständnis von Zeremoniell und Etikette eine wichtige Rolle. Denn viele ihrer Aspekte haben ungeachtet ihrer Anpassung an die heutige Zeit höfische Ursprünge (z.B. Ankündigung oder Höflichkeit).

Wie Norbert Elias beschrieben hat, war das Zeremoniell der höfischen Gesellschaft ein effektives Instrument zur Domestizierung des Adels (»Verhöflichung der Krieger«). Ein System vielschichtiger Abhängigkeiten sorgte dafür, dass etwaige Triebe und Affekte der Höflinge gedämpft wurden. Geschenke waren ein wichtiges Mittel hierfür. Darüber hinaus diente die höfische Repräsentation auch der Machtlegitimation und der H. sorgte dadurch, dass verschiedene Gruppierungen integriert wurden, für die Einheit des jeweiligen Staates. Man denke an Krönungszeremonien, Investituren, das Tafelzeremoniell, die »Couren« (→ Neujahrsempfang) oder die Herrschafts- und Legitimationszeichen wie Krone, Zepter, Schwert und Reichsapfel (→ Einzug; Symbol).

All dies setzte eine klare Unterscheidbarkeit der Hofgesellschaft voraus (→ Distinktion). Strikte Regeln der Hoffähigkeit und komplexe Verhaltensnormen sorgten für eine klare Abgrenzung vor allem vom aufstrebenden Bürgertum. So waren dem höfischen Adel Handel und Gewerbe untersagt. Auch die Manieren hatten stets eine Abgrenzungsfunktion. Nur der Eingeweihte, der Zugehörige sollte das Geheimnis des guten Benehmens kennen; nur im Verkehr der guten Gesellschaft sollte man erlernen können, wie man sich »bei Hofe« bewegt, wie man spricht, wie man sich kleidet.

Eine bunte Mischung belebte den H. Neben der Herrscherfamilie auch die Mätressen, der Adel, Repräsentanten der Kirche, Günstlinge (»Favoriten«), Hofnarren, Riesen, Zwerge, Mauren und Exoten (»Mirabilia et Exoktika«).

Um die Hofgesellschaft kontrollieren zu können (»Hofzucht«), musste allerdings die Anwesenheit ihrer Mitglieder sichergestellt werden. Daher war es keinem Mitglied des H. von Ludwig XIV. erlaubt, den H. ohne königliche Erlaubnis zu verlassen.

———————— HÖFLICHKEIT ————————

Das Fundament guter Manieren, auch *Courtoisie* genannt. Kern dieser Tugend ist die schlichte Erkenntnis, dass der Mensch nicht allein auf der Welt ist. Höfliches Verhalten setzt also zuerst die

Bereitschaft voraus, Bedürfnisse anderer zu erkennen und zu achten (→ Aufmerksamkeit).

Daneben umfasst die H. zahlreiche andere Aspekte ehemals höfischen Verhaltens. Der höfliche Mensch findet von sich aus das richtige Maß aus Distanz und Nähe, er zollt auf souveräne Weise den nötigen Respekt, ohne unterwürfig zu sein. Er handelt stets bewusst, taktvoll und kontrolliert (→ Haltung; Zurückhaltung). Nie biedert er sich an. Man hat also gerne mit ihm zu tun. Handelt es sich um einen Herrn, so zollt er der Dame eine besondere Aufmerksamkeit. Der oder die Höfliche zeigt vor allem Respekt gegenüber älteren Mitmenschen (→ Anciennität).

Die Konversation ist ein wichtiger Schauplatz der H., die das Zusammenleben angenehmer macht – gerade in der von Individualismus geprägten Massengesellschaft, in der jeder vor allem mit sich selbst und seinem Handy beschäftigt ist. H. ist ihrer Art nach paradox, weil sie immer eine gewisse Verstellung erfordert, diese aber stets natürlich und unverstellt erscheinen soll (→ Manieren).

In Sachen H. ist Deutschland kein Exportweltmeister. Die Kombination der Wörter »German« und »rude« führt in den einschlägigen Suchmaschinen zu über 21 Millionen Einträgen. Wer dieser Trefferquote misstraut, frage sich ehrlich, wie oft er in dieser Sache von ausländischen Bekannten ins Vertrauen gezogen wurde. Viele werden diese peinlichen Situationen kennen, in denen Expats angesichts der »German frankness« von einem »cultural shock« berichten, woraufhin man sich und den zivilisatorischen Standard seiner Heimat mit diplomatischen Floskeln zu retten versucht. Man spricht dann von der wunderbaren Ergänzung der britischen »politeness« durch die deutsche »directness« und weist die Klage über das »Oberlehrerhafte« freundlich zurück. Ausländischen Damen versucht man zu erklären, dass es nicht mangelndem Interesse geschuldet sei, dass der deutsche Herr beim ersten »Date« vergessen habe, ihnen die Türe aufzuhalten, den Mantel abzunehmen, beim Einnehmen des Platzes behilflich zu sein und die Rechnung zu begleichen. In diesem Bereich ist wahrlich noch Luft nach oben.

HOFNARR

Spielte einst eine wichtige Rolle in den europäischen Hofstaaten. Doch woher kam er? Der Überlieferung zufolge stammen alle H. von einem Urahnen ab, dem Narren der in Schluderns im Vinschgau gelegenen Churburg. Wie dort ein Fresko zeigt, brütete dieser seinen Nachwuchs in Narreneiern aus und verpackte sie in Säcke, um sie an andere Höfe zu schicken.

Die besondere Nähe zum Herrscher garantierte dem H. eine privilegierte Stellung, kraft derer er zur unverblümten Wahrheit und zu nahezu schrankenlosem Scherz berechtigt war. In der strikt reglementierten höfischen Gesellschaft hatte nur er das Recht zum normabweichenden Verhalten. Als der Rangfolge enthobenes Negativbild der Gesellschaft sollte er einerseits Unterhaltung und Freude stiften, andererseits durch seine Exotik auch zur Prachtentfaltung beitragen. In Haushalten und Behörden sind diese wichtigen Funktionen heute freilich nicht mehr gebündelt, sondern auf verschiedene, hier nicht näher zu nennende Funktionsträger verteilt.

HOSENANZUG

In der Damenmode ein Äquivalent zum männlichen Anzug, also eine aus demselben Stoff gefertigte Kombination aus Jacke und Hose, die zumeist mit einer Bluse getragen wird. Nach einigen Kämpfen hat sich der H. seinen Platz auf dem deutschen Parkett erobert.

Statt eines kurzen Kleids oder eines Kostüms kann heute grundsätzlich auch ein H. getragen werden. Stoff und Farbe richten sich nach Anlass und Kleidungsempfehlungen. Kaum vorstellbar, dass die Bundestagsabgeordnete Lenelotte von Bothmer (SPD) einen manifesten Skandal im Parlament auslöste, als sie am 15. April 1970 das Rednerpult in einem H. betrat. Noch bevor sie

ein Wort sagen konnte, kam der erste Zwischenruf des Abgeordneten Dr. Martin: »Die erste Hose am Pult!«

Die H. von Bundeskanzlerin Merkel sind heute nur noch
wegen ihres Schnitts und ihrer Farben Gegenstand der Berichterstattung. Im Ausland ist der H. mitunter auch heute noch
tabu (z. B. in der *Stewards' Enclosure* der berühmten *Henley Royal
Regatta*, die jährlich in der ersten Juliwoche auf der Themse ver-
anstaltet wird, sowie in dem Ruderverein *Leander Club* in Hen-
ley-on-Thames.

HUT

Obwohl Kopfbedeckungen in der Geschichte eine wesentliche
Rolle spielten (z. B. der *bonnet rouge* der Jakobiner, der Kalabreser,
der Fürstenhut, der Geßlerhut etc.), sind H. mit wenigen Ausnahmen aus der deutschen Öffentlichkeit verschwunden. Ebenso die
feingliedrigen Normierungen, wer wann welche Kopfbedeckung
trägt (zur »Redingote«, also dem im 19. Jahrhundert gebräuchlichen langen Mantel mit großem Kragen und mehreren Pelerinen,
beispielsweise immer Zylinder etc.) und wann diese wem gegenüber wie abzunehmen ist oder anbehalten werden darf (→ Anrede;
Begrüßung).

Unbestritten hat auch heute noch die Dame das Privileg, den
H. in geschlossenen Räumen zu tragen. Dies gilt auch für Kirchen
und gesetzte Essen. Im Bewusstsein dieses Vorrechts wird sie die
Größe ihres H. so wählen, dass diese keine Beeinträchtigung anderer
mit sich bringt. So darf der Service bei der Tafel nicht gestört werden
oder der H. über das Gedeck des Tischnachbarn reichen. Damen
tragen Hüte nur am Tage, also bis etwa 18 Uhr. Zu einem abend-
lichen Essen erscheint man daher ohne H., selten jedoch mit Krone.

Herren nehmen ihren H. zur Begrüßung und in geschlossenen
Räumen ab. Für Uniformen, Trachten und das Verhalten in Kir-
chen und anderen Weihestätten gelten teilweise Besonderheiten.
Und natürlich gab und gibt es immer Hutträger, die sich durch

solche Reglementierungen in ihrer Selbstbestimmung beeinträch-
tigt sehen und daher den H. stets aufbehalten. Manchmal wird der
H. sogar zu einem Markenzeichen, so bei Joseph Beuys oder Udo
Lindenberg.

HYMNE

Ein wichtiges Staatssymbol. Als musikalisches Zeichen repräsentiert sie Staat und Nation und macht diese sichtbar. Die H. (eigentlich Nationalhymne) spielt eine große Rolle im protokollarischen
Alltag und ist ein fester Bestandteil des Zeremoniells, etwa bei der
Begrüßung mit militärischen Ehren.

Deshalb ist es erstaunlich, wie häufig doch falsche H. gespielt
werden. Wenn z. B. eine deutsche Delegation in einem fernen Land
mit der H. der vormaligen DDR begrüßt wird – zuletzt 2015 bei
der Rodel-Weltmeisterschaft im lettischen Sigulda geschehn –
dann sollte dies zur Sprache gebracht werden, allerdings erst
im Nachhinein. Ähnlich peinlich ist es, wenn die erste Strophe
des »Lieds der Deutschen« intoniert wird, etwa 2017 bei einem
Damen-Tennisturnier in den USA. Mitunter werden zwar die
korrekten Noten der H. verwendet. Allerdings in einer Weise, die
ratlos macht. Entsprechende Videos werden im Internet mit ein-
deutigen Überschriften versehen (»army orchestra destroys national anthems«). Manchmal wird auch ein anderer Text gesungen.
Legendär bleibt die Interpretation Sarah Connors aus dem Jahre
2005 (»Brüh im Lichte dieses Glückes …«). Dies alles sind bemer-
kenswerte Pannen (→ Fauxpas).

Auf einem anderen Blatt stehen Proteste während der H. Zum
Beispiel durch 49ers-Quarterback Colin Kaepernick, der sich 2016
als erster Footballspieler hinkniete, um ein Zeichen gegen Rassis-
mus und Polizeigewalt zu setzen (→ Kniefall) – und diese Geste
mit dem Rauswurf bezahlt. Nach ähnlichen Protesten in der Son-
derverwaltungsregion Hongkong wurde in China jüngst sogar der
strafrechtliche Schutz der H. weiter verschärft.

Erklingt die H., so hat man sich zu erheben (→ Aufstehen) und – soweit vorhanden – den zivilen Hut abzunehmen, die Jacke zu schließen und in aufrechter Haltung zu verharren. Offiziere grüßen militärisch. Im Fußballstadion geht es etwas weniger förmlich zu. Bei der »gegnerischen« H. zu pfeifen, ist aber ein schwerer Verstoß gegen die Regeln des Anstands und der Fairness.

Wenn in der Politik um Teilung und staatliche Einheit gerungen wird, verzichtet man bisweilen auf das Abspielen der H. So erklingen vor Spielen der irischen Rugby-Nationalmannschaft oder vor Hurling- und Gaelic-Footballspielen keine H. In diesen Sportarten treten nämlich auch Spieler und Mannschaften aus Nordirland an. Die aus Sportlern der Bundesrepublik und der DDR für die Olympischen Spiele gebildete gesamtdeutsche Mannschaft zog hingegen bis 1964 zu den neutralen Klängen von Beethovens »Ode an die Freude« ins Stadion ein.

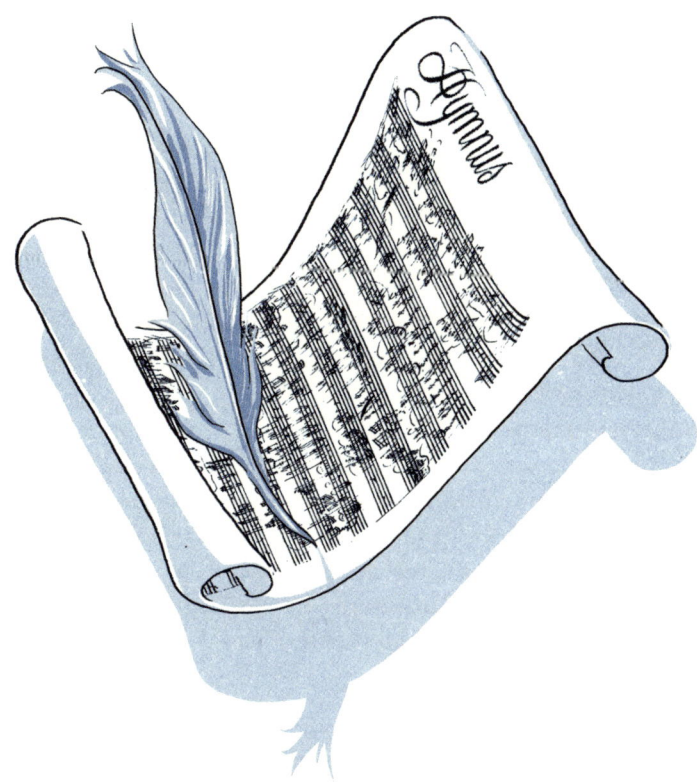

K

KAUGUMMI

Nicht nur stellt sich die Frage, in welchen Situationen es überhaupt angemessen ist, K. zu kauen. Genauso kommt es darauf an, *wie* man dies tut. Und vor allem, wo es entsorgt wird.

Auf dem Parkett sind K. grundsätzlich tabu. Wer käme auf die Idee, bei einem Staatsakt oder einer Beerdigung K. zu kauen? Atemfrische lässt sich hier besser mit einer Minzpastille erreichen. Dass es als unhöflich gilt, seinem Gesprächspartner etwas vorzukauen, versteht sich von selbst. Gleiches gilt für das Schmatzen, die Blasenbildung und das Ausspucken des Gummirestes. Reste des K. gehören ausschließlich in den Wertstoffkreislauf-Sammelbehälter (Restmüll).

KIRCHEN

Für die Geschichte des Zeremoniells war neben der weltlichen immer auch die kirchliche Seite von Bedeutung. Noch heute sind die Religionen, K. und Liturgien für das Protokoll bestimmend. Dank der französischen Revolution sind allerdings die staatliche und kirchliche Sphäre bei uns grundsätzlich getrennt. Ausnahmen bilden Trauerstaatsakte in K. oder religiöse Beteuerungsformeln bei Eidesleistungen.

Betritt man ein Gotteshaus oder eine andere Weihestätte, z.B. einen Friedhof, sind bestimmte Verhaltensvorschriften zu beachten. Welche genau, ist sehr von der jeweiligen Religion und Region abhängig. Für alle Gotteshäuser und Weihestätten dürften aber die nachfolgenden zehn Punkte gelten:

1. Ungeachtet religiöser Vorschriften und Usancen dürfen nur Damen ihre Kopfbedeckung (→ Hut) aufbehalten.

2. Keine kurzen Hosen, Miniröcke, tief dekolletierten Kleider und Blusen, Hot Pants oder andere Kleidungsstücke, die die Beine, die Schultern und Oberarme unbedeckt lassen.

3. Schuhe sind erforderlich, sofern nicht religiöse Normen das Gegenteil fordern (Moschee); jedoch keine Flipflops, Clogs, Gummistiefel etc.

4. Kein Eis, keine Pommes, keine Getränke, kein Essen, kein Kaugummi.

5. Kein Handy, keine Musik, keine Kopfhörer, keine digitalen Endgeräte.

6. Grundsätzlich nicht reden (Schweigegebot). Mit etwas Taktgefühl wird man schon wissen, wann man flüstern darf (Besichtigung einer Kirche) und wann nicht (während des Gottesdienstes).

7. Besichtigungen nur unter größter Rücksichtnahme auf die Gläubigen und – auf Friedhöfen – Trauernden.

8. Beaufsichtigung von Kindern.

9. Kein Rennen und Eilen, sondern »gemessenen Schrittes« gehen.

10. Grundsätzlich nicht klatschen.

Darüber hinaus sollte das gesamte Verhalten der Würde des Ortes als Gotteshaus und den religiösen Empfindungen der Gläubigen angepasst sein.

Für Weihestätten und Mahnmale gilt dasselbe. Dass beim Berliner *Denkmal für die ermordeten Juden Europas* und beim *Denkmal für die ermordeten Sinti und Roma* Hinweise darauf erforderlich sind, dass Rauchen, Grillen und der Genuss alkoholischer Getränke oder jegliche sportliche Aktivität untersagt sind, spricht Bände.

---------------------------- KLEID ----------------------------

Einteiliges Oberbekleidungsstück der Dame, das Ober- und
Unterkörper sowie Arme und Beine in – je nach Schnitt –
unterschiedlicher Länge bedeckt. Wie beim männlichen Pendant
des Anzugs ist die frühere Vielfalt möglicher K., die mehrmals
am Tage gewechselt wurden, auf ein Minimum geschrumpft. Vorbei die Zeiten des Tageskleids, des Besuchskleids, des Teekleids,
des Nachmittagskleids, des Festkleids und des Reformkleids. Von
heute betrachtet erstaunlich, die einst ausdifferenzierten Kleidungsempfehlungen: »Ballanzug: Damen decolletiert«; »lange
ausgeschnittene Kleider«; »halbhohe Kleider«; »hohes Kleid, ohne
Hut«; »Promenadentoilette« etc.

Das Abendkleid ist als aufwendig geschneidertes langes Kleid
die weibliche Entsprechung des für den Abend vorgesehenen
Anzugs. Schnitt und Stoff hängen von den Gegebenheiten des
Ereignisses ab. Für ein Staatsbankett (→ Staatsbesuch) im *Buckingham Palace* wird man beispielsweise einen »dezenten«, weniger
freizügigen Schnitt wählen, der Schultern, Dekolleté, Arme und
Beine eher bedeckt. Dazu passend wird der Oberstoff blickdicht
und von einiger Festigkeit sein, also weder »Stretch« noch hauch-
dünn oder transparent. Zum Abendkleid trägt man nach traditioneller Auffassung keine Armbanduhr, es sei denn, sie wäre eher
Schmuck als schnöder Zeitmesser.

Da der Frack in Deutschland praktisch keine Rolle mehr spielt,
trägt die Dame dann ein Abendkleid, wenn der Herr einen Smoking trägt. In Ländern, in denen der Frack noch üblich ist, entspricht ihm das lange Abendkleid. Zum Smoking wird dort dann
ein kurzes Abendkleid getragen. Lange Tageskleider sind weniger
aufwendig gestaltet als Abendkleider und kommen nur noch selten vor.

Im Vergleich zu kurzen Tageskleidern, z.B. dem Nachmittagskleid, ist das für die frühen Abendstunden vorgesehene Cocktailkleid aufwendiger gearbeitet (→ Cocktailparty). Man könnte sagen,

dass sich das Tageskleid in Form des Cocktailkleides dem Abendkleid annähert. Das von Coco Chanel geprägte »kleine Schwarze«
(»little black dress«) wiederum ist eine Unterart des Cocktailkleids.
Einerseits – genau – schwarz, andererseits mit einer Länge bis
maximal zum Knie.

KLEIDUNG

Nelson Mandelas Auftritt im Rugby-Trikot ist ein gutes Beispiel
für den Symbolcharakter von K. Rugby war in Südafrika als Sport
des Apartheidregimes traditionell den Weißen vorbehalten und so
wurde es allgemein als Symbol der nationalen Eintracht verstanden, als Präsident Mandela 1995 bei den Rugby-Weltmeisterschaf-
ten mit dem Trikot der südafrikanischen Nationalmannschaft (den
»Springboks«) auftrat. Dies war mit niemandem abgesprochen –
auch nicht mit seinem Protokoll. Einige werden diese Szene aus
Clint Eastwoods Film »Invictus« kennen.

K. ist noch immer ein Mittel der Distinktion, mit dem sich
gesellschaftliche Gruppen – weit über das Höfische hinaus
(→ Hof) – von anderen abgrenzen. Gerade gegen diese Ungleich-
heit der Kleidung wandte sich zu Beginn der französischen
Revolution Honoré Gabriel Victor de Riqueti, der Marquis de
Mirabeau. Die Kleiderordnung gehörte zu den ersten Merk-
malen des Ancien Régime, die zu Gunsten eigener Kleidungs-
vorstellungen abgeschafft wurden. Seither drücken politische
Reformbewegungen und revolutionäre Kräfte ihre Unterschied-
lichkeit besonders gerne auch mit der K. aus. Der *bonnet rouge* der
Jakobiner, der Kalabreser (→ Hut), die langen Hosen der *Sans-
culottes*, Parka und Jeans der 68er und die als Gesellschaftskritik gegen die Trostlosigkeit der Lebensbedingungen im Kongo
verstandene kostbare K. der *La-Sape*-Bewegung (Société des
ambianceurs et des personnes élégantes) mit ihrem Sapeur-
Idol Papa Wemba (le pape de la Sape) seien hier exemplarisch
genannt.

Mit der Abgrenzung geht oft der Wunsch einher, die Zugehörigkeit zu einer Gruppe zu demonstrieren.

Die Auswahl der K. kann aber auch eine besondere Ehrbezeugung darstellen. Die Herrscherbegegnungen früherer Zeiten bieten hierfür viele Beispiele. So galt es als ein Zeichen der besonderen Verbundenheit, die Uniform des jeweils anderen anzuziehen (→ Schuhe).

Heute geht es auf dem internationalen Parkett mitunter eher um eine Unterscheidung (→ Distinktion). Männliche Politiker verzichten beispielsweise gerne auf eine Krawatte, um eine vermeintlich revolutionäre, zumindest aber progressive Haltung zu manifestieren.

Modische Aspekte und Entwicklungen der K. sind für das wahre Parkett jedoch nicht so entscheidend. Wer sich elegant klei-

det, lässt deshalb gerne auch eine gewisse Form der Nachlässigkeit walten. Mit dieser *Sprezzatura* zeigen Herr und Dame, dass sie nicht »gestylt« sind. Es soll tatsächlich Herren des italienischen und englischen Adels gegeben haben, die nur einen einzigen Anzug – freilich von jeder Art! – besaßen. Bei Hochzeiten und Beerdigungen des Hochadels kann man noch Cuts in Augenschein nehmen, die in vorkonstitutioneller Zeit geschneidert zu sein scheinen. Kleinere Mottenlöcher tun dem Glanze nun wirklich keinen Abbruch.

——— KLEIDUNGSEMPFEHLUNGEN ———

Auch Dresscode genannt – sie werden vom Gastgeber festgelegt (→ Einladung). Der Gast tut gut daran, die Wünsche und Empfehlungen des Gastgebers zu befolgen. Sich darüber hinwegzusetzen, ist kein Ausweis großer Individualität, sondern schlechter Manieren. Jedem Gast steht es schließlich frei, die Rollen zu tauschen und selbst einzuladen – als Gastgeber, ganz nach eigenen Vorstellungen.

In Deutschland sind die K. in fast allen Fällen nur schlichte »Empfehlungen«. Ihre Bindungswirkung ergibt sich allein aus der Kraft guter Manieren, bei Verstößen sind hierzulande kaum noch echte Sanktionen zu befürchten. Deshalb müssen sich deutsche Touristen in der Ferne regelrecht umstellen. Man denke an die Landsleute, die sich in Malaysia auf dem Heiligen Berg Kinabalu nackt photographieren ließen oder während der Staatstrauer nach Thailand reisten und nicht wussten, wie sie sich kleiden sollten.

In Großbritannien wird einem unpassend Gekleideten auch heute noch ohne weiteres eine Sanktion zuteil: Ihm bleibt die Tür verschlossen.

K. beschränken sich in ihren Codes häufig auf die Nennung der männlichen Garderobe. Über diese Verletzung gegenwärtiger Vorstellungen der politischen Korrektheit sollte jedoch großzügig hinweggesehen werden. Da von den vormals zahlreichen K. ohnehin nur noch eine verschwindend geringe Anzahl am Leben geblieben ist, dürfte es auch leichtfallen, sich das jeweilige »weibliche« Pendent zu merken.

Während früher den üblichen Standardformulierungen (»Ueber Anzug pp. umstehend« oder »Ueber Anzug, An- und Abfahrt pp. im beiligenden Programm das Nähere«) detaillierte Normierungen folgten (→ Anzug; Kleid), sind es heute im Wesentlichen nur noch die Formulierungen: Frack, Smoking (hierzu »Abendkleid«, »langes Kleid«, »Abendgarderobe«, »Ballkleid«), dunkler Anzug (kurzes Kleid, Kostüm, Hosenanzug). Außerdem finden sich auf Einladungskarten immer noch »Uniform« und »Tracht«, die »Soutane« dagegen kaum noch.

Englisch ist schon seit jeher die Sprache der K. Lange vor den omnipräsenten Anglizismen der Gegenwart sprach man von »cutaway coat«, »white tie« (→ Frack) und »black tie« (→ Smoking). Heute hat man es freilich eher mit »business suit« (besser: »lounge suit«), »smart casual« zu tun oder dem auch bei uns bekannten »dress down day« bzw. »casual friday«. Während der »lounge suit« als Anzug jedenfalls dann keine Probleme bereitet, wenn man Zurückhaltung bei Farbe, Stoff und Schnitt walten lässt, können beim »smart casual« und insbesondere beim »dress down day« grobe Fehler gemacht werden. Unter einem »smart casual« versteht man eine legerere Form der Oberbekleidung. Dies kann ein etwas farbenfroherer Anzug oder ein solcher aus einem sommerlicheren Stoff sein. Nötigenfalls auch eine Kombination. Jeans, kurze Hosen und Jogginghosen sind allerdings nicht damit gemeint. Auch die »dress down policy« ist keine Aufforderung, mit allen Vorstellungen einer zivilisierten Kleidung zu brechen. Letztlich entscheidet der soziale Kontext darüber, wie weit man in der textilen Abrüstung gehen kann.

Die traditionelle K. »kurzes Kleid« sorgt in unserem Land immer wieder für kleine Erregungen. So hatte zuletzt eine Bundestagsabgeordnete per Twitter eine Einladung des Bundespräsidenten wegen der Formulierung »kurzes Kleid« kritisiert (»Sehr geehrter Herr Bundespräsident Frank-Walter Steinmeier, wie kurz darf, muss oder soll das Kleid denn sein? #gender #kurzesKleid«). Zum Glück sprang keiner auf diesen Zug auf. Vielmehr war die digitale Gemeinschaft schnell mit Rat zur Hand (»Einfach mal vorher ›Dresscode‹ und ›Empfang‹ googeln«). 2013 wurde dem bayerischen Wirtschaftsminister noch ausdrücklich Sexismus vorgeworfen, als sich die Formulierung »dunkler Anzug, kurzes Kleid« auf einer Einladung zu einer Preisverleihung fand. Die sozialen Medien schäumten (»Brüderles Bruder im Geiste – will Frauen nur in kurzen Röcken sehen. Geht's noch?«). Bereits 2009 hatte

es den bayerischen Ministerpräsidenten Seehofer getroffen, dessen
Einladung zu einem Empfang aus demselben Grund als »tenden-
ziös sexistisch« bezeichnet wurde.

Ein schlichter protokollarischer Code scheint zunehmend
Minirock-Phantasien zu wecken. Dabei bezeichnet das »kurze
Kleid« nichts weiter als ein Kleid, das kürzer ist als die lange
Abendgarderobe der Dame.

Es ist bezeichnend, dass es keine griffigen deutschen Wörter für
Verletzungen der Kleiderordnung gibt. Diese Form der Sprachlosigkeit zeigt deutlich, wie sehr die K. ihre Bedeutung eingebüßt
haben. Und so sind Normabweichler auch hierzulande »under-
dressed« oder »overdressed«. Letzteres kann übrigens ebenso
unangenehm sein wie Ersteres.

KNICKS

Wenn sich der Herr verbeugt, können Damen und Mädchen einer
höhergestellten oder älteren Person gegenüber knicksen (→ Rang;
Anciennität). Allerdings ist diese aus dem Kniefall abgeleitete und
in der höfischen Zeit zur vollen Blüte entwickelte Geste außerhalb
des Adels und von Staatsbesuchen gekrönter Häupter sehr selten
geworden. Es mag an der Fernsehberichterstattung über das englische Königshaus liegen, dass man bisweilen auch hierzulande von
»curtsy« spricht.

Wie bei der Verbeugung kennt das deutsche Parkett – so
beim Defilee eines Staatsbanketts, wenn ein königlicher Gast im
Schloss Bellevue verweilt – nur noch eine angedeutete Ausführung mit leichtem Einknicken beider Knie bei einer gleichzeitigen
kurzen Verbeugung (»small reverence«). Während der Oberkörper
aufrecht bleibt, wird hierbei der Kopf kurz geneigt und Rock oder
Kleid werden mit ausgestreckten Händen ausgebreitet. Sodann
wird ein Fuß schräg hinter den anderen gestellt, wobei die Schuh-
spitze des hinteren Fußes den Boden berührt. Zu guter Letzt werden die Knie – bei geradem Rücken – leicht gebeugt.

KNIEFALL

Der K. Bundeskanzler Brandts vor dem Warschauer Ghetto-Ehrenmal dürfte eine der wirkmächtigsten Gesten der deutschen Diplomatie gewesen sein. Weltweit wurde sie als symbolische Bitte um Vergebung und Akt der Demut verstanden.

Außerhalb der Kirche wird in Deutschland heute kaum noch gekniet. Abgesehen von dem manchmal immer noch kniend vorgebrachten Heiratsantrag. Dabei war der K. über Jahrhunderte eine wichtige Geste der Demut, aber auch Unterwerfung.

In anderen Kulturen hat das Knien eine grundsätzlichere Bedeutung. So kennt die traditionelle japanische Kultur drei unterschiedliche Sitzhaltungen, bei denen gekniet wird (»Seiza«, »Kiza« und »Tatehiza«). Auch sind Erhebungen in den Adelsstand mitunter mit einem K. verbunden. So wird der während einer »Investiture« im Buckingham Palace erteilte Ritterschlag kniend auf einem samtroten »Investiture stool« empfangen.

KOMPLIMENT

Ein aufrichtiges K. kann als Grundlage für das weitere Gespräch dienen. Andererseits sind K. eine heikle Sache. Wie bei jedem Schmierstoff heißt es unbedingt, Maß zu halten. Übertreibungen sind kontraproduktiv, plump und ein Ausweis schlechter Manieren.

Die ihrem Wortlaut nach positive Äußerung mit einer versteckten Negativbotschaft zu verbinden, ist ein derber Fauxpas (»vergiftetes K.«). Beispiel: »Das sind ja hübsche Kinder, sind das wirklich Ihre?«

Beim K. beweisen sich Taktgefühl und Stil. Der Grat zwischen primitiv, schmeichlerisch, banal auf der einen Seite und stilvoll, treffend und galant ist schmal. Wenn das K. von Herzen kommt, kann eigentlich wenig schief gehen. Außerdem sollte man stets auf den Kontext achten. Im beruflichen Alltag wäre es beispielsweise wenig angemessen, den Kolleginnen ständig K. wegen ihrer Blusen und den Kollegen wegen ihrer Krawatten zu machen. Über gelegentliche K. werden sich jedoch auch im Büro die meisten freuen.

Wahre Souveränität zeigt sich auch in der Fähigkeit, K. annehmen zu können. Jedenfalls in unserem Kulturkreis besteht – anders als etwa in Japan – keine Pflicht zur argumentativen Zurückweisung desselben. Vielmehr sollte es dem Bedachten doch leichtfallen, sich über das K. zu freuen und sich hierfür zu bedanken (→ Dank). Hiermit tun sich deutsche Gesprächspartner manchmal schwer (»Finden Sie wirklich, jetzt übertreiben Sie mal nicht!«).

KOMPLIMENTKARTE

Ein Billet, mit dem sich die kleinste Form der Korrespondenz stilvoll erledigen lässt (→ Drucksachen), zum Beispiel um Geschenken, Blumen oder anderen Gesten einen kleinen handschriftlichen Gruß hinzuzufügen.

Wird die K. im beruflichen Alltag statt eines vorgefertigten »Kurzmitteilungsformulars« benutzt, bekommt sogar die Übermittlung eines sachlich gehaltenen Schriftstückes eine persönliche Note. Die K. ist ein Beweis dafür, dass sich mit geringem Aufwand eine große Wirkung erzielen lässt.

KONVERSATION

Weit mehr als ein bloßes Gespräch ist die K. ein flüchtiges soziales Kunstwerk, dessen Aufführung viel über die Haltung der Beteiligten verrät. Weltläufiges Benehmen offenbart sich gerade darin, wie spielerisch diese Kunstform beherrscht wird.

Dabei drohen nicht selten Missverständnisse, wenn z. B. die Gesprächspartner verschiedenen Kulturen angehören. Wer schon einmal Verhandlungen mit asiatischen Partnern geführt hat, weiß um die verschiedenen Kontextbezüge der jeweiligen Sprachen. Bei einem eher indirekten Kommunikationsstil, wie im Chinesischen, ist der Kontext des Gesagten für die Übermittlung der Botschaft entscheidend. So haben die nonverbalen Zeichen einen größeren Stellenwert als bei einer direkten Kommunikationskultur, wie sie in Deutschland üblich ist. Klare Ja- oder Nein-Botschaften werden vermieden. Ob der Gesprächspartner positiv oder negativ zu der im Raum stehenden Frage eingestellt ist, ergibt sich demnach nicht aus seiner Antwort, sondern aus einer Interpretation des Gesagten im Kontext der gestischen Begleitumstände. In vielen asiatischen Ländern gilt ein ausdrückliches Nein als unhöflich, weshalb der Gesprächspartner niemals in die Verlegenheit gebracht werden sollte, mit einem solchen zu antworten. Die K. sollte daher leicht im Vagen bleiben, niemand darf auf ein »Ja oder Nein?« festgenagelt werden. Um eine K. kunstvoll und erfolgreich zu führen, sind demnach immer Kenntnisse über die Kulturen der Beteiligten erforderlich.

Jeder Sprechakt und vor allem jede K. hängen sehr von der jeweils üblichen Art und Weise des Sprechens ab. Neben der Lautstärke gehören das Sprechtempo, die Artikulation und Sprachmelodie sowie die Sprechpausen dazu. Auch die Sprache ist voller Symbole und Rituale. An anderer Stelle wurde bereits auf die Bedeutung der »nonverbalen« Kommunikation hingewiesen (→ Geste). Hier sei die Bedeutung des Augenkontakts besonders hervorgehoben. In der Londoner U-Bahn waren vor kurzem falsche Schilder aufgetaucht, auf denen gewarnt wurde: »No eye contact. Penalty £ 200«. So wollten sich die Urheber wohl über die zahlreichen Verbotsschilder im öffentlichen Raum lustig machen.

Der soziale Kontext von Sprache und Aussprache ist hierzulande wesentlich geringer ausgeprägt als etwa in Großbritannien, wo das berühmte »U and non-U English« als Instrument der Abgrenzung zwischen der »upper class« und der »middle class« (also nicht der »working class«) dient. Wer bestimmte Wörter verwendet, wird oftmals noch heute einer der sozialen Klassen zugeordnet (Napkin = U, Serviette = non-U; Lavatory oder loo = U, Toilet = non-U; Scent = U, Perfume = non-U; Looking-glass = U; Mirror = non-U). Solche strikten Differenzierungen gibt es im Deutschen kaum noch. Außer vielleicht, dass man in bestimmten Kreisen eher aufs »Klo« geht als auf die »Toilette« (→ Adel).

Bei einer K. sind heute viel weniger Regeln zu beachten als in der Zeit des Absolutismus oder im viktorianischen Zeitalter. Einige Grundregeln gelten aber noch immer, selbst wenn dies sehr vom regionalen und sozialen Kontext abhängt.

Zu klären ist zunächst die Frage, wer mit der K. beginnt. Grundsätzlich ist dies der Ranghöhere, Ältere, die Dame oder der Gastgeber (→ Anrede; Anciennität). Darüber hinaus sollte dem Initiator generell auch die Gestaltung der K. überlassen werden. Er trägt zudem die Verantwortung, andere Gesprächsteilnehmer einzubeziehen. Ausnahmen und weniger reglementierte Formen der K. sind natürlich immer möglich und angebracht. Man unterhält sich in der Umkleidekabine eines Sportvereins oder im Fahrstuhl anders als einer festlichen Tafel.

Die zweite Grundregel besteht darin, dass sich alle Beteiligten aufmerksam zuhören und nacheinander sprechen, wobei Pausen möglichst kunstvoll gesetzt werden. Erst die wohldosierte Mischung dieser Anteile gewährleistet eine gute K. Es stimmt übrigens: Man kann nicht gleichzeitig reden und zuhören. Die dritte Regel besagt, dass man andere Gesprächsteilnehmer grundsätzlich nicht unterbricht. Anderen ins Wort zu fallen, ist eine Unart. Leider scheint dieses Gebot der Höflichkeit jedoch zunehmend in Vergessenheit zu geraten. Dabei ist seine Befolgung so einfach.

Was den Inhalt angeht, sollten für eine gelungene K. auch in Deutschland einige wenige Tabus beachtet werden. Ständig über berufliche Erfolge, Einkommen, Vermögen, Anschaffungen, Krankheiten, Trauerfälle, Erotisches und politische Bekenntnisse zu sprechen, ist stupide und langweilig. Welche Tabus in welchem Kontext tatsächlich relevant sind, kann nur mithilfe des Taktgefühls erspürt werden.

Die K. ist ferner keine Gelegenheit zu einem peinlichen Verhör (→ Rücksicht; Zurückhaltung). Die Beiträge sollten demnach von einem echten Interesse getragen, taktvoll, angemessen, wenn möglich humorvoll und geistreich sein, nicht aber investigativ. Es bietet sich an, die K. als einen Prozess der vorsichtigen Enthüllung zu begreifen. Es ist deshalb unhöflich, seine Gesprächspartner mit Fragen nach privaten und beruflichen Details zu »löchern«. Insbesondere dann, wenn die bisherigen Antworten nicht sehr konkret ausgefallen sind. Eine elegante K. muss aber nicht immer im Ungefähren bleiben. Die Kunst liegt darin, die Offenbarungsbereitschaft des anderen anhand seiner Antworten und Gesten zu erspüren und im Gegenzug von sich selbst zu berichten.

Streitsucht, Rechthaberei, Neugierde, Schmeichelei, Vulgaritäten, Namedropping und vor allem Langeweile sind für jede K. tödlich. Ähnliches gilt für den gerade auf dem Parkett omnipräsenten Klatsch. Sich Tratsch und Klatsch zu verweigern, heißt, sich zu einem kleinen Kreis der Anhänger von Diskretion zählen zu dürfen. Allerdings bestätigen Ausnahmen die Regel. Spötteleien und Frotzeleien können Spaß machen und eine K. beleben. Jedenfalls solange man nicht selbst zum Ziel wird.

Falls sich jemand fortwährend über die Grundregeln der K. hinwegsetzt, kann ein dezenter Hinweis erfolgreich sein.

Diese Regeln gelten auch für den kleinen Bruder der K., den *Smalltalk*. Hier scheint des einen Freud des anderen Leid zu sein. Wenn ich manchmal die Gäste eines Empfangs oder einer Party beobachte, sehe ich, wie einige in dieser Form der Gesprächskunst aufleben, wie sie Spaß haben und Energie aus der Begegnung ziehen, während andere eher still – aber körperlich spürbar – darunter leiden, mit Unbekannten ein kurzes Gespräch führen zu müssen. Es fällt wahrlich nicht jedem leicht.

Beim Smalltalk bedient man sich völlig unverfänglicher Themen, die man mit Humor, Schlagfertigkeit und großem Taktgefühl zur Sprache bringt (Bitte nicht über das Wetter sprechen!). Die elegante Oberflächlichkeit ist hier Programm. Das Gespräch soll harmonisch dahinplätschern, nicht mit ernstem Tiefgang geführt werden. Der große Vorteil dieses Beschnüffelns liegt in der beiderseitigen Unverbindlichkeit, so dass man sich ohne Aufhebens voneinander verabschieden kann, wenn man sich in Wahrheit nichts zu sagen hat (»Es hat mich sehr gefreut, Ihre Bekanntschaft gemacht zu haben, ich wünsche Ihnen noch einen unterhaltsamen Abend. Auf Wiedersehen!«). Im anderen Fall ist der Smalltalk die Ouvertüre einer tiefsinnigeren K.

Zum gelungenen Smalltalk sind ein gutes Allgemeinwissen, das man hier und da aufblitzen lässt, Humor, Fingerspitzengefühl und Selbstsicherheit vonnöten. Die erste und die letzte Voraussetzung kann man bis zu einem gewissen Grade lernen. Je häufiger man smalltalkt, desto sicherer wird man auftreten. Fingerspitzengefühl ist hier besonders wichtig, die Beteiligten sollten genau auf die

Andeutungen und Reaktionen der anderen achten, vor allem auch auf die Körpersprache.

Stets gilt es zu erspüren, ob ein Smalltalk der Situation wirklich angemessen ist. Das ist sicher der Fall bei ersten Begegnungen im öffentlichen Raum, also in der Skigondel oder im Flugzeug, bei Partys und Empfängen (→ Aperitif; Cocktailparty). Der Smalltalk hilft aber auch im beruflichen Kontext, z. B. um Kollegen kennenzulernen oder in einem Kundengespräch. Gut geführt, lässt sich mit ihm eine Vertrauensbasis schaffen.

Anglo-amerikanischen Gesprächspartnern fällt er oftmals leichter, sie scheinen in dieser Kunst geübter. In Deutschland tut man sich da eher schwer, so ist es auch kein Wunder, dass wir schon bei der Bezeichnung in die Fremdsprache fliehen. Nie ist von einem »kleinen Gespräch« die Rede, alle bedienen sich des englischen Äquivalents.

Außerdem wurde in der Welt der internationalen Konferenzen eine neue Form der Konversation geschaffen, der »walk & talk«. Wenn am Rande großer Konferenzen so viele bilaterale Gespräche (sog. Bilats) vereinbart werden, dass für eine gesetzte K. keine Zeit bleibt, wandeln die Gesprächspartner ein wenig umher.

Schließlich sei angemerkt, dass die politische Korrektheit als kommunikative Ersatzreligion durch unsinnige Wortschöpfungen im Begriff ist, der K. jede Leichtigkeit, ja das Kunstvolle an sich zu nehmen. Weltläufige Umgangsformen lassen sich hiervon nicht beeindrucken und verzichten darauf, die K. stets und überall in »gerechter Sprache« zu führen, also »gegendert« und unter Hinweis auf das gesamte Spektrum sexueller Identitäten (LGBT, GLBT, LSBTTIQ, LSBTTI*).

KORRESPONDENZ

Die zunehmende Digitalisierung des menschlichen Lebens hat der Kultur des Schreibens arg zugesetzt. Einerseits wegen der omnipräsenten Verwendung von Bildern, Piktogrammen und Abkürzungen, andererseits wegen der mit der Digitalität verbundenen Vorläufigkeit. Man muss kein Freund des vormaligen *Kanzleizeremoniells* sein, um die zunehmend exklusive Verwendung von »Emojis« als schmerzlichen Verlust menschlichen Ausdrucks zu empfinden. Ferner sind Kurznachrichten eben nicht nur kurz, sondern im Regelfall auch nur für einen kurzfristigen Gebrauch bestimmt, nicht für eine langfristige Archivierung.

Der wohlbedachte und sorgfältig gestaltete schriftliche Ausdruck ist selten geworden, vor allem in brieflicher Form. Während die E-Mail-Postfächer explodieren, befinden sich im Briefkasten leider häufig nur noch Zeitungen und sog. Postwurfsendungen.

Zu den wenigen Nachteilen, die gegen die briefliche K. in Stellung gebracht werden könnten, gehören ihre Langsamkeit und die Kosten für Papier, Tinte und Briefmarke. Dabei sind es in Wahrheit Vorteile. Was kann schlecht daran sein, sich für den Adressaten Zeit zu nehmen? Der Schreibende schenkt ihm doch ein Stück seines kostbarsten Gutes. Allein dies ist eine starke Geste der Wertschätzung. Klageschriften seien hier einmal ausgenommen.

Außerdem wirkt sich diese Verzögerung immer auch auf die Klarheit und Angemessenheit der zu Papier gebrachten Gedanken aus. Einen Brief zu verfassen, beinhaltet mehrere Zwischenschritte, die dem Absender Gelegenheit zur Reflexion des Inhalts und der Form geben. Die zu später Stunde geschriebene und unmittelbar abgeschickte E-Mail hätte den Adressaten daher als Brief in vielen Fällen nicht erreicht – was oftmals besser gewesen wäre. Dies festzuhalten, bedeutet jedoch nicht, die großen Vorzüge der E-Mail zu leugnen. Sie kostet nahezu nichts und ist unerreicht schnell. Briefliche K. und E-Mail haben unterschiedliche Stärken, so dass es unsere Aufgabe ist, die für jeden Fall angemessene Form der Übermittlung auszusuchen.

Schreiben Sie einfach mal wieder einen Brief oder ein Billet (→ Drucksachen; Komplimentkarte). Form, Inhalt und Sprache hängen so sehr von den Umständen ab, dass hier kaum konkreter Rat möglich ist. Sie werden schon Ihren Stil finden. Alles, was Sie schreiben, muss schließlich zu Ihnen passen.

KOSTÜM

In den 1880er Jahren kam das K. unter der Bezeichnung »tailor made« von England nach Kontinentaleuropa und trat in der Damenmode seinen bis heute andauernden Siegeszug an. Die aufeinander abgestimmte Kombination von Rock und Jacke hat es inzwischen zu einem vollwertigen Äquivalent zum kurzen Kleid gebracht. Mitunter wird das K. sogar als Abendgarderobe getragen (→ Kleidung; Kleidungsempfehlungen).

KRAWATTE

Herren, die stets und zu jedem Anlass eine K. umgebunden haben, gibt es kaum noch. Als Kind hat mich immer beeindruckt, dass mein Vater auch während seines kurzen Mittagsschlafs seine K. anbehielt. Außerdem habe ich mich immer gefragt, ob er alle in seinem Kleiderschrank hängenden K. schon einmal getragen hatte. Wenn ich mich ohne K. zu einer Einladung aufmachte, bei der seiner Meinung nach eine angezeigt gewesen wäre, sagte er liebevoll, aber auch ein wenig erstaunt: »Ma, mettiti una cravatta!«

Man kann heute ein Herr sein, ohne stets eine K. zu tragen. Manchmal ist dies sogar passender.

Allerdings sollte doch jeder das Bewusstsein dafür haben, dass es Situationen gibt, in denen die K. unerlässlich ist. Nicht nur in Spielcasinos und vor Gericht. Im letzten Fall jedenfalls, wenn man als Richter, Staatsanwalt oder Rechtsanwalt auftritt. Ähnliches gilt auch für das Schloss Bellevue. Im Parlament liegen die Dinge heute jedoch anders. Aber auch im Privaten kann es geboten sein, eine K. zu tragen. Etwa aus Respekt vor dem Gastgeber und zu dessen Freude. Die Krawatte ist daher nach wie vor ein wichtiger Teil des männlichen Anzugs – auch jenseits der »Weiberfastnacht«.

Jeder Herr sollte daher einige K. sowie die Fähigkeit besitzen, diese mithilfe eines einfachen Krawattenknotens zu binden. Immer häufiger hängt in Büros die dauerhaft – von fremder Hand – gebundene K. an Garderobenständern. Die Gründe dieser Verdrängung sind unterschiedlicher Natur. Einerseits mag der Verzicht auf die K. bei manchen als Ausdruck freiheitsliebender Gesinnung gelten (jüngstes Beispiel: Yanis Varoufakis). Andererseits dürften modische Vorstellungen und eine gewisse, über die *Sprezzatura* hinausgehende Nachlässigkeit maßgeblich sein (→ Herr; Kleidung).

Natürlich muss die K. »passen«, es muss also die nach Stoff, Muster und Farbe zum Anzug passende aus dem Schrank geholt und korrekt gebunden werden. Hier kommt es vor allem auch auf die Länge der gebundenen K. an. Die Spitze soll die Gürtelschnalle gerade berühren. Zu kurz oder zu lang gebunden K. – wie sie US-Präsident Trump bevorzugt – sehen sehr unvorteilhaft aus. Weiteren Rat bieten die Literatur zur Herrenmode und jedes Fachgeschäft. Ausdrücklich gewarnt sei an dieser Stelle lediglich vor der Verwendung von Wappen und Mustern (z.B. »regimental stripes«), die anderen zustehen. Und natürlich vor den etwas biederen Krawattennadeln und -klammern. Schließlich ein Wort zum Krawattenwechsel: Abends sollte man eine andere K. als am Tage tragen, egal um welche Veranstaltung es sich handelt.

KUSS

Kussrituale gehören zu nahezu allen Kulturkreisen und Religionen (→ Begrüßung; Ritual). Außer der Hand werden – oder wurden – aus unterschiedlichsten Gründen die Füße, die Schultern, der Boden, die Stirn, die Wange, der Ring, der Mund und der Saum geküsst. Besonders häufig küsst man sich zur Begrüßung, Versöhnung sowie aus Zuneigung und Liebe (→ Geste).

Könige versahen sich als Ausweis der gleichrangigen Nähe mit dem Bruderkuss (→ Akkolade). Der legendäre »sozialistische Bruderkuss« zwischen Breschnew und Honecker gehört dank Barbara Klemm zur politischen Ikonographie des geteilten Nachkriegsdeutschlands. In einem anderen Kontext soll der K. einem Todesurteil gleichkommen: Ob es den mafiösen »Kiss of death« oder »Judaskuss« allerdings wirklich gibt, bleibt im Dunkeln. Jedenfalls ist er hoffentlich nicht auf dem wahren Parkett anzutreffen.

In der Gegenwart ist der K. freilich nur noch spärlich reglementiert. Während die Römer den in der Öffentlichkeit gewährten Kuss sehr ernst nahmen und das *ius osculi* sogar im römischen Recht geregelt war, ist es heute in das Belieben der Beteiligten gestellt, ob und wie sie sich zu welchem Anlass wie oft küssen. Man muss nicht die Details der Kulturgeschichte des K. kennen, um ein Gespür dafür zu entwickeln, ob die mit dem K. verbundene Intimität wirklich angemessen ist. Ein unterschiedsloses »Abbusseln« jedenfalls führt zu einer bedauerlichen Entwertung des sog. social kissings.

Der selten gewordene Handkuss erfordert eine korrekte Ausführung. In Deutschland gewährt zumeist der Herr einer verheirateten oder wesentlich älteren Dame diese Geste der Verehrung und Subordination. Als Gunstbeweis entfernt sie hierfür meist den Handschuh ihrer rechten Hand und hält diese dem Herrn waagrecht auf Brusthöhe hin. Der Herr beugt sich, ergreift die Hand mit seinen Fingerspitzen und deutet den K. an. Der Handkuss ist somit ein nicht gänzlich ausgeführter K. Die Lippen berühren also nicht die Hand. Diese selten gewordene Form der Ehrerweisung ist grundsätzlich geschlossenen Räumen und öffentlichen Räumen der Verabschiedung und der Begrüßung (z.B. dem berühmten Bahnsteig) vorbehalten. Nach traditioneller Auffassung gewähren Herren einander keinen Handkuss. Höchstens hohen Geistlichen. Regelwidrige Ausnahmen kennt auch das internationale Parkett. So küsste Silvio Berlusconi im März 2010 während des 22. Gipfeltreffens der *Liga der arabischen Staaten* im libyschen Sirte die Hand von Muammar al-Gaddafi. Dass ausgerechnet der polnische Politiker Jarosław Kaczyński bei Receiving lines mehrfach Herren die Hand küsste, wird wohl ein Versehen gewesen sein.

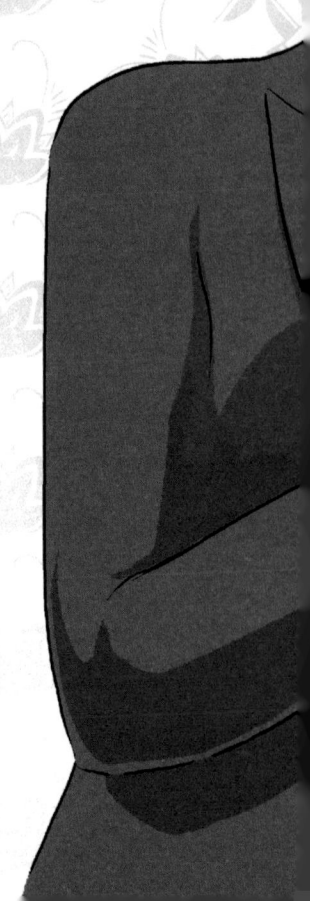

M

MAJESTÄT

*Euere Kaiserliche und Königliche Majestät möchte ich um einen
Allerhöchsten Gnadenbeweis für den im Ober-Hofmarschallamt
thätigen Hofstaatssekretär Hofrath Schiffmann in aller Erfurcht
bitten. [...] und ich darf ihn Euerer Kaiserlichen und Königlichen
Majestät deshalb unbedenklich zu einem erneuth Allerhöchsten
Gnadenbeweise ehrfurchtsvoll in Vorschlag bringen.*
[Schreiben vom 12. Dezember 1906; Geh. Staatsarchiv Preuß. Kulturbesitz]

Diese Königen und Kaisern vorbehaltene Anrede bereitet noch
heute manchmal Schwierigkeiten. Zunächst ist zu klären, ob man
es überhaupt mit einer M. zu tun hat. Wem dieser Titel zusteht,
richtet sich nach den Bestimmungen des betroffenen Staates. In
der Regel sind es der männliche oder weibliche Souverän und sein
Ehepartner. In manchen Fällen auch andere Mitglieder der königlichen Familie, z.B. von 1952 bis 2002 die britische Königinmutter
(Her Majesty Queen Elizabeth The Queen Mother). Ist geklärt,
ob dem Adressaten die M. zusteht, müssen für die Anrede oder
sonstige Verwendung noch das richtige Pronomen (Eu(e)re, Euer,
Ihre) und die korrekte Abkürzung (Seine Majestät: S.M.; Ihre
Majestät: I.M.; Ihre Majestäten: I.I.M.M.) gefunden werden.

Auch nach Untergang der Österreichisch-Ungarischen Monarchie sowie des deutschen Kaiserreichs gab es in manchen Fällen M.,
die gleichzeitig königlich und kaiserlich waren. Da König Georg
VI. auch Kaiser von Indien war, war dessen Gemahlin Queen Elizabeth bis 1952 gleichzeitig »Queen Consort« von Großbritannien
und Nordirland und »Empress Consort«. Weitere Adjektive lassen
sich heute kaum noch finden. Während in früherer Zeit fein zwi-

schen *allerchristlichsten, allergetreuesten* und *apostolischen* M. unterschieden wurde, erfreut sich in der Gegenwart vor allem noch
das spanische Königshaus eines weiteren Zusatzes (»Su Majestad
Católica«).

Begegnet man einer M., sind landesspezifische Besonderheiten
des Protokolls, vor allem auch der Anrede zu beachten. I. M. Königin Elizabeth II wird man zunächst mit »Your Majesty« anspre-
chen, im Verlauf des Gesprächs aber zu »Ma'am« (ausgesprochen
wie das englische Wort für Konfitüre: »jam«) übergehen.

In Deutschland spielte der Majestätsbegriff vor allem im Zusammenhang mit der Diskussion um die sog. Majestätsbeleidi-
gung (§ 103 StGB – »Fall Böhmermann«) eine Rolle.

MAJORDOMUS

Das wichtige Amt des M. ist vielen wohl nur noch aus Vatikan-
Krimis geläufig. Wer kennt gar die deutsche Bezeichnung »Haus-
meier«? Dabei ist der M. im protokollarisch-zeremoniellen Kon-
text immer noch wichtig. Wenn auch sein politisch-militärischer
Einfluss seit dem Frankenreich und den Zeiten des spanischen
Hofzeremoniells rapide zurückgegangen ist.

Je nach Kontext leitet der M. den Haushalt eines herausragenden
staatlichen oder kirchlichen Repräsentanten. Dies kann ein Staatsoberhaupt, ein anderes Verfassungsorgan, ein Mitglied einer königlichen Familie oder ein Botschafter sein. Als »Verwalter des Hauses« ist der M. eine Respektsperson, die für die Vorbereitung und
den reibungslosen Ablauf aller Ereignisse im Haus verantwortlich
ist. Er kümmert sich um die gesamte Fülle von protokollarischen
Details: Abläufe, Beflaggung (→ Flagge), Blumen, Drucksachen,
Personal, Küche, Speisen und Getränke, Möblierungen, Kleidung,
Orden etc. Der M. ist ein wichtiger Mitarbeiter und Ratgeber, auch
des Chefs des Protokolls, sofern es denn einen solchen gibt. Im
Übrigen steht er den Gästen mit Rat und Tat zur Verfügung. Im
Schloss Bellevue heißt er »Hausintendant«.

Ein M. ist stets diskret. Weil das häusliche Personal aber vieles sieht und manches hört, ist es auch für die Geheimdienste interessant. Berühmt wurde Elyesa Bazna, der im Zweiten Weltkrieg als Kammerdiener des britischen Botschafters in Ankara Sir Hughe Montgomery Knatchbull-Hugessen KCMG (= The Most Distinguished Order of Saint Michael and Saint George) arbeitete und für den »Sicherheitsdienst des Reichsführers SS« spionierte. Doch konnte er mit dem Agentenlohn nicht viel anfangen – seine Auftraggeber hatten ihn überwiegend mit Pfundnoten bezahlt, die im KZ Sachsenhausen gefälscht worden waren.

MANIEREN

Von dem tungusischen Schaman, bis zu dem [...] europäischen Prälaten ... ist zwar ein mächtiger Abstand in der Manier, aber nicht im Princip zu glauben.
[Immanuel Kant, Die Religion innerhalb der Grenzen der bloßen Vernunft]

Gute M. sind nützlich für das Zusammenleben und nützlich für jeden Einzelnen. Ja, sie sind ein hartes Auswahlkriterium (→ Vorwort). Der Sinn guter Umgangsformen erschöpft sich aber nicht in diesen utilitaristischen Erwägungen. M. sind vielmehr ein essentieller Teil des Menschseins. Verschwinden Höflichkeit, Rücksicht und Zurückhaltung aus unseren Umgangsformen, wird es sehr schnell animalisch. Man denke an die Szenen, die sich vor und in einem Discounter abspielen, wenn es ein »Schnäppchen« zu erjagen gilt. Wie wohltuend aber ist dieselbe Situation, wenn sich alle ihrer guten M. erinnern.

In Deutschland scheinen die M. weniger gefestigt und selbstverständlich zu sein als in anderen Ländern. Dieser kleine »Deutsche Sonderweg« ist im Kontext der vielen historischen Zäsuren und politischen und gesellschaftlichen Umbrüche zu sehen (→ Vorwort). Die mit ihnen einhergehende Verunsicherung wurde in jüngerer Vergangenheit durch die Globalisierung und digitale

Revolution weiter verstärkt. Viele scheinen schlicht nicht mehr zu wissen, wie sie sich verhalten sollen.

Was aber sind eigentlich diese M.? Seit die höfische Welt im Verschwinden begriffen ist, werden Etikette und M. nahezu synonym verwandt. In diesem Sinne bezeichnen M. den unterhalb des Rechts angesiedelten und ungeschriebenen Kodex von Umgangsformen.Wobei fraglich ist, ob diese sozialen Normen nicht von größerer Bedeutung sind als das Recht. Jedenfalls formulierte dies Edmund Burke, ein Begründer des Konservatismus, im Jahre 1796 so: »Manners are of more importance than laws. Upon them, in a great measure, the laws depend.« Aus juristischer Sicht kann nur davon abgeraten werden, aus diesem charmanten Gedanken konkrete Schlussfolgerungen zu ziehen. Versteht man die Freiheitsrechte richtig, ist schlechten M. weder mit dem Recht noch mit überrechtlichen Kategorien beizukommen.

Im Mittelpunkt dieses Kanons des Schicklichen stehen Aufmerksamkeit, Taktgefühl, Anstand und Zurückhaltung. M. sind ein wichtiges soziales Kapital und das Fundament kultureller Kompetenz. Wie die Etikette sind die M. vom Kulturkreis und den Usancen der gesellschaftlichen Gruppe abhängig. Ihre Verbindlichkeit entsteht dann, wenn ihnen die Mehrheit Geltung verschafft. M. sind identitätsstiftend. Anders ausgedrückt können sie als Verhaltenscode auch über eine soziale Zugehörigkeit oder den Ausschluss von einer Gruppe entscheiden (→ Tischsitten).

Eine eigene Untersuchung verdiente der Zusammenhang zwischen M. und Macht. Gerade die gegenwärtige Renaissance des Populismus bietet zahlreiche Beispiele von Akteuren, die sich in ihrem Sozialverhalten bewusst von der Mehrheit abgrenzen, ja deren schlechte M. zu einem Markenkern geworden sind.

Es liegt an uns allen, den sozialen Regeln ein individuelles Antlitz zu geben. Die Regeln unseres Zusammenlebens sollte man deshalb kennen, um jeweils darüber entscheiden zu können, ob und wie man sie beachtet oder eben lieber nicht beachtet. Ihren Reiz entfalten alle gesellschaftlichen Normen erst, wenn neben der Konformität des Handelnden auch seine Individualität zum

Vorschein kommt. Da wir unser Verhalten aber reflektieren und kontrollieren, uns zusammenreißen und nicht gehen lassen, gehört eine leichte Anmutung der Künstlichkeit zu den Wesensmerkmalen feiner M. Fritz J. Raddatz fasste dies in seinen Tagebüchern schön zusammen: »Manieren sind ja auch Lüge, aber angenehmer als ›Hoppla‹«.

Sie sind keine feste Größe, vielmehr ändern sie sich stetig, weil wir uns selbst ändern und auch die Welt nicht still steht.

Zentraler Lernort von M. ist die sprichwörtliche »Kinderstube«. Sie werden nicht vererbt, sondern durch einen ebenso aufwendigen wie mühsamen Erziehungsprozess erlernt. Wir können den Eltern, die dies ernst nehmen, gar nicht dankbar genug sein.

MATINEE

Die M. ist das am Tage stattfindende Pendent der Soiree. Anders als es der Name vermuten lässt, kann diese jedoch bis zum Nachmittag stattfinden. Während an das künstlerische Niveau der Darbietungen derselbe Maßstab angelegt wird wie bei einer Soiree, sind der zeremonielle Rahmen und die Dauer der Tageszeit angepasst. Eine M. ist demnach kürzer und weniger feierlich als eine Abendgesellschaft. Daher ist auch die Kleidung weniger festlich.

MOTTOPARTY

Mögen in früherer Zeit Bälle besonders reizvoll gewesen sein, wenn sie unter einem Motto standen, so haben M. oft nur bescheidenen Charme. Ereignisse der Fastnacht seien hiervon grundsätzlich ausgenommen. Auch andere »Mummerein« können Spaß machen (obwohl die Maskerade nicht mehr erforderlich sein dürfte, um den Zwängen des Protokolls und der Etikette zu entkommen). Arrangement und Motto einer Veranstaltung sollten jedenfalls dezent im Hintergrund bleiben.

N

NÄHKÄSTCHEN

Im Kontext des Protokolls wird oft die Bitte geäußert, man möge doch aus dem N. plaudern. Als gäbe es nichts Interessanteres als die Frage, wie sich hochmögende Persönlichkeiten auf dem Parkett und – vor allem – hinter verschlossenen Türen benehmen und daneben benehmen. Die Bediensteten des Protokolls werden solche Fragen in jedem Falle weglächeln (→ Konversation). Sie wissen nicht einmal, was ein N. ist. Höchstens, dass diese eigentlich auf Damen beschränkte Redewendung auch unter *Gender*-Gesichtspunkten unmöglich erscheint.

NASE

Ohne ins Detail gehen zu wollen, kann es in diesem Handbuch bei der N. nur darum gehen, wie man sie sich richtigerweise putzt. In unserem Kulturkreis erfolgt das »Sich-Schnäuzen« mithilfe eines (Stoff-) Taschentuchs. Jedenfalls nicht mit der Serviette. Dezenz, Geräuschdämmung und Weglassung assistierender Finger sind selbstverständlich. Dies vorausgesetzt, muss man in Deutschland weder die Tafel noch den Gesprächspartner verlassen, um sich die N. zu putzen. In anderen Ländern, z.B. Asiens, wird es anders gehandhabt. Wer sich in Japan während eines Essens die N. putzen muss, verlässt auf jeden Fall die Tischgemeinschaft und sucht das Klo auf.

NEBENESSEN

Das N. ist keine Zwischenmahlzeit, sondern ein vom Chef des Protokolls in der Tradition der höfischen »Marschalltafel« für hochrangige Delegationsteilnehmer, die nicht am Hauptessen teilnehmen, in einem anderen Raum gegebenes Essen. Teilnehmer eines N. schätzen die Gelegenheit, in einer durch die Dienstherren unbehelligten Atmosphäre letzte Unklarheiten des Besuchsprogramms (→ Ablauf) zu beseitigen und sich zu unterhalten (→ Konversation).

NEUJAHRSEMPFANG

Seit Papst Innozenz XII. 1691 den 1. Januar zum Neujahrstag erklärt hat, wird das Neue Jahr in den christlich geprägten Kulturkreisen an diesem Tag begangen. Andere Religionen bemessen den Jahreszyklus anders.

Von den zahlreichen N. sind die des Bundespräsidenten und seiner Frau (→ First Lady) als feste Tradition besonders hervorzuheben. Als Höhepunkt des alljährlichen politisch-gesellschaftlichen Kalenders sind sie ein wichtiger Aspekt staatlicher Repräsentation. Mit dem als (mehrstündiges) Defilee gestalteten »Neujahrsempfang für Repräsentanten des öffentlichen Lebens« begehen der Bundespräsident und seine Frau das Neue Jahr gemeinsam mit den wichtigsten Repräsentanten von Staat und Gesellschaft und einer Auswahl ehrenamtlich engagierter Bürgerinnen und Bürger. Damit alles glatt läuft, werden Letztere intensiv auf das Defilee vorbereitet. Umfangreiche »Beipackzettel« und eine Generalprobe dienen dazu, alle Fragen im Vorhinein zu klären.

In zeitlicher Nähe hierzu lädt der Bundespräsident alle Leiterinnen und Leiter der Diplomatischen Missionen und der Internationalen Organisationen zum »Neujahrsempfang für das Diplomatische Corps« ein. Bis zu diesem Defilee ist beispielsweise nicht jedem die

Bandbreite der in Deutschland tätigen internationalen Organisationen geläufig: Die Sekretariate des »Abkommens zur Erhaltung der europäischen Fledermauspopulationen« und des »Abkommens zur Erhaltung der afrikanisch-eurasischen wandernden Wasservögel« seien an dieser Stelle stellvertretend erwähnt. Ebenfalls anwesend sind der Bundesminister des Auswärtigen und der Bundesminister für wirtschaftliche Zusammenarbeit und Entwicklung und andere hochstehende Vertreter der Bundesregierung. Nicht zuletzt wegen der Kleiderordnung (Cut, Tracht, Diplomatenuniform) erfreut sich dieser Empfang einer großen medialen Präsenz.

Die First Lady ehrt durch den von ihr gegebenen N. die Partnerinnen und Partner der Leiterinnen und Leiter der diplomatischen Vertretungen und der internationalen Organisationen sowie zahlreiche Akteure aus dem karitativen Bereich.

Diese Neujahrsempfänge unterscheiden sich somit deutlich von den »Neujahrscouren« des kaiserlichen Hofes in Berlin. Zur Huldigung, Bekräftigung der Loyalität und zur Einführung in die Hofgesellschaft (Initiation) defilierten damals bis zu 4000 Teilnehmer als »Defilir-Cour« (*salut du trône*) an Ihren Majestäten vorbei.

NEUREICH

Zu den *nouveau riche* hat Walther Rathenau alles Nötige gesagt: »Symbolischer Ausdruck dieses Zusammenhanges ist die Parodie altherrschaftlichen Zeremoniells, die von neuem Reichtum affektiert wird: gekaufte Kanonen auf den Terrassen, Fahnen in den Vorräumen, gepuderte Diener auf den Treppenabsätzen, falsche Ahnenbilder an den Wänden, altertümliche Gebräuche an der Tafel, der Empfänge, der Jagd; Wappen, Livreen, Pokale.«

Ein schönes Beispiel für eine solche dekadente Parodie boten die Hochzeitsfeierlichkeiten, die der indische Magnat Gali Janardhan Reddy 2016 für seine Tochter Bramhani ausgerichtet hat. Das Brautpaar soll im Kreise von rund 50 000 Gästen gefeiert haben. Die Kosten werden auf rund 74 Millionen US-Dollar geschätzt.

O

OPER

Nach einem eindrucksvollen Opernbesuch verspüre ich den Drang, auf die nachfolgenden Selbstverständlichkeiten hinzuweisen: Auf dem Weg zu seinem Platz zeigt man den bereits in der Stuhlreihe Sitzenden oder Stehenden in jedem Fall das Gesicht, nicht das Hinterteil. Wenn es schon schwerfällt, die Art und Weise der Kleidung großer Teile des Publikums als dem Anlass angemessen zu erachten, so sind es Körpergerüche und Parfumwolken keinesfalls (→ Rücksicht). Sie können den Opernabend für zahlreiche Sitznachbarn zur Qual werden lassen. Ebenso Husten, raschelndes Bonbonpapier oder knisternde Programmhefte. Auf der anderen Seite unterlässt man es, »Störer« mit einem »Psst!« zu sanktionieren. Vieles von dem oben Geschilderten hat sich leider bei jenem Opernbesuch – Puccini »Tosca« – ereignet. Der Höhepunkt wurde passend zum Libretto im dritten Akt erreicht. Schon den ganzen Abend war der tief sitzende Husten einer Zuschauerin zu vernehmen gewesen, der an Thomas Manns »Zauberberg« erinnerte. Gerade als die wunderbare Arie »E lucevan le stelle« einsetzte, rief jemand der Hustenden mit lauter Stimme zu: »Geh doch nach Hause!« Damit war der Abend gelaufen.

Darüber hinaus ist das Handy ein Thema für sich. Klingeltöne während eines Pianissimo kommen leider besonders gerne vor – vor allem nach der Pause, weil eine Pause ohne Handynutzung keine wirkliche Pause zu sein scheint. Danach vergessen viele, den Flugmodus wieder einzustellen. Ganz unerträglich sind Ankündigungen von einsetzenden Arien, zumal wenn der Ankündigende schwerhörig ist und er deswegen auch mehrerer Plätze weiter gut zu verstehen ist. Für die nicht ganz einfache Frage, wann in der

O. geklatscht werden darf (grundsätzlich nicht bei durchkompo-
nierten O. und nicht während der Szenen) und welche Zwischen-
rufe angebracht und richtig sind (Brava, Bravo, Bravi, Bravissima,
Bravissimo, Bravissimi etc.), gibt es eigene Ratgeber. Jeder wird bei
einem Konzertbesuch schon einmal Zeuge der peinlichen Situation geworden sein, wenn ein anderer Zuhörer lebhaft, aber völlig
allein bleibend zwischen zwei Sätze des Symphoniekonzerts rein-
klatscht. Man muss für diese Fragen kein Musikkenner sein, oft
hilft auch ein vorheriger Blick in das Programmheft weiter.

ORDEN

Sie haben klingende Namen, etwa der päpstliche Silvesterorden,
der Hosenbandorden (The Most Noble Order of the Garter), die
französiche Ehrenlegion (L'ordre national de la Légion d'honneur)
und der schwedische Nordsternorden (Kungliga Nordstjärneor-
den). Schon diese kleine Auswahl zeigt, dass O. meist in einer langen Tradition stehen. Dabei sind sie keine Relikte aus vergangenen
Zeiten, sondern auch für moderne Staaten und ihre Gesellschaften bedeutende Zeichen der Anerkennung und Wertschätzung.
O. und Ehrenzeichen sind Symbole, die der Staat als äußerlich
sichtbares Zeichen des Dankes und der Anerkennung verleiht.
Ein Fauxpas wäre es jedoch, einen Ordensträger sogleich nach den
konkreten Gründen der Auszeichnung zu fragen.

Privilegien sind mit O. kaum noch verbunden. Warum auch?
Die Ehre steht schließlich über allen irdischen Dingen. Auch die
Ordensinsignien werden oftmals nur »verliehen« und sind nach
dem Tode zurückzugeben. Ein echtes Privileg genießen allerdings die Träger des Silvesterordens. Sie dürfen nach wie vor auf
einem Pferd die Treppen zum Petersdom hinaufreiten. Bei meinen
Rom-Aufenthalten stelle ich mir gerne vor, dass ein Ordensrit-
ter in Silvesteruniform und mit Silvesterschwert einem römischen
Kutschfahrer 200 Euro gibt, um auf dem Rücken der bedauerns-
wert ausgemergelten Mähre die Stufen hinaufzureiten.

Historisch betrachtet, versicherte sich der Staat durch die Auszeichnung auch der besonderen Loyalität des Bedachten – ein Aspekt, der auch in der Gegenwart in vielen Fällen zutreffend sein dürfte. Um die Verleihung eines O. bemüht man sich nie selbst. Deshalb haben »Anregungen in eigener Sache« grundsätzlich keinen Erfolg.

Für das Parkett ist vor allem die Frage entscheidend, wann welche O. in welcher Ausführung getragen werden. Für die meisten O. gibt es unterschiedliche Stufen und neben der Herren- auch eine Damenausführung. Die sog. große Ordensdekoration umfasst die Insignien »im Original«. Diese holt man grundsätzlich nur für den großen Gesellschaftsanzug oder das Abendkleid (→ Frack; Kleid; Kleidungsempfehlungen) hervor. Auch wenn Ordensminiaturen in das Knopfloch eines jeden Anzugs (dann bitte mit Krawatte!) passen, richtet es sich doch entscheidend nach dem Kontext des Ereignisses, ob dies wirklich angemessen ist. Ins Kino wird man ohne Ordensminiatur gehen, zu dem aus Anlass des Nationalfeiertages gegebenen Empfang wird man den O. des jeweiligen Landes eher tragen. Zu einer Lederjacke trägt man die Ordensinsignien nicht, obwohl auch das leider vorkommt.

Bei Staatsbesuchen gibt es in seltenen Fällen einen Ordensaustausch. Dieser ist dann eine besondere Krönung des Besuchszeremoniells und Ausdruck einer besonderen Wertschätzung beider Staaten und ihrer Repräsentanten. Der Gast hat hierbei eine höhere Anzahl O. »mitzubringen«. In welchem Verhältnis getauscht wird, ist Gegenstand diskreter, protokollarischer Verhandlungen.

P

PARKETT

Das vorliegende Handbuch, das zu einem möglichst souveränen Auftritt auf allen Fußbodenbelägen beitragen möchte, wurde nach dem P. benannt, dem Sinnbild weltläufigen Benehmens und des Protokolls. Ob nationales oder internationales, privates oder öffentlich zugängliches P. – es ist in vielen Fällen glatt. Selbst wenn es sich um Dielen, Terrazzo, Stein, Teppich oder Laminat handelt.

Auch heute werden wir oftmals nach unserer »Parkettsicherheit« beurteilt. Diese ist noch immer ein wichtiges Kapital im sozialen wie beruflichen Umgang. So manche Einstellung und so manche Beförderung mag an fehlender Parkettsicherheit oder dem »Gabeltest« gescheitert sein (→ Fauxpas; Tischsitten). Es lohnt sich demnach auch in der auf Lockerheit und Vielfalt der Verhaltensformen angelegten Gegenwart, sein eigenes Verhalten zu reflektieren und – wenn nötig – zu ändern. Bescheidenheit und Zurückhaltung mögen hier als Richtschnur dienen.

Im Übrigen ist das P. so vielfältig wie die Kultur. Parkettsicherheit setzt also immer genaue Kenntnisse der Manieren vor Ort voraus. Man muss die Fettnäpfchen schließlich kennen, um ihnen ausweichen zu können.

PARTNER

Zu manchen Ereignissen wird man allein eingeladen, zu anderen mit P. Wenn es hier auch keine ganz klare Regel gibt, wird zu einem sog. »gesellschaftlichen Ereignis« am Abend eher mit P. und zu einem mittäglichen »Arbeitsessen« eher ohne. Im Sinne einer

Gleichbehandlung aller Gäste sollte man grundsätzlich davon absehen, manche von ihnen mit und andere ohne P. einzuladen. Ausnahmen sind hier möglich und manchmal auch sinnvoll. Niemand wird sich echauffieren, wenn der Ehrengast in Begleitung seines P. eingeladen wird, die anderen Gäste aber nur alleine. In anderen Fällen wird man gezielt einen alleinstehenden (früher: »ledigen«) Herrn einladen, damit die Damen-Herren-Aufteilung an der Tafel aufgeht.

Nicht erst seit der etwas irreführend »Ehe für alle« bezeichneten Reform des Familienrechts finden sich in Einladungen statt der traditionellen Formulierung »Gattin« oder »Gatten« häufiger die Formulierungen »Partner«, »Partnerin« oder aber »Begleitung« (→ Dame; Defilee; Einladung; Soiree).

Je nach Kontext ist Unterschiedliches gemeint. Die Formulierung »Partner« legt nahe, dass sich der Eingeladene durch eine Person begleiten lassen möge, mit der er (hoffentlich) dauerhaft in einer Beziehung verbunden ist. In den USA wird hierfür manchmal die Formulierung »with an significant other« als »social term for an intimate relationship« verwandt. Man möge in diesen Fällen also nicht mit irgendeinem Freund, einer Bekannten oder einem Mitarbeiter erscheinen. Hingegen ist die Formulierung »Begleitung« viel offener. Sie ermöglicht es beispielsweise einem katholischen Geistlichen, sich durch eine Mitarbeiterin begleiten zu lassen. Allerdings gibt es auch Einladungen, die sich ihrem Wortlaut nach auf eine »Begleitung« erstrecken, ihrem Kontext nach aber restriktiver zu verstehen sind. Im Zweifel sollte der Gast daher den Gastgeber oder andere Personen, die mit den Details des Ereignisses vertraut sind, um Rat fragen.

Eine andere Frage ist es, wie man sich als P. vorstellt. Sich durch die ebenso kurze wie schlichte – und natürlich mit einem Lachen garnierte – Formulierung »... und ich bin der Mann dazu!« oder auf Englisch »plus one« vorzustellen, wirkt jedenfalls wenig elegant. Nicht einmal seinen Namen zu nennen, grenzt doch sehr an Selbstverleugnung – man präsentiert sich als bloßes »Anhängsel«. Da hilft es, zunächst etwas von sich selbst zu erzählen.

───── PERSONAL ─────

Es versteht sich von selbst, dass wir all denjenigen, die auf dem Parkett arbeiten und für das Gelingen nahezu jeden Ereignisses unerlässlich sind, mit Respekt, Dankbarkeit und Freundlichkeit begegnen. Das gilt in gleicher Weise für den Gast wie den Gastgeber. Hat Letzterer Grund für eine Beanstandung, so artikuliert er diese niemals vor den Gästen. Der Gast seinerseits wird sich immer vergegenwärtigen, dass das zum Dienst eingeteilte P. nicht bei ihm in Lohn und Brot steht, sondern beim Gastgeber. Man bittet das P. demnach in der gleichen Zurückhaltung um etwas, wie man den Gastgeber selbst bitten würde. »Fremdem« P. Bestellungen zuzurufen wie an einer Bar, entspricht in keiner Weise weltläufigen Manieren.

Zum Glück sind auch die Zeiten vorbei, in denen sich Feudalherren als Zeichen ihrer Herrschaft und Herausgehobenheit sowie zur Zierde des hochherrschaftlichen Hofstaates mit möglichst exotischem P. (»Mirabilia et Exoktika«, wie es in alten Akten heißt) umgaben (→ Hof). Kaum zu glauben, dass früher Menschen in Menagerien inszeniert wurden. In den überlieferten Inventur- und Personalakten der Hofstaaten finden sich unter der Überschrift »geringe Personale« Zwerge, Riesen, Chinesen, Insulaner, Kammertürken, Hofmohren und Inselindianer. So werden im Geheimen Staatsarchiv Preußischer Kulturbesitz die »Acta des Königlichen Geheimen Cabinets betr. den Riesen [Carl Johann Ehrenreich] Licht und dessen Angehörige« (1822) sowie die »Acta betr. den Sandwich-Insulaner Harry Maitey«, den »Afrikanischen Diener Itissa (1827-1828) sowie die Chinesischen Diener Assing und Ahock« (1832-1888) verwahrt.

Aber auch die Gegenwart kennt bizarre Beispiele solcher Inszenierungen. So war vor kurzem in einer Zeitung annonciert worden: »Suche schlanke/n Kleinwüchsige/n. Wir suchen für unsere Hochzeit eine/n schlanken Kleinwüchsige/n, die/der im Gollum-Kostüm (Herr der Ringe) im Standesamt mit uns um die Ringe kämpft. Das Kostüm darf hinterher behalten werden, wir kommen für alle Kosten auf. Sie müssen einverstanden sein, dass alles gefilmt und photographiert wird. Wir zahlen 500 Euro. Zeitbedarf etc.« Hoffentlich war es ein *fake*.

PLACEMENT

Mit protokollarischen Ereignissen ist stets eine planvolle Ordnung und Bewegung von Personen in Raum und Zeit verbunden. Ein P. dient hierfür als wichtiger Rahmen. Dies umfasst sowohl die Zuweisung von Sitz- oder Stehplätzen (Tischordnung; Sitzspiegel) – etwa unter freiem Himmel, in Räumen oder in Fahrzeugen – als auch die Strukturierung von Einzügen, Um- oder Auszügen.

Das P. ist damit eine bewusste Anordnung der auf dem Parkett versammelten Menschen. Neben der Gästeauswahl trägt sie entscheidend zum Gelingen einer Veranstaltung bei. Welche Ordnungskriterien – z.B. Rang, Alter (→ Anciennität) und Geschlecht – angemessen sind, richtet sich nach den Besonderheiten des Einzelfalles. Während es bei offiziellen Anlässen eher auf Rang und Funktion der Gäste ankommt, dürften diese bei privat-gesellschaftlichen Anlässen zumeist weniger berücksichtigt werden. Hier ließe man sich eher von Alter, Geschlecht oder einer schlichten Frage leiten: Wer könnte mit wem etwas anfangen?

Neben dem verbindlichen Charakter der Platzzuweisung drückt sich in der Qualität des P. aus, mit welcher Sorgfalt und Kreativität das Ereignis durch den Gastgeber vorbereitet wurde. Wer schon einmal ein aufwendig und großformatig gedrucktes P. eines königlichen Banketts gesehen hat, wird gestaunt haben: über die absolute Perfektion und Eleganz, aber auch über die Gäste, mit deren Anwesenheit nach einer Zusage wohl offensichtlich verlässlich zu rechnen ist (→ Absage).

Ein gut durchdachtes P. ist immer auch Ausdruck der Wertschätzung. Daneben beflügelt und steuert es – jedenfalls bis zu einem gewissen Grade – jede Konversation. Die Erstellung eines

guten P. nimmt viel Zeit in Anspruch. Die Gäste richtig zu platzieren, ist ein kunstvoller Akt, der einerseits geheimnisvollen und vom
jeweiligen Kulturkreis sowie von familiären Usancen abhängigen
Regeln folgt und andererseits eine Fülle von Kenntnissen über den
Ereignisort, den Ablauf und vor allem über die Gäste voraussetzt.

Die Platzierungsregeln lassen sich schlecht verallgemeinern,
weil sie von vielen Details abhängen. So sind für das P. eines
Banketts neben dem Anlass, dem Rangverhältnis der Gäste und
inhaltlichen Bezugspunkten auch die Form und Gestaltung von
Tafel und Stühlen (Größe?, Höhe?, mit oder ohne Rückenlehne?),
der Raum, die Lage der Fenster, Türen und »Feuerstellen«, der
Gang der Sonne, der Aufstellungsort eines Rednerpults, die Art
und Weise der Tafelmusik, etwaige Besonderheiten des Gastgebers und Gastgeberlandes, die Frage, ob mit oder ohne Partner
eingeladen wurde, das Mischungsverhältnis zwischen Damen und
Herren, das Verhältnis zwischen den Mitgliedern der Gastdele-
gation und der Gastgeberseite, körperliche Einschränkungen (z.B.
Rollstühle und Schwerhörigkeit) und fremdsprachliche Kenntnisse von entscheidender Bedeutung. Die Erstellung eines P. wird
hier mehrere Stunden in Anspruch nehmen.

Bei den Tischformen unterscheidet man vor allem runde und
rechteckige Tafeln von »Hufeisen«, »E-Tafeln« und »Kamm-Ta-
feln«. Mit der Auswahl der Tischform und der Anordnung der Tische ist bereits eine erste zeremonielle Botschaft verbunden. Rechteckige Tafeln, die bei allen Monarchenbegegnungen zum Einsatz
kamen und kommen, gelten als »traditioneller«. Die runde Tafel war
früher den *en famille* ausgerichteten Essen vorbehalten. Weiterhin
schätzen es königliche Staatsoberhäupter auch heute meist nicht,
wenn Gäste in ihrem Rücken sitzen. Kaiserliche und königliche
Tafeln waren früher oft nur auf der einen Seite eingedeckt. Den am
Haupttisch Platzierten saß also niemand gegenüber. Somit blieb
der Blick zu den anderen Gästen, die an runden Tischen unterhalb
dieser »tavola imperiale« platziert waren, frei. Anderen Staatsoberhäuptern ist es hingegen oftmals angenehm, inmitten der Gäste zu
sitzen. Das in einem Falle als unhöflich Geltende wird in einem

anderen Kontext als »bürgernah« verstanden. Ovale, fünf- oder achteckige Tische sind auf dem Parkett eher selten.

Welches der richtige Ehrenplatz ist, hängt u.a. auch von der Tischform ab. Vorab ist jedoch zu klären, ob eine ausländische Delegation zu platzieren ist. Diese würde nämlich entsprechend der internationalen sog. diplomatischen Tischordnung vis-à-vis der Gastgeberdelegation platziert. Handelt es sich beispielsweise um ein Essen ohne Partner, welches an einer langen Tafel gegeben wird, sitzt der Ehrengast dem Gastgeber gegenüber in der Mitte der Tafel. Handelt es sich um ein Essen mit Partner – aber ohne internationale Ausrichtung –, so sitzen sich Gastgeber und Gastgeberpartner zumeist gegenüber. Der Gastgeber nimmt den Ehrengastpartner zu seiner Rechten, der Gastgeberpartner hingegen den Ehrengast. Die weiteren Gäste werden entsprechend ihrem Rang und im Geschlecht abwechselnd fortlaufend und beidseitig des Tisches platziert.

Andere Platzierungssysteme sind möglich und bei anderen Tischformen auch geboten. Weiterhin sollten folgende Regeln beachtet werden:

- In Deutschland sitzen Ehe- und andere Paare grundsätzlich nicht nebeneinander und nach Möglichkeit auch nicht am selben Tisch. Für Brautpaare, Jubilare und ältere Personen, die der Assistenz ihres Partners bedürfen, gilt diese Regel nicht. Hingegen werden in südeuropäischen Ländern Paare bei informellen Essen etwas seltener getrennt.
- Ausländische Gäste gehen gleichrangigen deutschen Gästen vor.
- An den Tischenden sitzen grundsätzlich weder Damen noch ausländische Gäste.

In manchen Fällen kann freilich von einem P. abgesehen werden (→ Bunte Reihe). Bei privaten Essen mag es übertrieben sein, die Gäste mit einem ausgefeilten P. zu überraschen. Allerdings ist es auch nicht verboten, sich als Gastgeber vorher Gedanken zu einer möglichst sinnvollen Platzierung zu machen. Die Gastgeber werden sich zunächst fragen, ob es einen Ehrengast gibt. Abgesehen davon, dient die Sitzordnung bei privat-familiären Essen vor allem einer möglichst guten Konversation. Die zentralen Kriterien hierfür sind, wer welche Sprache spricht und wer sich mit wem worüber unterhalten könnte. Daneben dürften die Gastgeber darauf achten, die Paare zu trennen und die Gäste abwechselnd nach dem Geschlecht zu platzieren. Schließlich kann es auch darum gehen, bekanntermaßen »schwierige Gäste« mit solchen zu umgeben, die Konversation beherrschen, Tischsitten pflegen und Humor haben. Eine Freundin von mir sprach in diesem Zusammenhang immer von »Betreuern« und »Fällen«. Eine nur zögerliche Platzzuweisung oder gar spontane »Umsetzungen« können jedenfalls für alle Beteiligten unangenehm sein. Ich habe mir angewöhnt, beim Eindecken darüber nachzudenken, wer neben wem sitzen könnte. Bis alle Gläser poliert sind, ist das P. fertig.

Die nicht mit der Vorstellkarte (→ Defilee) zu verwechselnde Tischführkarte hilft dem Gast, den für ihn vorgesehenen Tisch zu finden. Welches der richtige Platz ist, zeigt ihm dann die oberhalb des Gedecks stehende »Placement-Karte« an. Mit wenigen Ausnahmen beschränkt sich diese auf die um »Herr« oder »Frau« ergänzte Nennung des Nachnamens (also »Herr Müller«, nicht »Herr Dr. Müller«). Außerdem können Tischpläne zur Orientierung des Gastes hilfreich sein. Tische können nummeriert oder mit einem Namen versehen werden. Auf jeden Fall ist es eleganter, wenn die Tischnummern und Namensschilder vor Beginn des Essens wieder entfernt werden.

Wie alle Aspekte des Zeremoniells ist auch die Kunst des P. Wandlungen und Anpassungen unterworfen. Den Platz der deutschen First Lady mit der Placement-Karte »Hausfrau« zu versehen, erscheint trotz der sprachlichen Nähe zum »Hausherrn« heute wie ein Relikt aus einer anderen Zeit. Dabei war dies bis 2007 Praxis in der Villa Hammerschmidt und im Schloss Bellevue.

Leider scheint nicht jedem Gast geläufig zu sein, was selbstverständlich ist: Das P. ist sakrosankt. Die Tischordnung eigenmächtig zu verändern, ist ein schwerer Fauxpas.

Das P. wurde im Übrigen auch in der DDR hochgehalten. Der schöne Imperativ »Bitte Tischordnung streng einhalten!« zierte Schilder, die in manch sozialistischer Gaststätte aufgestellt waren. Freilich waren nicht protokollarische Gründe – oder gar eine gute Konversation – das Ziel für diese Verteidigung der Tischordnung, sondern eine möglichst effektive Sozialkontrolle und Überwachung.

Wie aber verhält man sich, wenn man – vermeintlich oder wirklich – zu schlecht platziert wurde? Während dies in früherer Zeit ein willkommener Anlass für einen Rangstreit gewesen wäre, man also – etwa als zu schlecht platzierter Botschafter – die Tafel verlassen oder aber den Teller umgedreht hätte, um sich ostentativ dem gemeinsamen Essen zu entziehen, übt man sich heute in Zurückhaltung und Großzügigkeit. Angesichts der ohnehin nur noch sporadisch vorkommenden Platzierungskenntnisse wird in den meisten Fällen eine rangwidrige Platzierung ohnehin unbeabsichtigt sein und unbemerkt bleiben. Dies sage man sich, wenn man sich an einem etwas peripheren Tisch oder am Ende der Tafel wiederfindet. Außerdem können Abende auf den »billigeren« Plätzen oftmals lustiger und angenehmer sein als auf den »besseren« – vorausgesetzt, man verdirbt sich nicht selbst durch unnötige Gram das Essen.

PROTOKOLL

Das diplomatische Protokoll ist der Stoßdämpfer der Weltpolitik.
[Hervé Alphand, französischer Diplomat]

Der Begriff leitet sich von dem mittellateinisch »protocollum« [altgriechische Bestandteile: »protos« (»erster«) und »kolla« (»Leim«)] bezeichneten ersten Blatt der im Byzantinischen Reich gebräuchlichen Schriftrollen ab, auf dem u. a. der Aussteller der Urkunde vermerkt war. In der Folge wurden dann die Titelblätter von Gerichts- und Notariatsakten, die den wesentlichen Verfah-

rensgang zusammenfassten, als »Protocoll« bezeichnet. Diese auf
eine inhaltliche Zusammenfassung gerichtete Bedeutung ist heute
sicher die relevanteste. Wer kennt sie nicht, die vor Beginn eines
Elternabends gerichtete Frage, wer denn das P. schreibt? Dass mit
P. und »Protokollerklärungen« auch rechtlich bedeutsame Wil-
lenserklärungen bezeichnet werden, hat sich seit dem »Protokoll
von Kyoto zum Rahmenübereinkommen der Vereinten Nationen
über Klimaänderungen« herumgesprochen.

Im Kontext des Parketts geht es aber natürlich um völlig anderes. Unter P. versteht man hier ein Synonym für das innerstaatliche, diplomatische oder gesellschaftliche Zeremoniell. Dieses als
P. zu bezeichnen, ist in Deutschland erst seit rund hundert Jahren
üblich. Bis zur Weimarer Republik sprach man in diesem Kontext
eher von Zeremoniell oder Etikette.

Das P. hat als kommunikatives Instrument zwei Bestandteile.
Zum einen gewährleistet es den Ordnungsrahmen für viele Ereignisse. Durch diesen wird festgelegt – und oftmals in einem Ablauf
niedergeschrieben –, wer sich wann wie zu verhalten hat. P. dient
demnach der Ablaufsicherheit. Alles soll schließlich so ablaufen,
wie es vorher geplant und abgesprochen wurde. Dadurch vermei-
det das P. Pannen, Peinlichkeiten und Verstimmungen (→ Fauxpas). Mein Amtsvorgänger im Bundespräsidialamt Martin Löer
hat diesen Aspekt des Protokolls griffig mit dem Satz »Protokoll
ist, wenn's klappt« zusammengefasst. Zum anderen ist das P. darauf
ausgerichtet, Inhalte und Botschaften sichtbar zu machen. P. kann
damit als eine ebenso alte wie aktuelle Symbolsprache bezeichnet
werden, die für jeden Staat, die Diplomatie und für viele Teile der
Gesellschaft wichtig ist. Alles Politische bedarf der Sichtbarmachung.

Man denke bei dieser Kunst des Chiffrierens und Dechiffrierens
etwa an die Sichtbarmachung des seiner Art nach unsichtbaren
Staates durch die Staatssymbole. P. dient der Visualisierung von
Staatlichkeit, Legitimität, Macht und politischen Inhalten. Politik
bedarf schließlich stets der Vermittlung und Inszenierung. Dass
es hierbei eine nicht unerhebliche Schnittmenge zwischen Propa-

ganda und P. gibt, hat besonders die deutsche Geschichte gezeigt. Noch heute lässt sich daher eine Zurückhaltung und Behutsamkeit im Umgang mit staatlicher Symbolik und anderen protokollarischen Instrumenten feststellen. Manchmal jedoch auch eine Unbeholfenheit.

Im Übrigen vollzieht sich das P. stets in einem zwischen Tradition und Anpassung liegenden Spannungsfeld (→ Etikette; Manieren; Zeremoniell). Aktuell wurde darüber diskutiert, wie mit dem globalen Terrorismus und dem Gedenken an dessen Opfer symbolpolitisch umgegangen werden soll. Ausgangspunkt dieser Debatte war die Frage, nach welchen Terroranschlägen das Brandenburger Tor als Zeichen der Solidarität illuminiert werden solle. Und natürlich in welchen Farben und mit welchen Symbolen. Mit Gustav Seibt könnte man in diesem Kontext von einer symbolpolitischen Scholastik sprechen.

Das staatliche P. ist demnach immer auch politisch. Im Widerspruch dazu wurde in der juristischen Aufarbeitung des Nationalsozialismus gerne sein unpolitischer Charakter hervorgehoben. So lautete die Begründung für den Freispruch des Staatssekretärs und späteren Staatsministers im Range eines Reichsministers Otto Meissner, der zuletzt Chef der »Präsidialkanzlei des Führers« war, u.a. so: »Seine Haupttätigkeit als Chef der Präsidialkanzlei lag auf dem Gebiet des Protokolls: Ehrenverleihungen, Anordnungen beim Besuch fremder Würdenträger sowie deren Begleitung, dazu alle mit dem Begnadigungsrecht des Staatsoberhauptes zusammenhängenden Angelegenheiten. Er hat der politischen Staatsführung nicht angehört und hatte wenig oder keine Exekutivgewalt.«

Auch für die Diplomatie ist das P. eine wichtige Disziplin (→ u. a. Agrément; Akkreditierung; Anciennität; Flagge; Rang). Hierbei kann es auf jedes Detail ankommen. Nur in seltenen Fällen berichten die Medien über diese diplomatische Formensprache. Etwa die *Bild*-Zeitung am 16. November 2016: »Denn der Ankara-Besuch ist gespickt mit weiteren Nadelstichen der Türken: Mal verzichten sie auf den roten Teppich, mal fehlt an Steinmeiers schwarzem

Daimler die Halterung für die schwarz-rot-goldenen Standarte. Steinmeier nimmt das alles mit Gelassenheit: ›Es waren die erwartet schwierigen Gespräche‹.«

Beim diplomatischen P. erkennt man unschwer eine gewisse, historisch gewachsene und zum Teil völkervertraglich normierte Homogenität der internationalen Formensprache. Mit anderen Worten: Es bedienen sich völlig unterschiedliche Staatsformen und politische Systeme oftmals einer erstaunlich ähnlichen protokollarischen Ausdrucksweise. So auch die DDR und andere Staaten des »Warschauer Vertrages«. Die einer Vorliebe für höfische Kultur unverdächtigen kommunistischen Staaten legten zumeist großen Wert auf Fragen des P. und scheuten sich nicht, höfische und militärische Traditionen fortzusetzen.

Das P. muss daher als politische und diplomatische Kategorie ernst genommen und bereits in den politischen Planungsprozess integriert werden. Hierbei gilt es, die drei Ebenen jeder Kommunikation – Wort, Tat und Geste – als unauflösliche Dreiheit zu begreifen. Dass es sich beim P. um einen zumeist nur mündlich tradierten Erfahrungsschatz handelt, macht die Sache nicht leichter.

Nicht zuletzt ist das P. aber auch für fast alle Bereiche des privaten, gesellschaftlichen und wirtschaftlichen Lebens wichtig. Man denke an Hochzeiten, Begräbnisse, akademische Feierstunden und vor allem natürlich die Liturgie.

PÜNKTLICHKEIT

Eine für das Parkett maßgebliche Tugend. Jedenfalls in unserem Kulturkreis gilt sie als ein Fundament guter Manieren und eine wichtige soziale Norm der Verlässlichkeit (→ Absage). Der Pünktliche räumt der Zeit der anderen denselben Stellenwert ein wie seiner eigenen und lässt eine professionelle Tagesplanung erkennen.

Es ist immer gut, eine Begegnung pünktlich und ohne Hetze zu beginnen. Unpünktlichkeit führt meist zu einer enttäuschten Erwartungshaltung bei dem Wartenden und bedarf stets der Bitte um Entschuldigung. Alles kleine Störungen der zwischenmenschlichen Harmonie, die die Begegnung trüben können.

Trotz der gebotenen P. ist das Warten ein erheblicher Teil des protokollarischen Alltags. In guter höfischer Tradition hat man sich auf dem Parkett daher oftmals in der Kunst geduldiger Erwartung zu üben. Wenn sich also die Prinzipalen bei einem Tête-à-Tête etwas zu sagen haben, muss sich die Entourage in Geduld üben (→ Delegation). Als sich Willy Brandt und Leonid Breschnew während des Staatsbesuchs 1973 vor dem Abendessen in der Dienstvilla des Kanzlers auf dem Bonner Venusberg zu einem Tête-à-Tête trafen, ließen sie die Tischgesellschaft eineinviertel Stunden warten. Das Warten hat sich jedoch gelohnt. Am Ende hatten sich Gast und Gastgeber auf ein Abschluss-Kommunique geeinigt. Weniger erfolgreich verlief der Geschenkaustausch. Der KPdSU-Generalsekretär bekam ein Mercedes-Coupé, den er bei der Probefahrt zu Schrott fuhr. Für Ersatz war aber schnell gesorgt.

R

Im privaten Umgang spielen Fragen des R. heute oft keine Rolle mehr. Soziale Kontakte werden hier durch andere Faktoren bestimmt, etwa Sympathie, Nutzen, Interessen oder Verwandtschaft. Dies bedeutet aber nicht, dass der R. für den privaten Bereich völlig bedeutungslos wäre. Vielmehr entspricht es auch heute noch dem guten, weltläufigen Ton, sich des R. seiner Mitmenschen bewusst zu sein und diesen in angemessener Weise in der Ausgestaltung des Kontakts zu berücksichtigen. Trifft man als junger Medizinstudent auf einer privaten Grillparty auf eine Professorin der Medizin, die gerade den Nobelpreis bekommen hat, wäre es sicher ratsam, eine kleine Ehrerweisung und Gratulation in der ohnehin zurückhaltend geführten Konversation vorzusehen und seine Gesprächspartnerin nicht als »Frau Kollegin« anzusprechen.

Für Protokoll und Zeremoniell sind Fragen des R. nach wie vor von entscheidender Bedeutung. Hier kommt es stets auf eine kontextabhängige Unterscheidung nach R., Funktion (z.B. Gastgeber und Gast) und Geschlecht (→ Herr; Dame) an. Ohne dass hierdurch der grundgesetzliche Gleichheitssatz oder Regelungen zur Antidiskriminierung in Abrede gestellt würden, lebt das Protokoll geradezu von der Distinktion. Hier herrscht zweifellos ein gewisses Spannungsverhältnis zu dem in Rangfragen nivellierenden Zeitgeist.

In einer verlässlichen Zuweisung und Beachtung des R. zeigt sich die Ordnungsfunktion des Protokolls, die auf Verhaltenssicherheit abzielt. Fragen von R. und Vortritt betreffen damit das Kerngeschäft des Protokolls. Die Geschichte der Diplomatie kennt Rangstreitigkeiten absurdester Art. Hierzu zählen Gesandte, die den ganzen Tag auf einer Brücke stehen blieben, weil keiner dem anderen den Vortritt gewähren wollte. Oder sich wahlweise beleidigten und in die Gosse warfen. Mitunter tagte man nur deshalb in Räumen mit mehreren Türen, damit alle gleichzeitig eintreten konnten. Für einige – z.B. Botschafter – wurden beide Flügel einer Tür geöffnet, während für Gesandte und andere nur einer offen stand.

Dass Rangstreitigkeiten sogar tödlich enden können, ist seit dem »Londoner Kutschenstreit« vom 30. September 1661 bekannt (→ Vortritt). Abgesehen davon führten diese Kontroversen über einen langen Zeitraum dazu, dass sich die europäischen Herrscher kaum begegneten. Bevor man nicht klären konnte, wem die Präzedenz gebühre, traf man sich nicht – wenn es denn nicht unbedingt sein musste. Einen Ausweg aus dieser regelrechten Rangfalle bot die Möglichkeit, sich *inkognito* zu treffen (→ Zeremoniell). Anderenfalls blieb nur der Ausweg, sich unter den Bedingungen absoluter Gleichheit zu begegnen.

Ein historisches Beispiel hierfür ist die Begegnung König Franz I. von Frankreich und des englischen Königs Heinrich VIII. auf dem Feld des Güldenen Tuches (Camp du Drap d'Or, Field of the Cloth of Gold) vom 7. bis zum 24. Juni 1520. Die mehrwöchige Begegnung beider Herrscher, an der zigtausende Begleiter teilnahmen, gilt als eine der extravagantesten Zusammenkünfte der Frühen Neuzeit. Alles war darauf angelegt, die Gleichrangigkeit beider Kronen zu unterstreichen. Einerseits der auf dem Kontinent liegende, aber unter englischer Herrschaft stehende Ort, andererseits wurde der Erdboden nivelliert, damit keiner höher residiere als der andere. Jede auch nur empfundene Benachteiligung oder Bevorzugung wurde vermieden. Ein rauschendes Fest wurde gefeiert, mit sprudelnden Weinbrunnen und riesigen Fleischmengen, die verspeist wurden. Dennoch dauerte es 323 Jahre, bis sich erneut ein König von Frankreich und eine Königin von England trafen. Es war Königin Victoria, die diesen Faden 1843 mit einem Besuch in Frankreich wieder aufnahm.

Ein anderes Beispiel ist die 1659 auf der Fasaneninsel (*Île de la Conférence*) durchgeführte Unterzeichnung des Pyrenäenfriedens zwischen Frankreich und Spanien. Kardinal Mazarin und Luis Méndez de Haro trafen sich auf dieser im Grenzfluss Bidassoa gelegenen Insel, also sozusagen auf neutralem Boden. Die Unterzeichnung fand in einem auf der Mitte der Insel errichteten Zelt statt, so dass keiner von beiden das jeweils andere Staatsgebiet betreten musste. Noch heute wird diese knapp 7000 Quadratmeter große Insel kondominial von Frankreich und Spanien verwaltet.

Oft wurden aber auch friedliche Lösungen erzielt. So wird sowohl Kaiser Karl V. als auch Friedrich dem Großen zugeschrieben, dass sie einen Rangstreit zwischen zwei Hofdamen mit den Worten entschieden hätten, dass der Dümmeren der Vorrang gebühre.

Da Rangfragen die internationalen Beziehungen über eine lange Zeit massiv behinderten, setzten sich seit dem Wiener Kongress zunehmend alphabetische und an der Anciennität ausgerichtete Ordnungssysteme durch. So orientiert sich der R. ausländischer Botschafter am Datum der Überreichung ihres Beglaubigungsschreibens (→ Anciennität). Anders wird lediglich der Apostolische Nuntius behandelt. In Deutschland – und in vielen anderen Staaten, die mit dem Heiligen Stuhl diplomatische Beziehungen unterhalten – ist er als Doyen (»Dekan«) des Diplomatischen Korps der Anciennität enthoben. Ungeachtet seines Dienstalters gebührt ihm somit der erste Rangplatz. Er repräsentiert das Diplomatische Korps auf dem Parkett und vermittelt bei etwaigen Unstimmigkeiten. Als (Erz-)Bischof und Leiter einer Diplomatischen Mission ist der Nuntius eine Exzellenz doppelten Rechts.

Auch das Alphabet ist ein effizientes, dem Los und Zufall ähnliches System – jedenfalls dann, wenn man sich auf eine gemeinsame Sprache verständigt. Bei den Vereinten Nationen und bei vielen Konferenzen waren die Bundesrepublik Deutschland und die DDR daher nebeneinander platziert (»Rép. Dém. Allemande«, »Rép. Féd. Allemagne« oder GDR neben FRG).

Das Deutsche Kaiserreich trieb die Rangdifferenzierung mit seiner nahezu byzantinischen Prachtentfaltung (→ Symbol) auf die Spitze. Die letztmalig 1878 geänderte Preußische Hofrangliste kannte stolze 62 Rangstufen. Es erstaunt deshalb wenig, dass Kaiserin Augusta einem Legationssekretär, der während eines Hoffestes irrtümlicherweise in ihr Boudoir geraten war und sich ihr vorgestellt hatte, entgegnete: »Ich spreche regelmäßig zu den Botschaftern, sehr oft zu den Gesandten, manchmal zu den Geschäftsträgern – nie mit Legationssekretären.« Die Österreichisch-Ungarische Monarchie stand dem in nichts nach. Kaiser Franz Joseph I. gab beispielsweise niemals den Botschaftsräten die Hand. Sein Außenminister, Gustav Sigmund Graf Kálnoky von Kőröspatak, hatte eine noch ausgefeiltere Gestik entwickelt (→ Geste): Die ganze Hand reichte er nur den Botschaftern, den Gesandten immerhin vier Finger und drei allen anderen.

Im heutigen Deutschland gibt es keine verbindliche Regelung des protokollarischen R. Gemäß einer gefestigten Übung ist jedoch allgemein anerkannt, dass der Bundespräsident als Staatsoberhaupt das protokollarisch ranghöchste Verfassungsorgan des Bundes und damit der höchste Repräsentant des Staates ist. Gemäß der Staatspraxis folgen ihm als andere »Verfassungsorganrepräsentanten« der Präsident des Deutschen Bundestages, der Bundeskanzler, der Präsident des Bundesrates und der Präsident des Bundesverfassungsgerichtes (das Grundgesetz kennt nur die jeweils männliche Formulierung). Die protokollarische Rangordnung der übrigen Repräsentanten von Staat und Gesellschaft ergibt sich aus den Besonderheiten des jeweiligen Amtes im systematischen Kontext.

Die korrekte Rangzuweisung ist u. a. für die Anrede, den Vortritt und die Platzierung (→ Placement) entscheidend. Sie ist jedoch niemals starr und automatisch. Manchmal sind auch im Protokoll andere Aspekte wichtiger als der R. Bestimmte Ereignisse bedürfen regelrecht der zeremoniefreien Ausgestaltung (→ Zeremoniell). Wenn Repräsentanten des Staates auf Überlebende eines Unglücksfalles treffen, ist kein Raum für eine diffizile Rangdifferenzierung. Hier steht die Anteilnahme von Mensch zu Mensch im Vordergrund.

RAUS-WIE-REIN-GRUNDSATZ

Nach dem protokollarischen R. korrespondiert die Verabschiedung mit der Begrüßung. Neben einem Streben nach Harmonie, das allem Zeremoniellen innewohnt, ist dies vor allem dem Bemühen geschuldet, Wechsel von Macht- und Einflusssphären durch Milderungsrituale und Schwellenriten zu unterstreichen (→ Begrüßung; Ritual; Übergangsriten). Wenn ein Gast am Wagen begrüßt wird, sollte der Gastgeber ihn auch dort verabschieden (→ Verabschiedung).

RECEIVING LINE

Die R. hilft, mehrere Personen einer oder mehreren herausragenden Persönlichkeiten vorzustellen. Hierzu werden diejenigen, die dem Ehrengast vorgestellt werden sollen, nebeneinander aufgestellt. Während der Ehrengast an dieser R. vorbeischreitet, übernimmt der Gastgeber die Vorstellung. Eine solche R. ist beispielsweise stets vor einer Begrüßung mit militärischen Ehren vorgesehen.

Bei einem Defilee hingegen begrüßen die stehenden Gastgeber und Ehrengäste die eintreffenden Gäste. Hier stehen also die eintreffenden Gäste im Mittelpunkt. Sie sollen Gelegenheit haben, den im Defilee Aufgereihten kurz persönlich zu begegnen. Betonung auf *kurz*. Längere Unterhaltungen, die Übergabe von Geschenken und Petitionen und individuelle Photoaufnahmen – oder gar »Selfies« – sollten unterbleiben.

RESPEKT

R., Rücksicht und Zurückhaltung sind Grundpfeiler guter zwischenmenschlicher Beziehungen, ja zentrale Tugenden weltläufigen Benehmens. Mit R. wird die jedem anderen geltende Aufmerksamkeit, Achtsamkeit, Wertschätzung und Ehrerbietung bezeichnet, die für den Umgang unerlässlich sind. Das Parkett kennt somit nur »Respektspersonen«.

Der R. knüpft an die Würde jedes Menschen an. Es bedarf daher keiner besonderen Gründe für einen respektvollen Umgang. Jeder verdient Respekt, vor allem die Schwachen (Römer 15:1). Nach traditioneller Auffassung gebühren der Dame, älteren Menschen und den Eltern besonderer R. (→ Anciennität). Andere Gruppen haben dieses Privileg in der jüngeren Vergangenheit oftmals eingebüßt, zum Beispiel Lehrer, Beamte und Richter. Mir scheint, dass wir heute viel individueller entscheiden, wem wir aus welchen Gründen einen besonderen R. zu zollen bereit sind. Hierbei kommt es weniger auf den Rang an als auf subjektiv beeindruckende Leistungen und Erfolge – und vielleicht den Umgang mit Misserfolgen und Schicksalsschlägen. So viel zur Theorie. In den Sozialen Netzwerken und Wahlkämpfen herrscht weltweit ein anderer Ton. Diffamierungen, Hetze und *Fake News* sind die Mittel derjenigen, denen es allein auf eine aggressive Durchsetzung ihrer eigenen Interessen ankommt. Es wird Zeit, sich gegen diesen »Survival of the Fittest« zu stellen und unseren Zusammenhalt zu stärken. Ein respektvollerer Umgang wäre ein guter Anfang.

RESTAURANT

Was früher der große private Haushalt (→ Hof) war, ist heute zumeist das R. Während für andere Lebensbereiche eine »Flucht in das Private« beschrieben wird, ist beim Essen eine gegenläufige Flucht in die Öffentlichkeit zu beobachten. Diese besondere Mischung aus privat-vertraulich und öffentlich stellt das Verhalten aller auf die Probe. Der Wunsch eines jeden Gastes, sich wohlzufühlen, sich also möglichst ungestört und so zu verhalten, wie er dies auch zu Hause täte, kollidiert mit den Wünschen der anderen. Man ist eben nicht unter sich, was besondere Rücksicht und Zurückhaltung erfordert. Selbstverständlich gilt

dies für jeden Aufenthalt in öffentlichen Räumen, z. B. in einem
Hotel.

Zwar kann man die in unmittelbarer Nähe sitzenden »Tischnachbarn« auf dezente Weise begrüßen. Ein beherzt in den Gastraum ge-
rufener Gruß scheidet hierfür jedoch grundsätzlich aus. Es versteht
sich von selbst, dass man nur der Konversation am eigenen Tisch
folgt. Nebentische sind tabu. Aber auch die Tischgemeinschaft
selbst erfordert ein besonnenes Verhalten. Anders als bei Begegnungen im Privaten, bei denen die Rollen des Gastgebers und Gastes
klar verteilt sind, gibt es eine solche ausdrückliche Zuweisung im R.
oftmals nicht. Umso wichtiger ist es, sich rechtzeitig klarzumachen,
ob es überhaupt einen Gastgeber gibt oder nicht (→ Bezahlen).

Das hat Konsequenzen. So entspricht die Bescheidenheit des
Gastes der Großzügigkeit des Gastgebers. Der Gastgeber wird alle
Aspekte des Aufenthaltes in sorgfältiger Weise rechtzeitig durch-
denken, um dem Gast ein so angenehmes »Gastmahl« wie mög-
lich zu bescheren. So als träfe man sich beim Gastgeber zu Hause.
Der Gast wird seinerseits versuchen, den Gastgeber so weit bei der
Durchführung des Essens zu unterstützen wie möglich.

Auch wenn es keinen Gastgeber gibt, man sich insofern als
»Selbstzahler« in einem R. trifft, ist im Falle größerer Vermögens-
unterschiede der besser Ausgestattete gut beraten, bei der Auswahl
der Speisen und Getränke zurückhaltend zu sein, da die andere
Partei sonst in gewisse Verlegenheiten kommen könnte.

Im Übrigen gelten für die Tischgemeinschaft die allgemeinen
Regeln guter Manieren und Tischsitten. Das Verhältnis zwischen
Herr und Dame etwa ist im R. – ebenso wie an anderen Orten – von
Haltung, Respekt, Rücksicht und Zurückhaltung geprägt. Nach traditioneller Auffassung betritt der Herr das R. als erster und hält die
Türe auf, hilft der Dame aus dem Mantel, führt sie zum Tisch und
überlässt ihr die Platzwahl. Natürlich nur, wenn sie sich dies nicht
verbietet. Der Herr wird ihr diese Assistenzen anbieten und diese sofort unterlassen, wenn sie der Adressatin unangenehm wären. Noch
komplizierter wird es beim Bestellen und Bezahlen. Früher – und
glücklicherweise in einigen Fällen auch heute noch – erkundigte sich

der Herr nach ihren Wünschen, bestellte und bezahlte für sie. Das ist in Deutschland aber wirklich selten geworden. Entsprechend sind die früher üblichen »Damenkarten«, also Speisekarten ohne Preisangaben, nahezu ausgestorben. Der Herr muss daher mit Fingerspitzengefühl erspüren, ob es angemessen ist, die Bestellung aufzugeben und die Rechnung zu begleichen. Was bei einem Rendezvous passt, wäre bei einem Mittagessen mit einer Kollegin vielleicht unpassend. Wenn die Dame selbst bestellen möchte, sollte der Herr sie jedenfalls zuerst bestellen lassen.

RITUAL

Jeder kennt die kleinen R., die den Alltag – ob bei der täglichen Rasur oder der Kindererziehung – prägen. Botho Strauß nannte diese R. des Alltags in seinem Erinnerungsbuch *Herkunft* »bergende Zeremonien«. »Sie sind für den einzelnen zuweilen das, was die Institutionen für die Gemeinschaft bedeuten: diese Regeln, die man durchaus nicht als leer ansehen mag, da sie offenkundig die Selbsterhaltungskräfte stärken.« R. helfen uns, besser mit dem Chaos des Lebens umzugehen. Von der Geburt bis zum Tod sind sie allgegenwärtig.

R. sind sich wiederholende oder außergewöhnliche Handlungen von symbolischer Bedeutung. Sie können nur im kulturellen Kontext verstanden werden und bleiben uns manchmal dennoch befremdlich. Für den hiesigen Kulturkreis sind etwa die ritualisierte Selbsttötung der japanischen Kriegerkultur (sog. Seppuku) und ihre normative Strenge kaum zu begreifen.

R. bestimmen nahezu jeden Aspekt des menschlichen (privaten) Lebens. Zugleich sind sie ein fester Bestandteil der politischen Kulturen. Jede Organisation bedarf zu ihrer Sichtbarmachung der symbolisch-rituellen Repräsentation.

Es ist deshalb wichtig, ein gutes Gespür für die rituelle Kommunikation zu entwickeln. Dies bedeutet z. B., dass man althergebrachte R. als politisches »Kulturgut« nur behutsam ändern und anpassen sollte. Zu denken wäre hier an die Neujahrsempfänge des Bundespräsidenten, die hin und wieder leichte Anpassungen erfahren haben. Wenn aber parlamentarische Debatten in einer ritualisierten Form erstarren, ist Handlung geboten. Vor einigen Jahren wurde etwa die Fragestunde des Deutschen Bundestages als »höfisches Ritual« kritisiert und eine Reform derselben angeregt.

ROTER TEPPICH

Im Allgemeinen gilt er als Synonym für die sog. gehobene Gesellschaft und – leider – auch für das Protokoll. Er verbindet in gewisser Weise das ernst zu nehmende politische Parkett mit der Welt der Stars und Sternchen, die die Italiener so trefflich »Costume e Società« bezeichnen.

In manchen Fällen kann es sinnvoll sein, den R. links liegen zu lassen, um von den Photojournalisten unbeobachtet zum Ereignisort zu gelangen. In anderen Fällen wäre es ein unverzeihlicher Fauxpas, nicht über den R. zu schreiten. Die richtige Fortbewegungsart auf diesem kostbaren Gewebe ist auf jeden Fall das Schreiten, im Falle einer Begrüßung mit militärischen Ehren sogar das Abschreiten (der Ehrenformation). Stets würdevoll und ohne Hast, also gemessenen Schrittes ist hier die Devise. In keinem Fall fährt man über einen R. (weder auf ihm noch über ihn hinweg). Dies hieß die großzügige und ehrentbietende Geste des den R. ausrollenden Gastgebers mit Füßen zu treten. Der R. ist als fester Bestandteil des Besuchszeremoniells eine international bekannte und anerkannte Geste der besonderen Ehrerweisung.

Diese besondere Begrüßungs- und Willkommensgeste ist kostbar und teuer. Nicht nur im historischen Sinne, denn bei den Phöniziern gab es keine teurere Farbe als das aus den namensgebenden Purpurschnecken gewonnene Rot. Es mussten die Hypobranchialdrüsen tausender Schnecken zermalmt werden, um in einem aufwendigen Verfahren roten Farbstoff zu gewinnen. Kein Wunder, dass dieses Rot den Imperatoren, Senatoren und Magistraten vor-

behalten war. So gehörte zu hochstehenden römischen Haushalten auch ein Sklave *a purpuris*, der sich um die purpurfarbene Kleidung kümmerte.

Obwohl Rot heute nicht teurer ist als andere Farben, wird ihm noch immer ein besonderer Wert zugesprochen. Vor allem im Sinne eines raren Gebrauchs. Liegt der R. täglich aus, ist er als besondere Geste unbrauchbar. Schreiten alle über ihn, ist eine Distinktion unmöglich. Kaum erklärlich ist folglich der ganzjährige Einsatz des R. in manchen Häusern und Institutionen. Man denke nur an all die verschmutzten roten Ganzjahres-Treppenbeläge auf den Freitreppen einiger Konzerthäuser, beispielsweise am Gendarmenmarkt.

Im Protokoll eingesetzt, ist die entscheidende Frage, wem ein R. zukommt und wem nicht. Auf den Stufen des Portals von Schloss Bellevue ist der R. beispielsweise immer dann zu sehen, wenn ein anderes Staatsoberhaupt zu einem offiziellen Termin erwartet wird. Regierungschefs, Außenminister, Parlamentspräsidenten und andere Verfassungsorganrepräsentanten müssen sich im Regelfall mit dem blanken Steinboden begnügen (Distinktionsfunktion des Protokolls). Bei einer Begrüßung mit militärischen Ehren schreiten der Bundespräsident und sein Gast über einen 65 Meter langen R.

RÜCKSICHT

Unsere Umgangsformen sollten von R. geprägt sein. Dies folgt aus der ebenso simplen wie wichtigen Erkenntnis, dass die menschliche Existenz niemals singulär ist, jedes Recht und jede Freiheit daher immer durch die Rechte und Freiheiten der anderen begrenzt werden. Die R. als DNA guter Manieren zu bezeichnen, dürfte nur leicht übertrieben sein. Ohne R. gibt es weder gute Manieren noch weltläufiges Benehmen. Wie anders sieht unser Alltag aus. Das Ausmaß der Rücksichtslosigkeiten ist wirklich erstaunlich.

Rücksichtnahme erfordert stets ein gutes Gespür. Zum Beispiel ein »Raumgefühl« für die eigene Sphäre, hier im Sinne der physischen Reichweite des eigenen Körpers. Es ist nicht verwunderlich, dass es für eines der Zauberwörter britischer Manieren – den »personal space« – nicht einmal eine deutsche Entsprechung gibt. In Deutschland rückt man sich leider zu oft »auf die Pelle« oder aber es wird hemmungslos gerempelt. Armlehnen wird jeder begrenzende Charakter abgesprochen, im Gegenteil scheint es einen unausgesprochenen Wettbewerb zu geben, dass gewonnen hat, wer mit seinem Arm zuerst in den Luftraum des Nachbarn eindringt und diese Position auch erfolgreich verteidigt. Unterstützt wird dieses Manöver durch eine parallel geführte Bodenoperation: Es gilt, den »Kampf der Knie« für sich zu entscheiden, denn der jedem Reisenden zur Verfügung stehende Raum wird bekanntlich immer knapper und teurer. Vordersitze werden ruckartig und ohne jegliche R. auf den Nachbarn dahinter zurückgestellt. Es ist ja schließlich sein Pech, den mit heißem Kaffee gefüllten Pappbecher so unvorsichtig abgestellt zu haben.

Der Raum ist knapp. Deshalb ist auch wenig erstaunlich, dass man als Reisender nur im besten Eigeninteresse handelt, wenn man so viel Staufläche wie möglich mit eigenem Gepäck belegt. Liegt aber im Gepäckfach schon ein anderes zartes Gepäck- oder Kleidungsstück, dann lege man einfach seinen Hartschalenkoffer darauf. Der Eigentümer dieser Dinge hat wohl einfach nicht begriffen, dass schwere Koffer zuerst eingeladen werden – auch aus Gründen der Sicherheit (»herausfallende Gepäckstücke ...«) und Stabilität. Anderen Reisenden (z.B. Damen, Älteren, Kleineren und Kindern) dabei zu helfen, ihre Gepäckstücke zu verstauen, ist leider nicht möglich, weil man als moderner Reisender der Gegenwart sofort vollverkabelt und mit rauschunterdrückenden Kopfhörern auf seine digitalen Endgeräte starrt. Schließlich gilt es, die letzten Minuten des Anschlusses an die digitale Welt zu nutzen, bevor die Folteransage »Bitte schalten Sie den Flugmodus an!« ertönt. Ist man erst wieder gelandet, gilt dasselbe. Niemandem kann in den Mantel geholfen werden, das Flugzeug muss schließlich in einem Tempo verlassen werden, als wäre Feuer ausgebrochen.

Beispiele dieser Art lassen sich beliebig fortsetzen (Kampf um den »Bürgersteig«, die Straße, Bibliotheksplätze, Liegeplätze im Schwimmbad etc.). Die U- oder S-Bahn wird zunehmend als private Wohnung genutzt, man schminkt und desodoriert sich, lackiert sich die Fingernägel, isst, trinkt, hört Musik, unterhält sich laut, auch über Intimstes (→ Konversation), oder aber man tauscht in exzessiver Weise Zärtlichkeiten aus. Sich im Großraumabteil ausgiebig zu parfümieren (Parfum ist kein taktisches Erkennungszeichen für Begegnungen im Dunkeln!), ist leider auch alltäglich. Ebenso der schlafende Reisende. Zur Tiefenentspannung ruhen seine beschuhten Füße natürlich auf dem gegenüberliegenden Sitz (auf dem gerne ein anderer Platz genommen hätte und der ebenso gerne sauber geblieben wäre).

In Anlehnung an die Darwin'sche Evolutionstheorie scheint der Alltag der Gegenwart als ein Ort der Bewährung jedes Individuums gesehen zu werden. Besonders denke ich hier an die üblichen Szenen an Flughäfen und Bahnhöfen, kurz bevor der Schalter geschlossen wird oder der Zug abfährt. »Frauen und Kinder zuletzt!« scheint hier die Devise zu sein.

Wem diese Beispiele noch nicht deutlich genug sind, unternehme eine Reise nach Japan. Jeder Gang durch die dortigen Städte, jede Zug- und U-Bahnfahrt ist ein Beispiel dafür, dass sich Menschen auch und gerade in Massen menschlich und voller R. verhalten können. Es sei denn, es gilt noch schnell den U-Bahn-Waggon zu befüllen, bevor sich die Türen schließen. Die dort ansonsten gelebte Ordnung und Disziplin schafft ja erst die Voraussetzung, um individuelle Bedürfnisse und Freiheiten zu ermöglichen. Vielleicht benötigen wir auch in Deutschland detaillierte Schilder über das richtige Verhalten im öffentlichen Raum. Die Londoner Tube und andere Züge in England könnten hier als europäisches Vorbild dienen. Die Schilder lassen keinen Zweifel daran, auf welcher Seite man stehen darf, wo man gehen muss, dass man nicht essen und trinken darf etc. In den vergangenen Jahren sind allerdings auch immer wieder gefälschte Schilder mit spaßig gemeinten Ge- und Verboten aufgetaucht, etwa mit den Worten: »Priority seat. Pretend to be asleep and they won't ask you to move.«

S

SCHLEIER

Mit wenigen Ausnahmen sind der einheimische S. und die Haube aus der Gegenwartskultur verschwunden. Dementsprechend ist es den Teilnehmern an überhitzten Debatten um Niqab, Tschador, Burka, Hidschab und Burkini vorbehalten, sich mit Fragen der Verschleierung auseinanderzusetzen. Ein Gutteil der Berichterstattung über die Reise von Bundeskanzlerin Merkel nach Saudi-Arabien im Mai 2017 war der Tatsache gewidmet, dass sie auf Kopftuch und S. verzichtete.

Der kulturgeschichtlichen Bedeutung des S. für die europäische Bekleidung wird dies nicht gerecht. Zarte Überreste der vormaligen Verschleierungskultur finden sich noch am Apostolischen Stuhl. Obwohl nicht obligatorisch, wird bei einer Privataudienz beim Papst gerne noch ein S. getragen. Hierzu erscheint die – meist in Schwarz – gekleidete Dame (lange Ärmel, langer Rock, Schultern bedeckt) mit einer schwarzen *Mantilla*, die »Ellbogen umspielt«. Erfreut sie sich allerdings dank einer erstklassig katholisch-royalen Abstammung als Katholische Majestät des *Privilège du blanc*, darf sie in Weiß erscheinen. Der Kreis der durch das päpstliche Protokoll so Privilegierten ist jedoch sehr klein. Im Wesentlichen handelt es sich um die (vormaligen) Königshäuser Spaniens, Italiens, Belgiens sowie um das großherzoglich-luxemburgische Haus Nassau und die Familie des Fürsten von Monaco.

SCHLOSS BELLEVUE

Wer rein will, braucht eine Einladung. Oder er kommt am zweiten Tag des alljährlichen Bürgerfestes, dem »Tag des offenen Schlosses«.

Als Amtssitz des Bundespräsidenten ist das ursprünglich für Prinz August Ferdinand von Preußen 1785 am Spreeufer errichtete Schloss nunmehr Symbol und erstes Parkett der »Berliner Republik«. Infolge der weitgehenden Zerstörung im Zweiten Weltkrieg ist jedoch keiner der Holzböden original. Während im *Salon Luise* Ahorn und Kirsche dominieren, ist der *Salon Ferdinand* von Nussbaum, Palisander und Eiche geprägt. Im mehrfachen Sinne ist das Parkett an diesem Ort besonders glatt. Das vorliegende Handbuch möge daher zu einem sicheren Auftritt beitragen.

Der Park von S. ist übrigens eindrucksvoller als das Gebäude. Eine Oase inmitten der Hauptstadt und ein edles Revier der dort seit Generationen ansässigen Rotfuchspopulation. Mitunter betritt der Fuchs ebenso würdevoll wie gravitätisch das Schloss, vom Ehrenhof aus oder über die Parkseite. Allerdings erscheint er schon ein wenig degeneriert – der Kaninchenpopulationen wird er jedenfalls nicht ausreichend Herr. Ein Fall für den Stadtjäger, der diese dann zur Strecke bringt. Anders als etwa Palmerston, die Katze des britischen Außenministeriums (*resident Chief Mouser of the Foreign & Commonwealth Office* (FCO) at Whitehall, London), hat der Fuchs aber noch keinen eigenen Twitter-Account.

─────────────── SCHUHE ───────────────

Hinsichtlich der Manieren muss jeweils geklärt werden, ob nach den kulturellen und religiösen Vorstellungen überhaupt S. zu tragen sind. In diesem Fall ist das zum Anlass, zur Kleidung und Uhrzeit passende (gepflegte und geputzte) Schuhwerk auszusuchen. Zu Abendgesellschaften tragen Herr und Dame stets geschlossene S.

Allerdings werden die traditionellen Vorstellungen hierzu (z.B. »no brown after six«) kaum noch beachtet. Moden ändern sich eben. Nahezu jeder S. wird heute zu jedem Anlass angezogen. Hauptsache grell und bunt. Dennoch bleibt es absolut unangemessen, sich die S. in Anwesenheit anderer auszuziehen.

Hin und wieder werden S. auch in ihrer zeremoniellen Bedeutung in der Öffentlichkeit wahrgenommen. Die vom römischen Schuhmacher Adriano Stefanelli gefertigten roten S. Papst Benedikt XVI. waren zeitweise medial omnipräsent. Nach ihrem zeremoniellen Einsatz erfüllten sie dann auch noch einen karitativen Zweck: Der emeritierte Papst spendete sie zu Gunsten des Kolpingwerks.

In früheren Zeiten tauschten Monarchen bei ihren Begegnungen gerne die Uniformen. Die Bedeutung der Schuh-Frage kann man sehr gut an dem Fernschreiben erkennen, dass der k. u. k. Botschafter in London in Vorbereitung einer Begegnung von Kaiser Franz Joseph I. und König Edward VII. abgesetzt hatte: »Falls Seine Kais. und Kön. Apostolische Majestät die englische Marshalls-Uniform anzulegen geruhen wollte, so bittet der König dringend Allerhöchstdenselben, dazu die langen Pantalons zu tragen und nicht die unbequemen hohen Stiefeln.«

Nicht völlig geklärt ist schließlich, ob Nikita Chruschtschow während seiner Rede bei der 15. UNO-Vollversammlung 1960 wirklich mit dem S. auf das Pult geschlagen hat. Jedenfalls hatte er ihn ausgezogen und drohend auf selbiges gestellt.

In Deutschland wurde die Tatsache, dass Joschka Fischer bei

seiner Vereidigung als hessischer Umweltminister im Plenarsaal des Landtages weiße Turnschuhe trug, als symbolische Zäsur in der parlamentarischen Kultur diskutiert. Die Schuhe des Anstoßes haben es inzwischen in das Deutsche Ledermuseum nach Offenbach geschafft – aber nicht ins Haus der Geschichte der Bundesrepublik Deutschland.

Dass unpassende S. zu einem Sturm der Entrüstung führen können, hat die Frau des US-Präsidenten Melania Trump im Sommer 2017 deutlich zu spüren bekommen. Nachdem sie ihre Reise in das texanische Katastrophengebiet mit schwindelerregend hohen Absätzen angetreten hatte, hagelte es Kritik. Besonders deutlich von *The New York Times*, die in den Absätzen ein Symbol der Abgehobenheit und Realitätsferne der Trump-Regierung erkannte.

SEKT

Eine Sekt- oder Champagnerflasche wird entweder mit dem Säbel geöffnet oder aber ohne jeglichen Knall. Da in Deutschland kaum einer das martialische Köpfen der Flasche (*Sabrage*) wirklich praktiziert, ist dem dezent-leisen »Pffff« der Vorzug zu geben. Auf den mitunter ausgetragenen Streit, ob besser die Flasche oder aber der Korken zu drehen sei, kommt es jedoch in keiner Weise an. Die Dezenz der Flaschenöffnung setzt sich beim Ausbringen des Trinkspruchs fort (→ Toast).

SELBSTEINLADUNG

Das Gegenstück zu einer Einladung ist die Gegeneinladung, nicht die S. Den Willen des Gastgebers durch seinen eigenen zu ersetzen, ist auch in diesem Falle ein Fauxpas. Wäre man auch noch so gerne selbst eingeladen: Man bittet niemals um eine Einladung, und regt diese auch nicht an.

SERVIETTE

Neben der Reichung des Wassers war das Präsentieren der S. ein
wichtiger Bestandteil des strikt geregelten höfischen Tafelzeremoniells (→ Tafel; Zeremoniell). Ein anschauliches Beispiel für
den quasi-liturgischen Einsatz der S. findet sich im altburgun-
dischen und spanischen Hofzeremoniell. Bei der Zeremonie des
Händewaschens nahm der Geschirrmeister die S. von der Schulter
und reichte sie dem *Mayordomo Semanero*, der sie an den *Mayordomo Mayor* weitergab. War dieser nicht anwesend, erhielt sie der
Ranghöchste im Raum. Mit dieser S. trocknete sich der Kaiser
die Hände. Auf dem gleichen Wege kam sie wieder zurück zum

Geschirrmeister. In ihrer Ausgestaltung erinnert diese Zeremonie an den Lavabo-Ritus der Heiligen Messe.

In Ermangelung solcher Zeremonien ist es der besonderen Güte, Gestaltung (Wappen? Initialen?), Größe und Faltung der S. vorbehalten, eine gewisse Pracht zu entfalten. Im privaten Gebrauch sollte von aufwendigen Falttechniken jedoch eher Abstand genommen werden. Bei einem Staatsbankett in der Wiener Hofburg sitzt man vor einem Gedeck mit einer kunstvoll gefalteten, 90 mal 90 cm messenden S. mit (Doppel-)Adler. Diese ist aus feinem Leinendamast gearbeitet und wird nach einer alten Vorlage mit einer »Kaiserfaltung« *gebrochen*. In der Silberkammer der Hofburg beherrschen nur noch wenige Mitarbeiterinnen diese hohe Kunst europäischen Origamis.

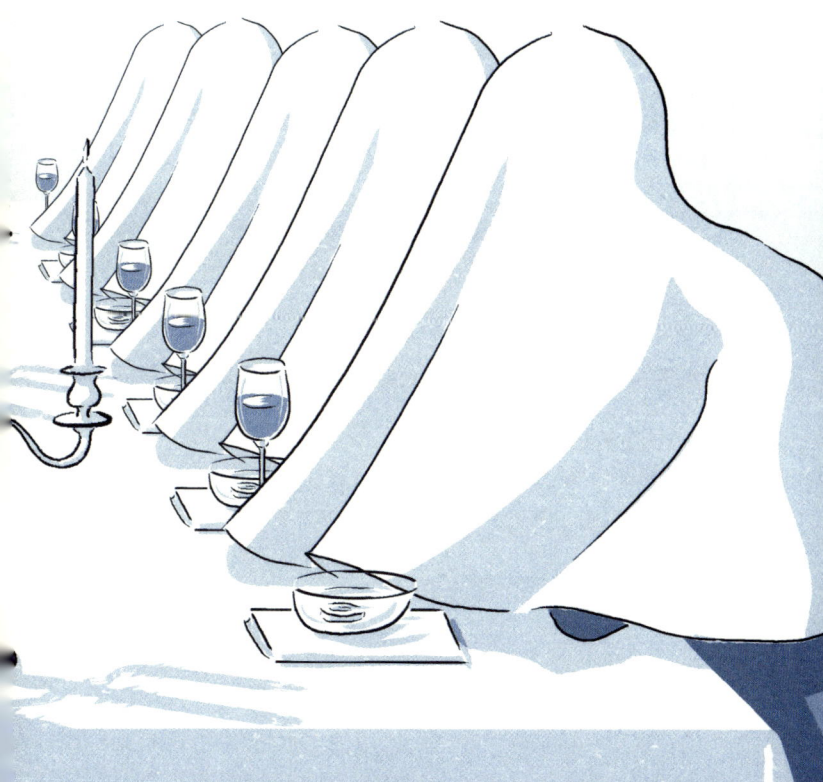

Was die korrekte Verwendung der S. angeht, so ist diese zunächst gänzlich zu entfalten, um sie dann erneut zu halbieren (oder bei beträchtlicher Größe zu vierteln) und sich einfach auf den Schoß zu legen. Weder wird die S. ganz ausgebreitet noch wird sie in einer vorgefundenen Faltung ihrem die Kleidung schützenden Zweck zugeführt. Es versteht sich von selbst, dass die S. nicht in den Hemdkragen gesteckt oder als Umhang dienend im Genick zusammengeknotet wird. Lätzchen sind Kindern vorbehalten.

Sofern ortsüblich, kann es hier Ausnahmen geben, z. B. bei einem Hummeressen an der US-amerikanischen Ostküste. Oder aber bei der ebenso verbotenen wie in bestimmten französischen Kreisen immer noch beliebten Spezialität des Fettammers (*Ortolans à la provençale*), bei welcher der zuvor geblendete und gemästete Ortolan bei lebendigem Leibe in Armagnac ertränkt und in Fett gegart wird, um anschließend von einem sich unter einer S. verbergenden Gourmand *in toto* verspeist zu werden. Die Kombination aus Gewalt und weißer Kopfbedeckung erinnert ein wenig an den Ku-Klux-Klan (siehe vorherige Doppelseite).

Die S. ist ausschließlich für den ihr zukommenden Zweck zu benutzen, nämlich die Lippen im Bedarfsfalle leicht abzutupfen, (→ Manieren; Tischsitten). Weder ist die S. dazu da, sich den Mund abzuwischen, noch dient sie als Ersatz eines Taschentuchs. Demnach trocknet man sich mit der S. nicht die Stirn und schon gar nicht putzt man sich mit ihr die Nase. Seien die plötzlichen Eingebungen und Gedanken auch noch so wichtig: Die S. dient auch nicht als Ersatz für Notiz- oder Briefpapier.

Nach dem Essen faltet man die S. locker zu einem Dreieck und legt sie auf die linke Seite des Gedecks. Im Ausland gibt es andere Usancen, beispielsweise in England, wo sie (»Napkin«, »never serviettes« → Konversation) ungefaltet abgelegt wird.

SMOKING

Nur noch selten kommt das volle Repertoire der Herrenanzüge zum Tragen (→ Kleidung; Anzug; Cut; Frack). In den meisten Fällen ist der auch *kleiner Gesellschaftsanzug, dinner jacket, cravate noire, black tie* oder *tuxedo* genannte S. die eleganteste Abendgarderobe des Herrn. Dieser Verlust an Differenzierung scheint leider irreversibel zu sein. Im Übrigen wird der S. in der würdevollen Welt des Parketts ebenso getragen wie in der etwas halbseidenen Gesellschaft (→ Roter Teppich).

Der S. entwickelte sich aus dem samtenen (und farbigen) *smoking jacket*, das statt der Frackjacke getragen wurde, wenn sich die Herren nach dem Abendessen zum Rauchen und für einen Digestif zurückzogen. Kehrten sie nach dem Rauchen zu den Damen zurück, wurde wieder die Frackjacke angelegt. Wie rücksichtsvoll es gegenüber den Damen war, ihnen nicht in einem stinkenden Gewand entgegenzutreten, kann man in den heutigen Zeiten des allgemeinen Rauchverbots besonders gut erspüren.

Noch heute gibt es diese Hausjacken in britischen Clubs und in manchen privaten Häusern. Im 19. Jahrhundert ging man in England dazu über, das dem *smoking jacket* nachempfundene *dinner jacket* auch für inoffizielle, private Abendessen zuzulassen. Die Einführung dieses im Vergleich zum Frack gemütlich-formlosen Hausanzugs war demnach eine deutliche Abrüstung der Kleiderordnung. Was damals formlos locker und ausschließlich dem privaten Bereich vorbehalten war, ist heute als Nonplusultra das nahezu festlichste Abendgewand des Herrn.

Die einreihige oder zweireihige Jacke hat keinen Rückenschlitz und wird mit stoffüberzogenen Knöpfen gearbeitet. Jenseits von Karneval und Zirkus sollte die Farbe Schwarz oder höchstens Mitternachtsblau sein. Die einzig legitime Ausnahme hiervon ist das vor allem in den Tropen und auf Schiffen übliche, elfenbeinweiße *white dinner jacket*. Das Revers der Smokingjacke ist mit Seidensa-

tin oder einem Seidenspiegel besetzt. Es kann als Spitzrevers oder
als Schalkragen geschnitten sein.

Etwas Übung gehört dazu, die im Englischen, Französischen
und Italienischen namensgebende schwarze Fliege von Hand zu
binden. Die aus demselben Stoff wie die Jacke gearbeitete Hose
hat keinen Aufschlag und wird mit einem Galon aus demselben Stoff wie der Seidenspiegel des Revers gearbeitet. Zu einem
white dinner jacket werden allerdings schwarze Hosen getragen.
Die Hose wird ohne Gürtel, im Bedarfsfalle mit Hosenträgern
getragen. Der Bund wird von Weste oder Kummerbund verdeckt.
Das traditionelle Smokinghemd ist aus weißer, glatter Baum-
wolle (keine Pikeebrust; → Frack) und hat einen Umlegekragen
und Doppelmanschetten. Wer lieber ein Frackhemd zum S. trägt,
sollte darauf achten, die Seidenschleife auf jeden Fall selbst zu
binden. Fertigschleifen sind am Stehkragen eines »Vatermörders«
sofort zu erkennen und in der Tat keine Zierde. Zum S. werden Pumps mit Seidenschleife, Lackschuhe oder auf Hochglanz
polierte Schuhe sowie schwarze Kniestrümpfe aus Wolle oder
Seide getragen.

Aus den im Privaten ausgemachten Ursprüngen des S. ergibt
sich, dass dieser eigentlich ohne Orden getragen wird. Ersetzt der
S. allerdings den Frack, kann die Dekoration im Einzelfall angebracht sein. Dies wäre z. B. bei einem in Deutschland ausgerichteten Staatsbankett der Fall, wenn ein Ordensaustausch stattge-
funden hätte (→ Staatsbesuch). Eine Ordensminiatur am Revers
zu befestigen, hat den Nachteil, dass hierdurch der Seidenstoff
durchlöchert wird.

Da sich die Kleidungsempfehlungen mitunter auf die Aufführung des männlichen Anzugs beschränken, ist der Frage nachzuge-
hen, welches Kleid die Dame wählt, wenn in der Einladung lediglich *cravate noire* – oder ein vergleichbarer Code – vermerkt ist.
Dies hängt entscheidend von den Usancen des jeweiligen Landes
oder gesellschaftlichen Kreises ab. Sofern kein Frack mehr zum
Einsatz kommt, trägt die Dame ein langes Kleid (Abendkleid),
wenn der Herr im S. erscheint. Im Falle einer noch lebenden

Frack-Kleidungskultur trägt die Dame lediglich ein kurzes Kleid (ersatzweise einen Hosenanzug oder ein dezentes Kostüm), weil ja das lange Kleid zum Frack getragen würde. Natürlich sind diese Regeln einer starken Erosion ausgesetzt. Selbst bei Staatsbanketten sind häufiger traurige Abweichungen zu verzeichnen.

Der legendäre italienische Diplomat Marchese Giuseppe Salvago Raggi trug den S. wie selbstverständlich auch in schweren, ja gefährlichen Zeiten. So beispielsweise während des Boxeraufstands im Jahre 1900 in Peking, wo er Gesandter war. Auch als das von den Boxern belagerte Diplomatenviertel unter heftigem Beschuss lag, zog er allabendlich einen S. an, um in Ruhe ein Glas Champagner zu trinken und zu dinieren. Ein mustergültiges Beispiel für die mutige Gelassenheit und Disziplin. Und dafür, dass Rituale Halt geben können.

SOIREE

Auch wenn es zu jeder Tageszeit auf gute Manieren ankommt, zeigt sich die ganze Vielfalt menschlichen Benehmens oft erst in den Abendstunden. Sehr zum Leidwesen der Matinee.

Die S. – oder auch Abendgesellschaft – ist ein Gesamtkunstwerk, das eine oder mehrere Kunstformen umfasst. Zum Beispiel ein um Rezitationen bereichertes Hauskonzert, das auch als sog. Wandelkonzert ausgestaltet sein kann. Dabei erstrecken sich die Darbietungen auf verschiedene Säle und die Gäste lustwandeln von einer Aufführung zur nächsten. Wenn die einzelnen Stationen räumlich klar getrennt sind, ist es besonders reizvoll, mehrere Gruppen zu bilden und sie parallel durch den Parcours zu bitten – vorausgesetzt, alles ist gut koordiniert.

Tod einer S. ist die Langeweile. Deshalb kommt es auf ein richtiges Arrangement an. Die Gastgeber müssen sich als Regisseure in der Auswahl aufeinander abgestimmter Stücke beweisen. Vor allem sollten sie kurz sein. Hier werden die meisten Fehler gemacht. Der Abend muss darauf angelegt sein, sich wie von selbst zu entfalten. Programmhefte sind nicht erforderlich, Proben dafür aber unverzichtbar.

Auch ist eine passende kulinarische Umrahmung, etwa in Gestalt eines Tees, eines Buffets oder eines Stehempfangs, unerlässlich. Im Vergleich zu einem gesetzten Essen (*Diner, Souper*) ermöglicht die S. einen zwangloseren Umgang mit mehreren Gästen. Bälle – früher oft auch »Ball mit Souper« genannt – gehören zu den »großen Soireen«, werden heute aber kaum noch so bezeichnet. Wegen des gesellschaftlichen Charakters wird man zu einer S. grundsätzlich mit Partner eingeladen. Wie stets gibt die Formulierung der Einladung darüber Aufschluss, wozu eingeladen wurde und welche Form der Abendgarderobe angemessen erscheint (→ Kleidung). Wenn keine besonderen Kleidungsempfehlungen – Frack, Smoking, Uniform, selten: Soutane – vorliegen, ist der Herr mit einem dunklen Anzug, schwarzen Schuhen und die Dame mit einem kurzen Kleid (oder aber einem Kostüm) richtig gekleidet. Herren sollten in jedem Falle eine andere Krawatte als am Tage tragen.

SOZIALE NETZWERKE

S. haben eine erstaunliche Bedeutung im Leben vieler Menschen erlangt. Die S. sind das Kapitel der digitalen Revolution, das die menschliche Kommunikation am meisten verändert. So einfach wie nie kann jeder Einzelne mit anderen Informationen austauschen und weltumspannende Kontaktnetze unterhalten. Jeder hat so das Zeug zum »Selbst-Verleger«.

Es ist nicht Aufgabe des vorliegenden Handbuches, die zahlreichen Vor- und Nachteile der S. zu beschreiben. Und doch sollten einige – im Grunde selbsterklärliche – Dinge beachtet werden. Der in den 1990er Jahren für die Nutzung des Internets und vor allem für E-Mails entstandene Begriff der Netiquette erscheint dabei leicht angestaubt.

Zunächst sollte man sich bewusst machen, dass S. eine Welt für sich sind. In dieser gemischt reell-virtuellen Welt gelten eigene Regeln. Der Freundschafts-Status bei Facebook ist nur bedingt mit wirklichen Freundschaften vergleichbar. Wer also den Post eines fb-Freunds »liked« und kurz und bündig kommentiert, wird dies in der für Facebook üblichen Art und Weise tun und nicht ausformulieren wie einen Brief (→ Korrespondenz). Trifft er in der wirklichen Welt auf diesen fb-Freund, wird er ganz anders mit ihm sprechen. Auch ein an ihn adressierter Brief sähe natürlich anders aus. Plump und peinlich wird es, wenn man diese Sphären miteinander verwechselt. Es ist doch klar, dass man einen hochrangigen Politiker, mit dem man bei Facebook befreundet ist, nicht als Freund oder Bekannten begrüßt, sollte man ihn persönlich treffen.

Für die Nutzung S. gilt daher dieselbe Grundregel wie bei jeder Form der Verständigung. Zunächst sollte man sich bewusst machen, mit wem man was in welcher Art und Weise kommunizieren möchte. Und vor allem, welcher Personenkreis noch Kenntnis nehmen darf. Nicht uninteressant ist auch die Frage, wie lange die veröffentlichten Nachrichten abrufbar bleiben. Jede Form der digitalen Verständigung bedeutet, dass zwischen den Gedanken und deren Mitteilung wesentlich weniger Bedenkzeit bietende Zwischenschritte zu absolvieren sind als bei der herkömmlichen Korrespondenz. Hierzu passt, dass umfassende Plakataktionen inzwischen vor den Folgen unbedachter »Klicks« warnen, vor allem nach Alkoholkonsum. Völlig klar dürfte jedem sein, dass die Beiträge und Einträge in S. nicht illegal sein dürfen, beispielsweise wegen einer Verletzung der Privatsphäre oder des Rechts am eigenen Bild.

Bei der Nutzung von S. sollte ferner peinlich auf die Einhaltung des Datenschutzes geachtet werden. Wer eine WhatsApp-Broadcast-Liste mit einer WhatsApp-Gruppe verwechselt, kann leicht einem größeren Kreis viele vertrauliche Handynummern preisgeben. Davon abgesehen sind WhatsApp-Gruppen zugleich auch ein Fluch. Wer nicht sofort wieder austritt, wird oftmals von einer Datenflut überschwemmt, die mit dem Einrichtungszweck der Gruppe nur wenig zu tun hat. Deshalb sollte man sich einer

WhatsApp-Gruppe nur dann anschließen, wenn diese einerseits
einen wirklichen Zweck erfüllt und sich andererseits die Mitglieder disziplinieren und an diesen Zweck halten.

S. sollten schließlich nicht dazu führen, dass wir den persönlichen Kontakt vernachlässigen. Manchmal ist es einfach schöner,
angemessener oder gar effektiver, sich persönlich zu treffen, etwas
miteinander zu unternehmen oder sich zu schreiben (→ Billet;
Konversation; Korrespondenz; Kuss).

SPALIER

S. zu stehen, ist eine uralte Form der militärischen und zivilen
Ehrerweisung und Huldigung, in der sich die Ehrerweisenden
rechts und links des Weges aufstellen, den die geehrte Person
abschreitet (→ Einzug). Je nach Kontext kommen andere Formen der (oftmals ritualisierten) Begrüßung oder musikalischen
Umrahmung hinzu.

Rang und Ehre des Gastes lassen sich unschwer von der Länge
und Pracht des S. ablesen. Je hochrangiger die Persönlichkeiten,
die das S. bilden, umso höher die Ehrerweisung. Bei Staatsbanketten (→ Staatsbesuch) bilden die Soldaten der Ehrenformation der
Bundeswehr im Ehrenhof von Schloss Bellevue ein Gewehrspalier
(Sommer) oder ein Fackelspalier (Winter).

STAATSBESUCH

Im Fluge erledigt sich die auswärtige Politik; es gibt eine Erleuch-
tung, von der der Beamte nichts ahnt, die den Grund der Dinge
erhellt. In einer Stunde der Monarchenbegegnung zerschmilzt das
Problem, das Kabinette in Jahren nicht bezwingen.
[Walther Rathenau]

Die protokollarisch höchste Besuchsform – gewissermaßen das »Hochamt« des diplomatischen Besuchszeremoniells. Er ist der durch das Protokoll kunstvoll choreographierte offizielle Besuch eines Staatsoberhauptes in seiner Eigenschaft als solches bei einem anderen Staatsoberhaupt. S. gibt es, solange es Staaten gibt. In vorkonstitutioneller Zeit sprach man jedoch eher von »Herrscherbegegnungen«.

In der politischen Symbolik hat der S. eine herausragende Bedeutung (→ Symbol). Seine Exklusivität kann man auch daran erkennen, dass es international üblich ist, die jährliche Anzahl von S. deutlich zu begrenzen. Jenseits der Kostenfrage würde eine inflationäre Häufung von S. die mit ihm bezweckte besondere Wertschätzung und Ehrerweisung relativieren. Seit Jahrzehnten hat sich deshalb in Deutschland die Praxis etabliert, bis zu vier eingehende S. durchzuführen. Ferner werden S. grundsätzlich im Wechsel abgestattet. Die einvernehmliche »Einstufung« als S. ist oftmals Ergebnis ebenso langer wie diskreter diplomatischer Verhandlungen.

Abzugrenzen ist der S. von fünf anderen Arten des Besuchs:

- Von »Arbeitsbesuchen« der Staatsoberhäupter auf Einladung der Bundeskanzlerin.
- Von »Offiziellen Besuchen« von Parlamentspräsidenten auf Einladung des Präsidenten des Deutschen Bundestages.
- Von »Offiziellen Besuchen« von Regierungschefs und Bundesministern auf Einladung des spiegelbildlichen Amtsinhabers (Bundeskanzler/in oder Bundesminister/in).
- Von Arbeitsbesuchen von Regierungschefs und Bundesministern.
- Von Privatbesuchen von Staatsoberhäuptern und Regierungsmitgliedern.

Nicht alles, was in der Öffentlichkeit als S. bezeichnet wird, ist deshalb auch ein solcher. Zu jeder Besuchsart gehört eine andere zeremonielle Ausprägung, die mehr oder weniger international gebräuchlich ist.

Die Homogenität einiger Aspekte der internationalen »Formensprache« sollte nicht darüber hinwegtäuschen, dass die beteiligten Staaten unterschiedliche Auffassungen darüber haben, welche Programmpunkte zu welcher Art gehören und wie diese im Einzelnen ausgestaltet werden. In Deutschland gehören bei S. etwa eine Kranzniederlegung an der Neuen Wache und ein Gang durch das Brandenburger Tor zum Standardprogramm. Bei diesen – natürlich stets konsensorientierten – Verhandlungen geht es im Kern immer um die Frage, wie sich beide Staaten darstellen möchten und welche politischen, gesellschaftlichen, wirtschaftlichen und kulturellen Aspekte mit dem Besuch beleuchtet oder aber eher ausgespart werden sollen. Der Ausgleich dieser nur zum Teil deckungsgleichen Interessen wird zusätzlich dadurch erschwert, dass sich Gastgeber und Gast in unterschiedlichen Verfassungsgefügen bewegen. Beispielsweise verhandelt der über ein nichtexekutives Staatsoberhaupt verfügende Gastgeberstaat mit einem monarchischen Gaststaat. Wenn also einem königlichen Gast kraft seiner verfassungsrechtlichen Stellung große Zurückhaltung in politischen Angelegenheiten auferlegt ist, wird man dies auch bei der Ausgestaltung des Programms zu berücksichtigen haben.

Alle Aspekte dieser staatlichen Inszenierung sind bei den koordinierenden Protokollen bestens aufgehoben. Der politische Erfolg eines S. hängt entscheidend auch davon ab, an den richtigen Stellen des Programms Emotionen bei den Beteiligten, aber auch den Zuschauern und der weiteren Öffentlichkeit zu wecken. Man denke an den 2013 durchgeführten S. von Bundespräsident Joachim Gauck in Frankreich, als er zusammen mit Staatspräsident François Hollande Oradour-sur-Glane besuchte, um des Massakers vom 10. Juni 1944 zu gedenken. Als beide Präsidenten die Hände von Robert Hébras ergriffen und ihm zuhörten, war dies ein großer emotionaler und würdevoller Moment. Der Achtundachtzigjährige hatte als einer von nur sechs Menschen das Morden überlebt.

Welches Ausmaß die Vorbereitungen eines S. annehmen können, erkennt man einerseits am Taschenbuchformat des Programms (→ Ablauf), andererseits an der dreistelligen Zahl der über einen nicht unerheblichen Zeitraum mitwirkenden Personen. Zu einem S. gehören in Deutschland bestimmte exklusive protokollarische Elemente und Programmteile, wie z.B.

- die aus vier Kampfflugzeugen der Luftwaffe bestehende Lufteskorte ab Erreichen des Staatsgebietes
- 21 Salutschüsse und Ehrenspalier bei der Ankunft
- militärischer Ehrenbegleiter während des Besuchsprogramms (→ Delegation; Übergangsriten)
- ziviler Ehrenbegleiter (deutscher Botschafter im Gastland) während des Besuchsprogramms
- große Beflaggung auf der Protokollstrecke (→ Flagge)
- Begrüßung mit militärischen Ehren durch den Bundespräsidenten
- Präsentation der Geschenke im Amtszimmer von Schloss Bellevue
- ggf. Ordensaustausch (selten)
- Staatsbankett im Schloss Bellevue (mit Fackel- oder Gewehrspalier, musikalischer Begrüßung durch das Stabsmusikkorps und Tafelmusik sowie Verwendung des Staatsgeschirrs und Staatssilbers (→ Besteck))
- Kranzniederlegung an der Neuen Wache
- Gang durch das Brandenburger Tor
- Besuch eines Landes der Bundesrepublik.

Als Geste des Dankes lädt der Gast häufig – aber nicht immer – am Abend nach dem Staatsbankett zu einer sog. Gegenveranstaltung ein. Hierbei kann es sich um einen Empfang, eine kulturelle Veranstaltung oder aber ein vollwertiges Bankett handeln. Die Ausrichtung eines gesetzten Abendessens ist eher selten und vor allem noch bei monarchischen Staatsgästen anzutreffen – eine Sternstunde des Besuchszeremoniells: Wenn ein königlicher Hofstaat mit eigens importierten Lebensmitteln, Getränken und Blumen sowie mit eingeflogenen Köchen, Floristen, livrierten Dienern, Lakaien, Geschirr, Kristall, Tafelsilber oder gar goldenem Besteck aufwartet. In diesen Fällen kann der Gast – mitten in der Bundesrepublik – in den Genuss einer geradezu höfischen Prachtentfaltung kommen, manchmal kombiniert mit den Gegebenheiten der Moderne. Etwa als sich vor einigen Jahren im Baltikum während eines S. des schwedische Königspaares kurzfristig herausstellte, dass während des »reciprocal dinners« aus konservatorischen Gründen keine Kerzen benutzt werden durften. Daraufhin deckten sich die Gastgeber vor Ort kurzfristig in der Filiale eines schwedischen Möbelhauses mit LED-Kerzen ein, die wunderbar in die alten Kerzenleuchter passten. Getreu dem Motto: Kein Bankett ohne Kerzen! Im *Kungliga slottet* in Stockholm brennen schließlich auch am Tage Kerzen. Schön ist auch das Aufnahmeritual der *Svenska Akademien*, bei der für neue Mitglieder eine Kerze angezündet wird.

In Berlin weiß man allerdings nur zu gut, dass S. auch zu einem Fiasko führen können. Die Bilder von den Ausschreitungen am Rande des S. von Schah Mohammad Reza Pahlavi 1967 in Berlin und vor allem natürlich des sterbenden Benno Ohnesorg gehören zum kollektiven Gedächtnis der Bundesrepublik – und geben noch heute Rätsel auf.

Nur selten hingegen kommt es aus Anlass einer Einladung zum S. zu Protesten. Zuletzt bekam dies aber die britische Premierministerin Theresa May zu spüren, deren sehr frühe, während des Antrittsbesuches in Washington ausgesprochene Einladung des neuen amerikanischen Präsidenten Trump von Teilen der Bevölkerung nicht goutiert wurde. So haben 1,8 Millionen Bürger eine Petition gegen die Durchführung des S. unterzeichnet, Demonstranten riefen vor *Number 10 Downing Street* »Shame on May«. Auf diesen S. darf man wirklich gespannt sein.

STAATSGESCHIRR

Als S. kommt ein von der *Königlichen Porzellan-Manufaktur Berlin* (KPM) gefertigtes Service namens »Rocaille« mit Goldrand und Bundesadler zum Einsatz. Dieses Geschirr war schon für die Staatsbankette der Bonner Republik, die auf dem Petersberg und in Schloss Augustusburg ausgerichtet worden waren, verwendet worden. Als Bundespräsident von Weizsäcker 1994 den ersten Amtssitz von der Villa Hammerschmidt in das Schloss Bellevue verlegte, wurde es an die Spree zurückgebracht.

STANDARTE

Die S. ist eine besondere Form der Flagge, die auf die Feldzeichen der Antike (beispielsweise die »Signa« der römischen Legionen) zurückgeht und heute zumeist als Hoheitszeichen eines Staatsoberhauptes Verwendung findet.

Die S. des Bundespräsidenten ist in der Flaggenanordnung als »ein gleichseitiges, rotgerändertes, goldfarbenes Rechteck, darin der Bundesadler, schwebend, nach der Stange gewendet, Verhältnis der Breite des roten Randes zur Höhe der Standarte wie 1 zu 12« definiert.

Sie wird an dem Amtssitz gehisst, in dem sich der Bundespräsident aufhält (Schloss Bellevue oder Villa Hammerschmidt). Hält sich der Bundespräsident vorübergehend an einem anderen Ort auf, verbleibt die S. auf dem Dach des Amtssitzes. Eingeholt wird sie nur, wenn andernorts eine Residenz errichtet wird, also bei einem Staatsbesuch im Ausland oder aber bei einem Antrittsbesuch oder Staatsakt in einem der Länder Deutschlands. Vor Abreise wird die S. dann dort eingeholt, um zum Zeitpunkt der Rückkehr an den Amtssitz (genauer der Landung) wieder gehisst zu werden.

S. können an allen denkbaren Fahrzeugen und Wagen geführt werden, also an Sänften und Kutschen (Equipagen) – beides für

Deutschland nicht mehr relevant – oder an Kraftfahrzeugen, Luftfahrzeugen sowie auf Booten und Schiffen. Die für das Dienstkraftfahrzeug vorgesehene S. wird auch »Stander« genannt. Fahren bei Staatsbesuchen beide Staatsoberhäupter gemeinsam in einem Fahrzeug, wird der Stander des Gastgebers auf der in Fahrrichtung linken und der des Gastes auf der rechten Seite befestigt. Bei Linksverkehr ist eine andere Anordnung möglich (→ Ehrenplatz). Ferner erhält bei einem Trauerstaatsakt der Sargwagen einen doppelten Trauerstander. Auf Schiffen und Booten, auf denen der Bundespräsident anwesend ist, wird seine S. im Topp oder Großtopp gesetzt. Für diesen Fall des »Großen Flaggenschmucks« gilt es, weitere hier nicht darzulegende maritime Besonderheiten zu beachten.

Als Prince Charles den Leichnam seiner Ex-Ehefrau Princess Diana aus Paris nach Hause brachte, ließ er den Sarg mit der allgemeinen königlichen S. bedecken, obwohl »the people's princess'« kein Mitglied der königlichen Familie mehr war. Ein Bruch des Protokolls mit großer symbolischer Kraft. Eine Botschaft, die verstanden wurde.

STRASSENVERKEHR

Was für das Parkett gilt, sollte auch für den S. gelten. In der Realität scheint hier jedoch die Selbstbehauptung wichtiger zu sein als ein Mindestmaß an zivilisiertem Verhalten (→ Manieren; Zurückhaltung; Rücksicht vs. Vortritt).

Höflichkeit ist im S. der Massen nicht nur angenehm, sie kann Leben retten. Es steht jedoch zu befürchten, dass sich die Dinge erst dann verbessern, wenn »autonome« Fahrzeuge eingeführt werden. Welch Ironie, wenn die Zivilisierung des Verkehrsverhaltens von der Einführung von Autopiloten abhinge.

STRÜMPFE

Debatten um »rote Socken«, »Blaustrümpfe« und »Gesocks« rufen immer wieder in Erinnerung, dass der ehrenwerte Strumpf auch im politischen Kontext eine Rolle spielen kann.

Was die korrekte Verwendung dieses Kleidungsstücks angeht, ist vor allem darauf zu achten, dass das Herrenbein grundsätzlich nur mit einem langen (Knie-)Strumpf bekleidet werden sollte. Kurze Socken sind was für den Sportplatz. Bei der Wahl der Muster ist Zurückhaltung geboten. Dennoch scheinen gerade ältere Herren den Verlust ihrer Jugend zunehmend mit schrillen Farben und Mustern aufwiegen zu wollen. Neben den Beinkleidern betrifft dies auch die S. Ausgerechnet die kardinalsroten Kniestrümpfe des päpstlichen Ausstatters »Ditta Annibale Gammarelli« erfreuen sich im säkularen Berlin einer erstaunlichen Beliebtheit.

SYMBOL

In unserer Zeit wie in jeder früheren liegt die Würde des Menschen und der Stellung in der Verantwortung; wo diese sinnbildlich wird, entsteht das Repräsentative; Gebräuche und Zeremonien sind Symbole, die nur von der Fortdauer der Kräfte, die sie abbilden, ihr Licht empfangen, sind diese erstorben, so bleibt die dürre Hülle der Formel und Etikette.
[Walther Rathenau]

Die Macht des Symbolischen ist gewaltig. Gerade auch in der Politik. Mit dem einfachen Satz »Politics is expressed through symbolism« unterstrich der amerikanische Soziologe und Anthropologe David Kertzer längst vor den Vertretern eines postfaktischen Politikdiskurses die Bedeutung der Symbolik für die Politik. Diese kann demnach nicht nur argumentativ oder normativ verstanden werden. S. sind ein wichtiger Aspekt der politischen Kultur und

Semantik, aber auch unseres privaten Lebens (→ Rituale; Zeremoniell). In unserem Alltag sind S. allgegenwärtig, ob als Kruzifix,
Schleier oder Smiley.

Politische S. haben es in Deutschland schwerer als anderswo.
In den Debatten der Gegenwart wird der Begriff »Symbolpolitik«
zumeist in einem leicht abfälligen Sinne verwandt. Die Zurückhaltung gegenüber der symbolischen Dimension des Politischen
dürfte in unserem Land noch immer auch mit dem massiven Missbrauch von Protokoll, Zeremoniell und S. in der Zeit des Nationalsozialismus zusammenhängen. Die staatliche Repräsentation
war bei uns jedoch schon vor dem Nationalismus weniger gefestigt
als in anderen Staaten. Die späte Reichswerdung 1871 brachte es
mit sich, dass sich der preußische Hof stets bemühte, den Mangel
an Tradition durch eine nahezu byzantinische Prachtentfaltung zu
kompensieren. Das tragische Versäumnis der Weimarer Republik,
sich symbolisch zu definieren, sollte daher auch im Kontext dieser höfischen Renaissance gesehen werden. Dies bedeutet freilich
nicht, dass die Weimarer Republik das kaiserliche Zeremoniell
übernommen hätte. Wie Michael Meyer anhand der eingehenden
Besuche gezeigt hat, gab es in einigen wenigen Fällen durchaus
eigene zeremonielle Ansätze. Diese waren jedoch nicht stark genug.
So ist kein einziger ausgehender Staatsbesuch oder eine sonstige
äquivalente Reise überliefert. Insgesamt wurden drei eingehende
Besuche durchgeführt: 1924 besuchte der neu gewählte (aber noch
nicht ernannte) Präsident Mexikos Plutarco Elías Calles Deutschland. 1928 wurde der afghanische König Amanullah empfangen;
ein Jahr später der König von Ägypten und des Sudan Ahmad
Fu'ad I. Pascha. Aus heutiger Sicht kaum vorstellbar, dass Reichspräsident von Hindenburg bei offiziellen Anlässen in der kaiserlichen Uniform und mit dem *Hohen Orden vom Schwarzen Adler*,
ergo dem Hohenzollern-Hausorden, erschien. Ferner natürlich mit
seinen wichtigsten Kriegsauszeichnungen, also dem Großkreuz des
Eisernen Kreuzes mit dem Goldenen Stern und dem Pour le Mérite
mit Eichenlaub. All dies dürfte zu der fehlenden Identifikation der
Bürger mit dem neuen Staat beigetragen haben.

Die Traditionslinien der heutigen Staatssymbole und politischen Rituale lassen sich zum Teil auf vormalige »Herrschaftszeichen« zurückverfolgen. Wenn auch die bei der kaiserlichen Investitur übergebenen Insignien und Kleinodien (u.a. Krone, Zepter, Schwert und Reichsapfel) heute bei uns keine Verwendung mehr finden, dienen die Staatssymbole der Gegenwart einem teilweise ähnlichen Zweck: Sie sind ein wahrnehmbares Zeichen – eine Chiffre – der legitimen Existenz des Staates, der Staatsgewalt und seiner verfassungsmäßigen Ordnung. In manchen Fällen signalisieren sie darüber hinaus die Präsenz eines staatlichen Repräsentanten (→ Flagge; Standarte).

Die Trauer um Prinzessin Diana hat deutlich gemacht, welche emotionale Kraft von S. ausgehen kann. Entsprechend der protokollarischen Praxis war in den Tagen nach Dianas Tod keine Flagge über *Buckingham Palace* gehisst. Die Standarte konnte schließlich nur gehisst werden, wenn sich die Königin im Schloss aufhielt. Da sie den Sommer auf *Balmoral Castle* verbrachte, war die Standarte dort gehisst. Aber nicht als Halbmastbeflaggung, weil die königliche Standarte nie auf Halbmast gesetzt wird – auch nicht, wenn der Monarch selbst stirbt. Die trauernde Bevölkerung ertrug es schließlich nicht, dass in London alle öffentlichen Gebäude halbmastbeflaggt waren, nur die Residenz der Königin nicht. Diesem symbolhungrigen Druck beugte sich die Königin schließlich und ließ zu den Beisetzungsfeierlichkeiten den »Union Jack« auf Halbmast setzen. Damit einhergehend wird seit 1997 die Nationalflagge über *Buckingham Palace* gehisst, wenn die Königin abwesend ist. Das Protokoll ändert sich.

T

TAFEL

Weil es vor der Fast-Food-Revolution zumeist verpönt war, im Stehen zu essen, gewann die T. (profaner: Tisch) eine wichtige kulturelle Funktion als Speiseort (→ Essen). Die sog. »öffentliche T.« war darüber hinaus immer auch ein Mittel zur Demonstration von Macht und Würde des vor seinen Untertanen speisenden – vom Adel bedienten – Herrschers. Während es heute bizarr anmutet, vor Publikum zu essen, war diese breitere Öffentlichkeit früher ein wichtiges Mittel, um Macht und Legitimität zu demonstrieren – vergleichbar der vor den Augen des Hofstaates vollzogenen Geburt des Thronfolgers. In der Wiener Hofburg fand die letzte öffentliche T. am 30. November 1916 statt. Kaiser Karl I. – der letzte regierende Habsburger – bekam den servierten »Huldigungsbraten« und alle anderen 18 Gänge jedoch nur kurz zu Gesicht, bevor sie wieder in die Küche getragen wurden. Das Speisen *en cérémonie* war zumeist wenig sättigend. Durch diese Doppelfunktion prägt die T. das europäische Zeremoniell bis in die heutige Zeit und gilt als Inbegriff der Prachtentfaltung (→ Bankett).

In ihren zeremoniellen Ausprägungen sind die Tafelkulturen religiösen Riten ähnlich. Man denke nur daran, wie Mundschenk und Oberhofmarschall den fürstlichen Pokal in einer Prozession zur T. brachten, um ihn dem Fürsten zu reichen. Dessen erster Schluck wurde dann von Salutschüssen begleitet. Neben der Reichung der Serviette mag das »Trincier-Kunst« genannte kunstvolle Vorlegen hier als weiteres Beispiel dienen. Während zum Beispiel der »Aufschneider« (damals nicht negativ besetzt) das auf der erhobenen Gabel aufgespießte Fleisch in einer ebenso kunstvollen wie präzisen Choreographie »zierlich zerschnitt«, ist es heute doch ein wenig erquicklicher Anblick, wenn Geflügel und Braten mit zu stumpfer Klinge und ungeübter Hand unter Stöhnen zerfetzt werden.

Unwillkürlich fragt man sich, warum der kulturelle Fortschritt nicht auch das Essen umfasst. Die Fast-Food-Revolution scheint jedenfalls eher eine Etappe des kulturellen Verfalls zu sein. Ein Mindestmaß an Tischsitten gilt es aber auch heute noch zu beachten.

Bevor sich der Gastgeber mit der Kunst des Eindeckens einer T. beschäftigt, muss er sich für eine Form der Tischplatte entscheiden und die T. zusammen mit den passenden Stühlen an einer geeigneten Stelle aufstellen. Die Form des Tisches ist nicht nur für das Placement wesentlich. Wie bereits gezeigt wurde, kann mit ihr auch eine zeremonielle Botschaft verbunden sein. Die *rechteckige* Tafelform gilt wegen ihrer höfischen Ursprünge als »traditionell«, die *runde* als eher modern, familiär und »bürgernah« (→ Placement). Bei der Aufstellung der T. ist auf Türen, Fenster, den Ausblick, die Lichtverhältnisse, etwaige Feuerstellen, etwaige Positionen für Reden und Tafelmusik und sonstige Begebenheiten und Traditionen zu achten, die einen Einfluss auf die Platzierung und den Ablauf haben können. Abhängig vom Ablauf des Ereignisses (→ Aperitif; Begrüßung; Defilee) wird die T. etwa dort aufgestellt, wo sie für die Gäste und das Personal am besten erreichbar ist und sichergestellt wird, dass die Ehrengäste den besten Ausblick haben, ohne von der Sonne geblendet zu werden.

Mit dem Eindecken der T. und der Art des Servierens schafft der Gastgeber die Voraussetzungen für ein »sittliches« Gastmahl. Natürlich gibt es keinen verbindlichen Standard, vielmehr ist die Kunst des Eindeckens ebenso vielfältig wie alle anderen Aspekte des Essens und der Manieren. Im kontinentaleuropäischen Kulturkreis ist beispielsweise die Verwendung einer Tischdecke eher üblich (gewesen), während im Vereinigten Königreich auch förmliche Essen ohne eine solche auskommen können, jedenfalls wenn der Tisch eine edle Platte aufweist. In diesem Fall bedarf es allerdings eines Platztellers und nach Möglichkeiten auch der Messerbänkchen. Wer Zweifel daran hat, ob eine Tafel ohne Tischdecke festlich sein kann, betrachte Bilder einer in *Windsor Castle* oder *Buckingham Palace* gedeckten T.

Sobald die T. mit einer Molton-Auflage und Tischdecke versehen ist, wird sie »eingedeckt«. Genau genommen werden Platzteller, Porzellan und Besteck »eingedeckt« und die – mit Wasserdampf befeuchteten und anschließend polierten – Gläser (*Kristall*) »eingesetzt«. Die Grundausstattung eines klassischen Gedecks (feiner: *Couvert*) besteht aus einem Platzteller, Porzellan, Besteck, der Serviette und Gläsern. Natürlich sollte nie vom Platzteller gegessen werden – auch nicht das Brot. Rechts werden die Messer (Schneide nach links), links die Gabeln (bei uns: Zinken nach oben; als *Couvert à la française*: Zinken nach unten) und oberhalb des Tellers Dessertlöffel und Dessertgabel eingedeckt. Wenn Suppe in Tellern serviert wird, wird der größere Suppenlöffel rechts außen eingedeckt. Löffel liegen mit der Wölbung (Löffelschale) nach unten. Wird die Suppe jedoch in Tassen serviert, werden mit dem Suppengedeck kleinere Löffel gereicht. Sogenannte Klapperdeckchen können sinnvoll sein, weil die mit dem Servieren der Suppentassen verbundenen Geräusche die Konversation stören können. Links oberhalb des Platztellers wird der Brotteller eingedeckt. Das rechts befindliche Stück Brot gehört also dem Tischgenossen zur Rechten. Rechts oberhalb des Platztellers werden die Gläser eingesetzt. Je nach Anzahl der dargebotenen Getränke kann man es mit einer regelrechten »Gläserbatterie« zu tun haben. Wenn es hier auch kulturell unterschiedliche Usancen gibt, werden die Gläser in Deutschland in der Reihenfolge ihrer Benutzung von rechts nach links eingesetzt. Das Wasserglas steht oft mit einem kleinen Abstand von den übrigen Gläsern. Die Serviette wird auf der linken Seite des Gedecks oder aber auf dem Teller platziert.

Wie jeder erfahrene Gastgeber sicher zu berichten weiß, ist es immer sinnvoll, ein zusätzliches Gedeck und einen weiteren Stuhl bereitzuhalten. Zu gerne kommen Gäste, ohne zuvor zugesagt zu haben. In anderen Fällen mag eine Absage eingegangen, oder aber die

Antwort des Eingeladenen schlicht missverständlich gewesen sein. Abgesehen davon sind Ersatzgedecke oder zusätzliche Trinkgefäße in anderen Religionen und Kulturkreisen aus übergeordneten Gründen üblich, z. B. der zusätzliche Becher für den Propheten Elija beim jüdischen Sederabend oder das zusätzliche Gedeck für die Verstorbenen oder unerwarteten Gäste bei der polnischen Wigilia.

Schließlich bietet eine »Tafelgesellschaft« für viele den willkommen Anlass, sich mit Fragen des Rangs und des Placements auseinanderzusetzen. Entsprechend dem höfischen Vorbild wird der Rang vor allem durch den Platz an der T. und ggf. weitere Faktoren (Bestuhlung; Gedeck; Speiseauswahl) markiert. Schließlich scheint es auch in der Gegenwart vielen an der T. Platzierten höchst erstrebenswert zu sein, möglichst in der Nähe der höher- und höchstgestellten Persönlichkeiten zu speisen.

TAFELMUSIK

Einst unverzichtbarer Teil des europäischen Tafelzeremoniells, erklingt sie auch heute noch als »musikalische Umrahmung« festlicher Bankette (→ Staatsbesuch; Zeremoniell). Gerade Staatsbankette sind ein Beispiel für die Bemühungen des gastgebenden Staates, die eigene kulturelle Vielfalt durch eine aufeinander abgestimmte Inszenierung von Örtlichkeit, kunstvoll eingedeckter Tafel, Speisen, Getränken und Musik darzustellen und dabei auch symbolische Reverenzen an das Gastland zu berücksichtigen. Eine solche könnte etwa darin bestehen, im Land des Gastgebers engagierte Musiker mit der Staatsangehörigkeit des Gaststaates auftreten zu lassen – oder aber Stücke eines Komponisten des Gastgeberstaates zur Aufführung zu bringen, der im Gaststaat gelebt hat. Oftmals wird es sich nicht anbieten, die T. als Hintergrundmusik zu spielen. Einerseits erschwert dies in aller Regel die in großer Runde ohnehin nicht einfache Konversation. Andererseits wird man hierdurch der Musik nicht ernsthaft gerecht. Besser ist es, die

T. zwischen den Gängen darzubieten. Zum Beispiel ein längeres Stück (ca. acht Minuten) vor dem Hauptgang und ein kürzeres, lebhafteres Stück vor dem Dessert (ca. vier Minuten). Wie bei jeder Abendgesellschaft kommt es entscheidend darauf an, nicht zu lang zu spielen. In vielen europäischen Festsälen sind noch die aus der höfischen Zeit stammenden Emporen vorhanden. Die T. von diesen zu spielen, wäre als eine Anknüpfung an die höfische Tradition zu verstehen. Es kann daher im Einzelfall angemessener sein, die Musikerinnen und Musiker im Festsaal auftreten zu lassen. Hierdurch wird auch der konzertante Charakter der zwischen den Gängen gespielten T. unterstrichen. Von den Emporen wurden traditionell eher Hintergrund- oder Tanzmusik und natürlich die Fanfaren (→ Ankündigung; Einzug) gespielt.

TANZ

Als willkommene Gelegenheit zur Prachtentfaltung spielte der T. in der repräsentativen Festkultur des Hofes eine wichtige Rolle (→ Ball). Aber natürlich tanzte nicht nur der höfische Adel. Alle Stände und gesellschaftlichen Gruppen hatten ihre Tanzkultur.

Das für den T. kennzeichnende Kräftespiel zwischen Regelbefolgung und Regelüberschreitung bot gerade in einer strikt reglementierten Gesellschaft Freiräume für einen intimeren Kontakt zwischen Dame und Herr. Klassische Tänze haben heute an Bedeutung verloren. Niemand benötigt ihn mehr, um irgendwelchen Zwängen zu entfliehen. Wenn also getanzt wird, dann meistens »frei«, in Form einer individuellen, mit Musik unterlegten Ekstase.

Hin und wieder gibt es ihn aber doch noch, den klassischen Gesellschaftstanz (→ Ball). Für Ungeübte manchmal eine Herausforderung. Einerseits muss man tanzen können. Andererseits werden Kleidung und Manieren der eingeladenen Tänzer einer etwas kritischeren Betrachtung unterzogen als bei anderen Ereignissen. Die Welt der Standardtänze ist oftmals noch ein wenig traditioneller geprägt. Der Tänzer möge daher als Herr auftreten, die Tänzerin als Dame. Im Übrigen verweist das Protokoll bei Fragen der Etikette gerne an den Allgemeinen Deutschen Tanzlehrerverband e. V. (ADTV).

TASCHENTUCH

Ob aus Papier oder aus Stoff: T. sind unverzichtbar, wobei das Stofftaschentuch entscheidende Vorzüge hat. Anders als das in Plastik gehüllte Papiertaschentuch kann es vollständig geräuschlos aus der Tasche geholt werden: ein enormer Vorteil in Oper, Theater und Kino. Abgesehen davon ist es ästhetischer. Natürlich haben auch Papiertaschentücher einen Nutzen. Wer an einem (Heu-) Schnupfen erkrankt ist, wird gerne auf das Einweg-Taschentuch zurückgreifen und sich nicht mit Dutzenden – stets gebügelten – Stofftaschentüchern zurückziehen.

Man sollte das T. diskret und wie nebenbei verwenden. Allein in anderen (vor allem asiatischen) Kulturkreisen kann es geboten sein, dasselbe nicht in Anwesenheit anderer zu benutzen. Damit wäre zum T. fast alles gesagt. Außer, dass geborgte T. gereinigt zurückgegeben werden. Keine Selbstverständlichkeit, wie eine Freundin erlebt hat. Die Mutter eines Kindes, welches erbrochen hatte, wollte ihr das geborgte T. tatsächlich ungewaschen übergeben.

Nur noch selten sieht man Gläubige, die so wie Don Fabrizio Corbera, Fürst von Salina, Herzog von Querceta und Markgraf von Donnafugata, in Giuseppe Tomasi di Lampedusas Roman »Il Gattopardo« auf einem ausgebreiteten Taschentuch knien (→ Kniefall).

TÊTE-À-TÊTE

Auf dem Parkett gibt es zwei Arten des T. Einerseits das romantische Stelldichein oder Rendezvous (→ Dame; Herr). Andererseits die für die Diplomatie wichtige Vieraugenbegegnung.

Hochgestellte Persönlichkeiten begegnen sich und anderen nur selten allein. Entourage, Hofstaaten und Gefolge können erstaunliche Ausmaße annehmen (→ Delegation). Gerade deshalb kann es für den Erfolg eines Treffens entscheidend sein, ein T. zu ermöglichen. Vertrauen ist eine wichtige Voraussetzung von Politik und Diplomatie. Eine Begegnung unter vier Augen kann dafür sehr nützlich sein.

Außerdem kann es zur Vermeidung eines drohenden Gesichtsverlustes geboten sein, delikate Themen nur anzusprechen, wenn keine anderen Personen zugegen sind. So könnte man etwa bei einem T. die Namen politischer Häftlinge nennen oder diskret in einem Umschlag übergeben. In manchen politischen Systemen haben Mitglieder einer Delegation schließlich auch die Aufgabe, die begleitete Persönlichkeit zu kontrollieren. Für ein fruchtbares T. kann man ruhig die Zeit überziehen (→ Ablauf; Pünktlichkeit). Wenn die Gespräche länger gedauert haben als gedacht, sehen alle, dass man sich etwas zu sagen hatte. Oft spricht gerade dies für besonders gute und intensive Beziehungen.

———————— TISCHFÜHRKARTE ————————

Die Tischführkarte hilft dem Gast, den für ihn vorgesehenen Tisch
(→ Tafel) zu finden. Eine häufig benutzte Formulierung lautet:
»Herr/Frau ... wird gebeten, an Tisch ... Platz zu nehmen«. Die
T. spiegelt das für die Anordnung der Tische bestimmte Ordnungs-
system wider. Entweder verfügen diese über Ziffern (z. B. »Tisch 5«)
oder aber Eigennamen (z. B. Tisch »Weimar«). Oftmals wird davon
abgesehen, den Haupttisch als »Tisch 1« zu bezeichnen. Aus Gründen des Aberglaubens gibt es auch selten einen »Tisch 13«.

Der Gastgeber wird vor dem Raum einen Tischplan aufhängen
und zusätzlich auf allen Tischen Schilder aufstellen, die jedoch
vor Beginn des Essens wieder entfernt werden. Natürlich sind
die Gastgeber den Gästen stets dabei behilflich, ihre Tische und
Plätze zu finden. Bei größeren Essen hilft zusätzlich das Personal.
Seinen Platz findet der Gast mithilfe einer mit seinem Namen
versehenen und oberhalb des Gedecks aufgestellten Placement-
Karte.

———————— TISCHSITTEN ————————

*Ich sah wohl, daß er meine Art zu essen beobachtete, und verlieh
ihr, unter Vermeidung aller Affektation, eine gewisse wohlerzogene
Strenge, aufrecht, Messer und Gabel bei angezogenem Ellbogen
handhabend.*

[Thomas Mann, Bekenntnisse des Hochstaplers Felix Krull]

Wie alle Disziplinen der Manieren hängen sie sehr von den jeweiligen Umständen ab. Das vorliegende Handbuch möchte den
Leser nicht mit einer Flut von unterschiedlichen Tischgepflo-
genheiten überrollen. Die hierzu bereits vorhandene Literatur ist
hinreichend speziell. Außerdem soll es sogar Kurse und Seminare
geben, in denen man den korrekten Umgang mit Schneckenzange

und Schneckengabel erlernen kann. Erstaunlich kann dies nur finden, wer noch keine Kenntnis von »Atemkursen« hat.

Souveräne Tischmanieren erlangt man jedoch nicht durch die Aneignung eines solchen Detailwissens, mit dem man sich ohnehin nur in einem Netz pseudoverbindlicher Normen zu verheddern droht. Vielmehr kann es lediglich darum gehen, sich einige Grundlagen der T. vor Augen zu führen und ein Gespür für das Verhalten an der Tafel zu entwickeln. Diese grundlegenden Umgangsformen sollten mit einer eleganten Mühelosigkeit, also mit einer gewissen *Sprezzatura* gelebt werden (→ Herr). Dreh- und Angelpunkt der eigenen Manieren ist die Aufmerksamkeit. Auch bei Tisch.

Es ist manchmal erstaunlich zu beobachten, wie befangen Menschen aus Angst vor einem Fauxpas bei Tisch agieren: Tischgenossen, die über den Tellerrand schielen, um zu sehen, welches Besteck der Nachbar zuerst ergreift. Mit der Nachahmung der Tischmanieren ist es aber so eine Sache. Sie mag häufig hilfreich sein, in manchen Fällen führt sie jedoch ins Abseits. Berühmt ist das von US-Präsident Calvin Coolidge im Weißen Haus für führende Parlamentarier gegebene Frühstück, in dem der Gastgeber Sahne in eine Untertasse schüttete und ihm dies einige Gäste nachmachten – in der Annahme, dies sei *comme il faut*. Ihnen war die Leidenschaft des Präsidenten für Katzen entgangen, denen er die Untertasse dann auf den Boden stellte.

Manchmal werden auch Vorstellungsgespräche in Form eines gemeinsamen Essens – des berüchtigten »Gabeltests« – geführt. In den Personalabteilungen glaubt man, so mehr über die Persönlichkeit des Bewerbers zu erfahren.

Im Kern geht es bei den T. um die Fragen, wer was wann und wie isst und trinkt und wie er sich dabei verhält. Bevor der Gast vor seinem Gedeck steht, hat er schon einige zur Tafel führende Zwischenschritte absolviert (→ Aperitif; Begrüßung; Defilee; Ehrenplatz; Placement; Tischführkarte; Vorstellung). Der Mensch isst grundsätzlich nicht im Stehen (*Alexandre Dumas*: L'homme doit manger assis.). Es geht nicht darum, die überaus nützlichen Stehempfänge zu verteufeln. Ein wirkliches Gastmahl findet aber nach wie vor im Sitzen statt – als »gesetztes Essen«.

Das Verbot, im öffentlichen Raum zu essen, hat in den letzten Jahrzehnten eine massive Relativierung erfahren. Vielleicht ist hier eine Besinnung darauf sinnvoll, dass sich nicht jeder Ort und nicht jede Gesellschaft dazu eignet, die mitgebrachte Stulle zu verspeisen. In diesem Zusammenhang sei das von den Berliner Verkehrsbetrieben BVG präsentierte Video »Is mir egal« von Kazim Akboga empfohlen.

Das besondere Verhältnis zwischen *Tischherr* und *Tischdame* gehört zum Kernbereich guter T. Jedenfalls nach traditioneller Ansicht. Aus dem Placement ergibt sich, welcher Herr für welche Dame zuständig ist. Im Zweifel sitzt die Tischdame rechts von ihrem Tischherrn (→ Ehrenplatz). Sitzt der Herr zwischen zwei Damen und hat die zur Linken sitzende keinen Tischherrn, bemüht sich der Herr um beide. Nachdem er sie zu ihrem Platz begleitet oder sich zumindest der bereits am Tisch befindlichen Dame vorgestellt hat, ist ihr der Tischherr zum richtigen Zeitpunkt dabei behilflich, sich hinzusetzen. Sobald die Gastgeber Platz nehmen, tritt er hinter den Stuhl der Dame, zieht ihn mit beiden Händen zurück und schiebt ihn vorsichtig – ggf. unter Zuhilfenahme des Knies – gleichmäßig nach vorne, ohne jedoch die Sitzfläche zu kippen. Sobald der Stuhl die Kniekehlen berührt, beendet er diese Bewegung. Schließlich geht es ja nicht darum, die Dame zu Fall zu bringen. Hat die Dame ihre bevorzugte Position am Tisch noch nicht erreicht, entlastet sie den Stuhl für einen Augenblick, damit der Herr diese korrigieren kann.

Diesen Vorgang wiederholt der Herr bei jedem Aufstehen. Die Assistenz des Herrn beschränkt sich natürlich nicht auf das Platznehmen. Sollte die Dame etwas fallen lassen oder aber eine Jacke oder Stola bei Tisch an- oder ausziehen, ist ihr der Herr hierbei behilflich. Ebenso, wenn sie die Handtasche aufheben möchte. Nur Fingerspitzengefühl entscheidet, welche Assistenz zu welcher Gelegenheit passt. Ein gemeinsames Mittagessen in der Betriebskantine ist jedenfalls etwas anderes als ein Staatsbankett.

Je nach den Umständen kann es bei kleineren Tischen zur Festigung der Tischgemeinschaft geboten sein, sich den anderen Gästen vorzustellen. Hierbei sollte der berüchtigte »Abwurf« von Visitenkarten unbedingt vermieden werden. Hat man nun an der Tafel
Platz genommen, bleibt man sitzen, bis sie aufgehoben wird. Dies
umschreibt eine erste ebenso wichtige wie oftmals leider unbeach-
tete Regel: Wenn keine zwingenden Gründe bestehen, steht man
während des Essens nicht auf. Es sei denn, es erklingt eine Hymne
oder es wird ein Toast ausgebracht.

Schon gar nicht verlässt man ein Staatsbankett (vor dem
Hauptgang!), verbunden mit der an die Tischgemeinschaft gerichteten Mitteilung, man sei noch mit Freunden im Sowieso-Club
verabredet. Leider wirklich geschehen.

Die »Grundhaltung« bei Tisch ist ein aufrechtes Sitzen mit Ellbogen am Körper, also weder auf der Tischplatte noch vor dem
Gedeck des Tischnachbarn (→ Rücksicht). In Deutschland ist es
üblich, beide Hände auf dem Tisch zu belassen. Im Übrigen ist die
Tafel dem Essen vorbehalten. Handtaschen, Handys oder Unterla-
gen gehören nicht neben das Gedeck. Als Erstes legt man sich die
Serviette auf den Schoß. Wenn absehbar ist, dass vor dem Essen
Toasts ausgebracht werden, kann diese jedoch noch auf dem Tisch
verbleiben. Anderenfalls muss die Serviette vor jedem Aufstehen
neben das Gedeck gelegt werden. Niemand greift zum Besteck, bis
Gastgeber und ggf. Ehrengast ihrerseits mit dem Essen angefan-
gen haben.

Es bleibt dem Gastgeber vorbehalten, das Essen – auf welche
Weise auch immer – zu eröffnen. Denkbar sind etwa ein kurzer
Toast, ein Gebet oder das mit dem Wunsch nach einem Moment
der Stille verbundene Leuten eines kleinen Glöckchens. »Guten
Appetit« zu wünschen, ist traditionell nicht üblich. Wenn ein
Tischgenosse dies jedoch tut, wäre es unhöflich, diesen Wunsch
besserwisserisch zu ignorieren. Keinesfalls ist es jedoch Sache des
Gastes, den Beginn des Essens zu markieren oder gar mit diesem
zu beginnen. Nie wird mit dem Besteck rumgefuchtelt oder ges-
tikuliert. Nur Gabel und Löffel werden zum Mund geführt, das

Messer nie. Mit den Händen zu essen, ist in Deutschland nur im Ausnahmefall üblich. Das zuvor in eine mundgerechte Größe gebrochene und ggf. mit Butter – oder einem »Dip« – bestrichene Stück Brot ist beispielsweise ein solcher Ausnahmefall. Es wirkt jedoch wenig elegant, das gesamte Stück Brot mit Butter zu bestreichen und nach und nach als »Stulle« zu verspeisen. Allgemein bekannt, aber nicht hinreichend beachtet wird das Gebot, den Mund beim Kauen zu schließen und infolgedessen auch nie mit vollem Mund zu sprechen oder aber jemanden etwas zu fragen, der gerade kaut. Ferner sollte man das Essen erst dann fortsetzen, wenn der Mund vollständig geleert ist.

Das kultivierte Essen ist von einer gewissen Affektsteuerung und Beherrschung geprägt. Wie bereits dargelegt, wartet man zunächst den Beginn ab. Außerdem lässt man die Speisen einen kleinen Moment unberührt und beginnt erst nach diesem Innehalten. Diese Zurückhaltung war insbesondere bei dem bis in das 19. Jahrhundert für Bankette üblichen *Service à la française* wichtig. Hierbei wurden drei Gänge mit jeweils einer Vielzahl von Speisen streng symmetrisch auf der Tafel angeordnet. Gerade wegen dieser prachtvollen Fülle hielt sich der vornehme Gast zurück und aß nur wenig. Dies ist zwar bei dem heute üblichen *Service à la russe*, bei dem die einzelnen Gänge nacheinander serviert und in einer Menukarte verzeichnet werden, nicht mehr nötig. Dennoch gehört es zum guten Ton, sich zurückzuhalten und nicht in ein animalisches Verschlingen zu verfallen. Wer schon mal einen Nationalfeiertagsempfang in einer Botschaft besucht hat, wird an den dort aufgebauten Buffets sicher auch anderes Verhalten beobachtet haben.

Das Essen sollte stets durch Beiträge zum Tischgespräch (→ Konversation) und assistierende Handlungen, z.B. dem zunehmend unterlassenen Nachschenken, unterbrochen werden. Was ist eigentlich so schwer daran, die Gläser der anderen zu befüllen?

Obwohl Riechen als »innigste Einnehmung« (Immanuel Kant) eine besonders intensive sinnliche Erfahrung ermöglicht, sollte bei Tisch nicht am Essen gerochen werden.

Was den Umgang mit dem Besteck und die richtige Nutzung der Gläser angeht, so ist diese durch die vorgesehene Reihenfolge der Speisen und Getränke sowie das Gedeck vorgegeben (→ Tafel). Grundsätzlich isst und trinkt man »von außen nach innen«. Eine Ausnahme ist der bereits erwähnte Suppenlöffel. Dieser wird in Deutschland mit der Spitze zum Mund geführt. Ab einer gewissen Größe geschieht dies auch bei uns seitlich. In England hingegen werden die dort üblichen runden Suppenlöffel stets seitlich zum Mund geführt. Weder in England noch in Deutschland wird jedoch der Kopf zum Löffel geführt. Ist die Suppe aufgegessen, legt man den Löffel in Deutschland auf den Unterteller. In anderen Kulturkreisen wird dies anders gehandhabt. In England verbleibt der Löffel etwa in der Tasse. Unterschiedliche Auffassungen gibt es zu der Frage, ob der Suppenteller zur Erleichterung der Aufnahme leicht schräg gehalten werden darf. Nach traditionellen Vorstellungen ist dies nicht *comme il faut*. Wer sich darüber hinwegsetzt, sollte den Suppenteller jedenfalls so halten, dass die Schräge zur Tischmitte zeigt.

Was die Verwendung des Messers betrifft, wird nur geschnitten, was geschnitten werden muss. Bekanntlich keine Kartoffeln und kein Salat. Da man zu allen möglichen Desserts immer häufiger Gabel und Löffel gereicht bekommt, sieht man manchen Tischgenossen mit der Frage ringen, ob nun die Nutzung der Gabel oder die des Löffels eher angezeigt sei. Ohne dass es hier eine verbindliche Regel gäbe, ist dem Löffel der Vorzug zu geben – auch eingedenk seiner größeren kulturgeschichtlichen Bedeutung (→ Besteck). Was also mit dem Löffel gegessen werden kann, sollte auch mit ihm gegessen werden.

Wichtig ist noch, dass einmal benutztes Besteck nie auf den Tisch zurückgelegt wird. Ferner wird das Besteck nicht schräg zwischen Tellerrand und Tisch abgelegt. Hierbei gilt es allerdings zu bedenken, dass es moderne Geschirrformen gibt, die dies erfordern, weil anderenfalls das Besteck gänzlich auf den Teller rutscht. Zum Zeichen (→ Symbol), dass man mit dem Essen fertig sei, demzufolge kein weiterer Service gewünscht ist, legt man das

Besteck parallel mit nach rechts gerichteten Griffen auf den Teller. Wünscht man noch einen Nachschlag, so legt man das Besteck über Kreuz, wobei die Griffe nach unten zeigen.

Bei manchen Essen ist es üblich, die Tafel nach dem Dessert aufzuheben, um Mokka und Digestif »in den angrenzenden Salons« zu sich zu nehmen. Diese Sitte hat den Vorteil, dass sich die Gäste »nach Tisch« noch jenseits der vorgegebenen Tischordnung (→ Placement) begegnen können. Ist die Tafel aufgehoben, hilft der Herr seiner Tischdame beim Aufstehen. Sodann bedankt er sich für ihre Gesellschaft und führt sie in die Salons.

Zum Schluss noch der Hinweis darauf, dass man keinesfalls bei Tisch flüstert. Während es nach burgundischem und spanischem Zeremoniell ein verbindliches Schweigegebot für die höfische Tafel gab, ist die Konversation bei Tisch schon seit geraumer Zeit eine für das Parkett unerlässliche Kompetenz, ja Pflicht.

Nur wer diese Grundlagen kennt, kann sich souverän zu ihnen verhalten. Dies schließt auch die Möglichkeit ein, sich über manche Regeln hinwegzusetzen. Manieren sind schließlich kein Korsett, sondern ein authentischer Ausdruck der eigenen Persönlichkeit.

TOAST

Er gehört zu den bekanntesten ritualisierten Trinksitten und ist wohl nach einem vor einigen Jahrhunderten in England üblichen Brauch benannt, ein Stückchen gewürztes Brot auf den Boden des Wein- oder Aleglases zu legen.

Der T. ist ein kurzer Trinkspruch zu Ehren einer Person, die nicht notwendigerweise anwesend ist. In früheren Zeiten galt er – manchmal mit einem Trankopfer verbunden – auch göttlichen Instanzen. Jenseits des kultischen Anwendungsbereiches mündet eine Tischrede oder sonstige Ansprache häufig in einen T. (→ Begrüßung; Anrede). Er wird zumeist mit der Aufforderung verbunden, das Glas zu erheben. Wichtigste Voraussetzung ist demnach, dass alle Gäste und auch der Gastgeber ein gefülltes Glas zur Hand haben.

Abgesehen davon sind bei der Ausbringung eines T. einige wenige Dinge zu beachten. Zunächst das Gebot der absoluten Kürze. Sodann sollte die protokollarisch gebotene Reihenfolge der Redner und der mit dem T. bedachten Persönlichkeiten eingehalten werden (→ Rang). Üblicherweise spricht zunächst der Gastgeber, danach der Gast. Wird der T. im Rahmen eines Essens ausgebracht, kann dies vor, während oder nach dem Essen erfolgen. Die Redner stehen für den T. grundsätzlich auf. Sofern niemand den Stuhl entfernt, stellt der Redner den Stuhl an den Tisch und stellt sich hinter diesen. Sich zwischen Stuhl und Tafel zu stellen, wirkt ein wenig unbeholfen. Die übrigen im Saal Anwesenden stehen auf, um die Gläser zu erheben und sich zuzutrinken. Herren schließen die Jacke (→ Anzug).

Die Sitte des sich Zutrinkens ist eine dezente. Auch hier gilt es, unnötige Geräusche zu vermeiden. Deshalb wird das erhobene Glas den Trink- und Tischgenossen lediglich vorgehalten. Es ist nicht erforderlich, mit den Gläsern anzustoßen. Dass in bestimmten Kreisen das Anstoßen regelrecht verpönt ist, erscheint ein wenig kleinkariert. Man kann davon ausgehen, dass dieses Ritual nicht geboten ist. Doch von einem Verbot kann keine Rede sein. Wer davon absieht, mit den Gläsern anzustoßen, wird diese in britischer Manier nicht am Stiel, sondern am Kelch ergreifen. In Deutschland kann man das Glas jedoch getrost auch am Stiel anfassen. Jedenfalls, wenn dieser lang genug ist. Hierdurch wird auch vermieden, dass die Temperatur des Weins durch die Körperwärme steigt – für jeden Weinkenner ein Graus.

Schließlich sollte bei einem zu Beginn des Essens ausgebrachten T. davon abgesehen werden, durcheinander um den Tisch zu laufen, um miteinander anzustoßen. Wenn man aber beherzt das Glas vorgehalten bekommt, um dies zu tun, wäre es völlig verfehlt, diese freundliche Geste mit einem Hinweis auf eine vermeintliche Etiketteregel zurückzuweisen.

Ein bekanntes Beispiel für einen T. ist der mit den beiden

Worten »The Queen« ebenso kurze wie würdevolle »Loyal toast
to the Sovereign«, der nach den britischen Usancen auch im
Anschluss an das Essen ausgebracht wird. Falls keine Hymne
gespielt wird, sorgt der »Toastmaster« mit den Worten »Pray
silence for ...« für Ruhe. Eine weitere britische Besonderheit
ist, dass Marineoffiziere wegen der vormals widrigen Umstände
auf See seit den Zeiten Königs Wilhelm IV. Heinrich (genannt
»Sailor-King«) das Privileg haben, beim T. sitzen zu bleiben,
wenn sie an Bord sind.

Mancher T. führt zu Peinlichkeiten (→ Fauxpas) – wegen fal-
scher Anreden, eines Versprechers oder weil der Ablauf nicht eingehalten wurde.

TÜRE

T. und Tore, Schwellen und Übergangsriten haben wichtige zeremonielle Funktionen. Manche Prunktüre wird nur zu Hochzeiten oder bei Todesfällen geöffnet. Heilige Pforten nur in heiligen
Jahren. Nicht jedem ist klar, dass T. Sphärenwechsel markieren
können. Über ihre praktische Funktion hinaus können sie einen
Wechsel von Macht- und Einflussbereichen bedeuten. Ist dies der
Fall, könnte eine Geste des Respekts angemessen sein.

T. sind immer sanft und leise zu schließen. Sie ins Schloss fallen
zu lassen, ist grob und unbeholfen und ein schlechter Start für die
Begegnung mit dem Besuchten (→ Besuch).

Die T. für die nachfolgende Person zu öffnen und aufzuhalten,
um dieser den Vortritt zu gewähren, ist eine Grundregel guter
Manieren – gewissermaßen ein erster sozialer »door opener« für
die Welt des Parketts.

Mit einigem Recht könnte man bei dieser von Ritterlichkeit
und Höflichkeit geprägten, ritualisierten Form der Respekts- und
Ehrerweisung von einem Lackmustest für weltläufiges Benehmen
sprechen (zu etwaigen Sexismusvorwürfen → Herr). Wer diese
ebenso einfache wie wichtige Regel missachtet, gibt öffentlich zu

erkennen, dass er über lediglich verkümmerte Umgangsformen verfügt.

Für die Frage, wer wann wem die T. aufhält, sind die auch für die Anrede, Anciennität, Begrüßung, Vorstellung und Vortritt geltenden Regeln maßgeblich: Grundsätzlich hält der Herr der Dame, der Gastgeber dem Gast, der Rangniedrigere dem Ranghöheren, der Jüngere dem Älteren die T. auf. Ferner im Zweifel derjenige, der zuerst an der T. angelangt ist, dem Folgenden.

Darüber hinaus hängt von der Art der T. und den Umständen der Örtlichkeit ab, wer auf welche Weise die T. öffnet und zuerst über die Schwelle schreitet. Die früher übliche Differenzierung, je nach Rang einen oder beide Flügel einer T. zu öffnen, ist in Deutschland ausgestorben. Ebenso die Sitte, sich nur deshalb in Räumen mit mehreren T. zu begegnen, damit alle gleichzeitig eintreten können (→ Rang).

Bei Drehtüren geht grundsätzlich der Herr vor, um dieselbe für die Dame in eine angemessene Bewegung zu versetzen. Ebenso betritt der Herr – unabhängig von der Art der T. – Gaststätten vor der Dame (→ Restaurant). Bei nach innen öffnenden T. verbleibt die die T. öffnende Person vor der Schwelle, hält diese auf und blickt zu der mit dieser Aufmerksamkeit bedachten Person, um sie zuerst über die Schwelle treten zu lassen. Bei nach außen öffnenden T. kann zur Öffnung zunächst über die Schwelle getreten werden, um sodann die T. hinter sich festzuhalten und die andere Person durchtreten zu lassen. Bei Aufzugtüren ist entscheidend, ein vorzeitiges Schließen zu verhindern. Dies kann durch die Betätigung des Türöffnungsknopfes und zusätzlich mit der Hand durch ein vorsorgliches Verschließen des für die Kabinen- und Schachtabschlusstüre vorgesehenen Schachtes geschehen.

In unübersichtlichen Situationen, in denen die Wegführung unklar bleibt – also etwa in einem mit mehreren Doppeltüren versehenen *Antichambre* –, wird es der Gastgeber im Einzelfall vorziehen, vorzugehen und den Weg zu weisen.

Natürlich sind diese Empfehlungen nicht in jedem Fall angemessen. Wenn etwa eine Gruppe durch eine T. geht, wird diese schlicht von Hand zu Hand gereicht. Abweichungen gelten freilich auch für alltägliche Begegnungen in der Massengesellschaft. Wenn morgens Hunderte in ein Bürogebäude strömen, wäre es völlig verfehlt, mit der geöffneten Türe im Rücken bei der Schwelle zu warten, bis die folgende Person diese überschritten hat. Hier empfiehlt sich eine abgespeckte Version der beschriebenen Assistenz.

Beim Öffnen des Wagenschlags ist darauf zu achten, der einsteigenden Person im weiteren Sinne dabei zu helfen, Platz zu nehmen. Insbesondere älteren Mitfahrern sollte beim Einstieg der Arm angeboten oder die Hand gereicht werden. Ferner ist darauf zu achten, dass sich der Fahrgast nicht den Kopf stößt und dass keine Kleidungsstücke in der T. eingeklemmt werden. Wie bei anderen Gesten kommt es auch hier entscheidend darauf an, sie in selbstverständlicher und ruhiger Eleganz durchzuführen und Blickkontakt zu wahren (→ Arm anbieten). Völlig verfehlt wäre es demnach, zum Beifahrersitz zu spurten, um die T. aufzureißen und schnell wieder in das Schloss fallen zu lassen. Oder aber auf eine Dame zuzustürzen und ihre Hand unter dem Ausruf von der Klinke zu ziehen, dass man dies schon für sie erledige.

Was Haus- und Wohnungstüren angeht, ist darauf zu achten, dass diese grundsätzlich geschlossen werden sollten. Zugluft ist unangenehm und kann die Atmosphäre einer Begegnung nachhaltig trüben. Außerdem können zeremonielle und private Ereignisse durch knallende T. und Fenster empfindlich gestört werden.

Wie bei jeder Geste der Aufmerksamkeit ist der mit ihr Bedachte zu Dank verpflichtet. Die Beachtung dieses Dankbarkeitsgebots setzt allerdings voraus, dass man die Geste überhaupt wahrgenommen hat (→ Aufmerksamkeit). Durchschreiten die Akteure mehrere T., muss der Dank nicht jedes Mal – und nicht auf dieselbe Weise – zum Ausdruck gebracht werden.

Dass schließlich einige T. verschlossen bleiben müssen, gehört zum Wesen des Protokolls.

TURNING THE TABLE

Als T. wird die aus dem viktorianischen Zeitalter stammende Regel der Konversation bezeichnet, bei förmlichen Essen in sehr traditionellen Kreisen für die Dauer zumeist eines Ganges nur mit einem Nachbarn zu sprechen. In Großbritannien ist es Aufgabe der Gastgeberin, den T. zu vollziehen. Sie wird den ersten Gang oder aber die beiden ersten Gänge ausschließlich mit ihrem Ehrengast sprechen, um sich dann während des dritten und vierten Gangs dem auf der anderen Seite sitzenden Tischnachbarn zuzuwenden.

Die Konversation wird jeweils ausschließlich und ohne jegliche Einbeziehung des anderen Tischnachbarn geführt. Alle Gäste blicken zu Beginn des Essens auf die Gastgeberin. Je nach den Gegebenheiten des Placements kann ihr Ehrengast links oder rechts sitzen. Wendet sie sich etwa zuerst nach links, sprechen alle anderen Damen zunächst auch nur mit dem linken Tischnachbarn. Sobald die Gastgeberin den Gesprächspartner wechselt, tun es ihr alle Damen gleich.

Entfernter oder gar gegenüber platzierte Gäste werden nach diesen Vorstellungen der Konversation bei Tisch nicht angesprochen. Im Übrigen gilt es, auch die üblichen Regeln der Konversation zu beachten (→ Anrede; Vorstellung). Demgemäß richtet etwa der Ranghöhere zuerst das Wort an den Rangniedrigeren bzw. die Dame an den Herrn.

Da es für den Unkundigen befremdlich sein kann, von seinem Tischnachbarn konsequent ignoriert zu werden, sei diese Regel auch dem kontinentaleuropäischen Leser vorgestellt. In den USA wird diese spezielle Konversationsregel kaum noch befolgt.

Manchmal trifft es aber auch Briten selbst. 2015 offenbarte etwa der britische Formel-1-Rrennfahrer Lewis Hamilton, dass er von Königin Elizabeth II höchstselbst in die Kunst des T. eingeführt worden sei: »I got invited to a lunch and was sitting next to The Queen. I was excited and started to talk to her but she said, pointing to my left, ›No you speak that way first and I'll speak this way and then I'll come back to you.‹«

U

Ü. (*rites de passages*) markieren in ritueller Weise Veränderungen. Sie betreffen sowohl das Protokoll als auch das private Leben, z. B. Initiationsrituale (Inaugurationen, Vereidigungen, Investituren, Einzüge), Beerdigungen und Abschiedszeremonien (Großer Zapfenstreich, Serenade etc.).

Als fester Bestandteil des Besuchszeremoniells prägen Ü. noch heute jeden Staatsbesuch. Mit ihnen wird zum Ausdruck gebracht, dass sich der Gast in die Herrschaftssphäre des Gastgebers begibt. So wird der Staatsgast an der Landesgrenze (ggf. im Luftraum mit einer Lufteskorte) in Empfang genommen. Auch die Salutschüsse, die Auslegung des Roten Teppichs, die Ausschmückung und Beflaggung von Bahnhöfen und anderen Gebäuden, die Beflaggung der Protokollstrecke und die Begrüßung am Wagen können hierzu gehören.

Ergänzt werden die Ü. durch sog. Milderungsrituale, die sich im Besuchszeremoniell herausgebildet haben. Dies sind rituelle Handlungen, die darauf abzielen, den Aufenthalt des Gastes so angenehm (»milde«) und sicher wie möglich zu gestalten (→ Begrüßung; Delegation; Eskorte; Raus-wie-rein-Grundsatz; Staatsbesuch; Türe). Zur ganzen Wahrheit gehört allerdings, dass die Eskortierung und Abstellung eines Ehrengeleites nicht nur diesem Zweck, sondern auch der Überwachung und Kontrolle dienen kann.

V

VERABSCHIEDUNG

Jede persönliche Begegnung sollte mit einer V. enden. Ebenso wie die Begrüßung und die Art und Weise, wie man eine Veranstaltung betritt (→ Einzug), bedarf sie einer gewissen Form (→ Anrede; Verbeugung). Dies gilt vor allem für die V. des Gastes vom Gastgeber. Zeitpunkt und Ausgestaltung des Abschieds sind von den konkreten Umständen abhängig. Wenn sich der Einladung keine Anhaltspunkte entnehmen lassen, ist der soziale Kontext entscheidend. Dies bedeutet, dass sich die Dauer eines Ereignisses nach den lokalen und ggf. familiären Usancen des Gastgebers richtet.

Damit sie nicht als Zeichen zum allgemeinen Aufbruch missverstanden wird, sollte eine vorzeitige V. so diskret wie möglich erfolgen. Jedenfalls ist es Sache des Gastes, sich rechtzeitig zu verabschieden und die Gastfreundschaft nicht zu strapazieren (→ Pünktlichkeit). Hält sich der Gast nicht daran, bleibt es dem Gastgeber überlassen, seinerseits den Abschied einzuläuten. Hierbei können launige Hinweise hilfreich sein: »Ich habe Sie zum Abendessen eingeladen, nicht zum Frühstück!« Bei Arbeitsbesprechungen dürfte es allerdings Aufgabe des einladenden Sitzungsleiters sein, auf die Zeit zu achten und die Sitzung zu schließen. Im Übrigen gilt für die V. das zum Rang Gesagte. Staatsoberhäupter zum Beispiel kommen zuletzt und werden zuerst verabschiedet.

In allen Kulturkreisen ist der grußlose (»stille«) Abgang eher verpönt und nur im Ausnahmefall zulässig. Kein Wunder, dass sich viele Kulturen schon sprachlich von einer solchen Fragwürdigkeit distanzieren, indem sie diese jeweils einer anderen zuschreiben. So heißt der stille Abgang im Französischen »Filer à l'anglaise«, im Englischen »Leave the French way« und bei uns »polnischer Abgang«. Ein stiller Abgang ist etwa dann sinnvoll, wenn der Gastgeber bei einer größeren Festlichkeit nicht aufzufinden oder in ein intensives Gespräch vertieft ist. Der still abgegangene Gast wird seinen Dank dann nachträglich zum Ausdruck bringen. Zwischen feierlicher *Extrada* und stillem Abgang liegt demnach ein großes Spektrum.

Schließlich sei noch der Hinweis gestattet, dass die V. der unverzüglichen Umsetzung bedarf. Mein Vater nennt die in Deutschland grassierende Unsitte, die V. als Auftakt zu einer neuen Konversation misszuverstehen, gerne die »deutsche Viertelstunde«.

VERBEUGUNG

Mit ihr wird üblicherweise ein besonderer Respekt zum Ausdruck gebracht. Gerade weil die V. auf dem deutschen Parkett selten geworden ist, sei diese elegante Art der Respektserweisung in Erinnerung gerufen (→ Begrüßung; Geste; Ritual; Verabschiedung).

Je nach Kontext schwingen auch Hochachtung, Ehrfurcht, Verehrung oder Bewunderung mit. Von den auch vorhandenen negativen Konnotationen (»Bückling« oder »Kotau«) sollte man sich jedenfalls nicht abschrecken lassen.

Die Art und Weise der Ausführung hängen von den Umständen ab, vor allem von den kulturellen Usancen vor Ort (z. B. wer zuerst, wie tief, wie häufig?). Hierzulande ist die V. im gesellschaftlichen Verkehr grundsätzlich dem Herrn vorbehalten. Damen steht als besondere Reverenz der Knicks zur Verfügung. Wenn sich also eine Dame verbeugt, spricht alles dafür, dass sie auf einer Bühne steht. In Deutschland und anderen europäischen Ländern ist zumeist eine lediglich knappe V. (»small reverence«) ausreichend. Bei vollständig aufrechter Haltung wird hierbei lediglich der Kopf kurz gebeugt.

Beim Defilee wählt der Vorgestellte die für den Einzelfall angemessene Form der Ehrerweisung, also beispielsweise V., Knicks
oder Handschlag. Im Falle eines in Deutschland ausgerichtete
Staatsbanketts würden etwa die deutschen Gäste in einem Defilee
eher die Hand geben, während es asiatischen Gästen freistünde,
sich stattdessen zu verbeugen (→ Staatsbesuch). Jedenfalls würde
kein Japaner dem japanischen Kaiser oder Kronprinzen die Hand
reichen.

Wie schon beschrieben, können die Grenzen zwischen Protokoll und Propaganda fließend sein (→ Vorwort). Gerade die jüngere
deutsche Geschichte kennt zahlreiche Beispiele hierfür. Der von
den Nationalsozialisten sorgfältig inszenierte »Tag von Potsdam«
ist ein fest im kollektiven Bewusstsein verankertes Beispiel dafür,
dass auch eine V. Teil einer solchen Inszenierung sein kann. Der
mit dem von ihm gehassten schwarzen Cut und Zylinder gekleidete Hitler verneigte sich am 21. März 1933 – dem Tag des ersten
Reichstages nach der Reichsgründung 1871 – vor Reichspräsident
von Hindenburg, der ihm die Hand gab. Mit dieser inszenier-
ten Begegnung beabsichtigten die Nationalsozialisten einerseits,
Hitler und den Nationalsozialismus symbolisch in die preußische (Militär-)Tradition zu stellen. Andererseits täuschte die V.
vor, dass sich Hitler und der Nationalsozialismus dem durch den
Reichspräsidenten repräsentierten Staat unterstellten. Schließlich
symbolisierte der Handschlag die Anerkennung Hitlers durch
Hindenburg. Diese Rechnung ist leider aufgegangen.

——————— VILLA HAMMERSCHMIDT ———————

Die V. ist der in der Adenaueralle 135 – 137 gelegene Bonner Amtssitz des Bundespräsidenten (→ Schloss Bellevue). Das 1860 von
einem Kaufmann namens Albrecht Troost erbaute »Weiße Haus
am Rhein« war bis 1994 erster Amtssitz und ist untrennbar mit der
Geschichte der jungen Bundesrepublik – der sog. »Bonner Republik« – verbunden (→ Symbol). Die V. ist jedoch kein Museum,

sondern ein voll funktionsfähiger und gerne genutzter Amtssitz des Staatsoberhauptes.

Wenig bekannt ist, dass den ersten Bewohnern kein Glück beschieden war. Wie den Akten zu entnehmen ist, hatte die Frau des Erbauers »in einem Anfall von Schwermut ihrem Leben im Rhein ein Ende bereitet. Ihrem Ehemann war dadurch das Besitztum verleidet«. Ungeachtet dessen werden heute dortselbst gerne Eheschließungen vollzogen.

In staatssymbolischer Hinsicht verfügt die V. an ihrer Zufahrt über die Besonderheit eines goldenen Bundesadlers, der seinen Kopf nach *links* wendet. Hiermit setzt er sich souverän über die »Bekanntmachung betreffend das Bundeswappen und den Bundesadler« vom 20. Januar 1950 hinweg. Dort ist nämlich festgelegt: »[…] das Bundeswappen auf goldgelbem Grund den einköpfigen schwarzen Adler zeigt, den Kopf nach *rechts* gewendet, die Flügel offen, aber mit geschlossenem Gefieder, Schnabel, Zunge und Fänge von roter Farbe.«

VISITENKARTE

Wie die Bezeichnung verrät, verstand man früher unter einer V. ausschließlich die für häusliche Besuche unerlässliche Besuchskarte (→ Antrittsbesuch; Besuch). Auf dieser sind lediglich der um etwaige Titel ergänzte Name, nicht aber Anschrift und Telefonnummer verzeichnet (→ Druckerzeugnisse; Billet; Komplimentkarte).

Obwohl traditionelle V. noch gebräuchlich sind, bezeichnet man heute auch sog. Adress- oder Geschäftskarten als V. Die V. darf als wichtiges Instrument der Kommunikation nicht unterschätzt werden. Dies setzt auch eine sorgfältige Gestaltung voraus. Die Größe einer Karte kann im Übrigen von der Hierarchiestufe des Ausstellers abhängen.

V. sollten sparsam verwendet und sorgfältig überreicht werden. Mit einem zu Beginn der Konversation vollzogenen »Abwurf« an

alle in der Nähe stehenden Personen gibt man sich als wenig par-
kettsicher zu erkennen. Man muss kein Kenner des japanischen
Visitenkartenzeremoniells sein, um die Aushändigung einer V.
als formvollendeten kommunikativen Vorgang zu verstehen. Die
V. ist gewissermaßen ein symbolischer Stellvertreter des Inha-
bers. Daraus folgt, dass sich auch die Übergabe an den für Rang
und Anciennität maßgeblichen Regeln orientiert. Danach reicht
grundsätzlich zunächst der Ranghöhere dem Rangniederen die V.,
der Ältere dem Jüngeren und die Dame dem Herrn. Die Aushändigung nimmt nur ernst, wer sich voll auf sie konzentriert, die V.
mit beiden Händen ergreift, sorgfältig betrachtet, auch um sich
Namen, Titel und Stellung des Gegenübers einzuprägen. Keine
schöne Geste ist es hingegen, die Karte mit einer Hand anzuneh-
men und sie unbesehen beiläufig in die Hosentasche zu stecken.
Damit brächte der Empfänger zum Ausdruck, dass ihm egal sei,
was auf der V. und wer vor ihm stehe. Merken werde er es sich
jedenfalls nicht.

Zur Ergänzung der in Umschlägen zu versendenden V. stehen
dem Kundigen international gebräuchliche Abkürzungen zur Verfügung. Die nachfolgend aufgeführten Codes sind mit Bleistift in
der linken unteren Ecke vorzunehmen:

p.v. (»pour visiter«) = zur Ermöglichung eines Besuches; alternativ kann auch der rechte Rand geknickt werden

p.p. (»pour présenter«) = um sich vorzustellen

p.r. (»pour remercier«) = um zu danken

p.m. (»pour mémoir«) = zur Erinnerung

p.f. (»pour féliciter«) = um Glück zu wünschen

p.f.n.a. 2019 (»pour féliciter nouvel an«) = Neujahrsglückwün-
sche für das Jahr 2019

p.p.c. (»pour prendre congé«) = um sich zu verabschieden

p.c. (»pour condoler«) oder p.p.p. (»pour prendre part«) = um
Beileid auszusprechen

Um es nicht zu einfach werden zu lassen, sind auch Kombinati-
onen der Abkürzungen möglich, etwa: p.r. et p.f. oder p.r. et p.f.n.a.
oder p.r. et p.f.n.a. 2019.

Ob das in in Tokio kursierende Gerücht, nach der ein Milliardengeschäft zwischen einem US-amerikanischen und einem japanischen Unternehmen geplatzt sei, weil der amerikanische Vorstandsvorsitzende während der Vertragsunterzeichnung zwischen den Zähnen befindliche Essensreste mit der V. des japanischen Geschäftspartners entfernt habe, auf wahren Begebenheiten beruht, konnte bis zur Drucklegung nicht geklärt werden.

Die Übergabe einer eingerissenen V. als Aufforderung zum Duell kommt nur noch im Film vor.

VORAUSREISE

Besuche von Unternehmen, Universitäten und anderen Einrichtungen sind feste Bestandteile von Staatsbesuchen. Die Gastgeber solcher Programmteile staunen meist, wenn sie es mit V. zu tun haben – riesige Delegationen, die gerne mehrfach wiederkehren.

Protokollarische Ereignisse bedürfen der sorgfältigen Konzeption und Vorbereitung. Daher gilt etwa bei Begegnungen von Staatsoberhäuptern grundsätzlich: kein Haupttermin ohne vorherige V. oder Vorausbegehung. Im Rahmen der V. werden alle ablaufrelevanten und sicherheitsbezogenen Aspekte beleuchtet und zwischen den Beteiligten verhandelt. Für den Erfolg jedes Ereignisses ist das Ausbleiben von Unstimmigkeiten eine wichtige Grundvoraussetzung. Es kommt daher entscheidend darauf an, alle Verhandlungspunkte im Detail zu erkennen und sie – ohne Übervorteilung und *fait accompli* – fair zu verhandeln. Nur so lassen sich belastbare Kompromisse erzielen.

Bei herausragenden und komplexen Ereignissen werden häufig mehrere V. durchgeführt. Besuche von US-Präsidenten bilden auch in dieser Hinsicht eine Sonderklasse. Sie werden von mehreren solcher »(pre-)advance teams« vorbereitet. Diese umfassen mehrere Hundert Personen. Da sie sich wegen dieser Größenordnung ohnehin nicht geheim halten lassen, findet oft sogar eine eigene »behind the scenes«-Berichterstattung statt.

Die Häufung von V. birgt immer das Risiko, dass sich die mit den vorausgegangenen Delegationen getroffenen Absprachen später als eher unverbindlich erweisen können. In manchen Fällen war es der Gastgeber, der als Letzter bemerkt hat, dass überhaupt nur die kurz vor dem Haupttermin getroffenen Absprachen gültig waren.

VORFAHRT

Sie ermöglicht es den Beteiligten, bis an die Türe des Ereignisortes vorzufahren. Seit jeher wird der V. jedoch auch ein weit darüber hinausgehender Zweck zugebilligt: Sie erlaubt allen Involvierten und den Zuschauern Rückschlüsse auf Rang und Bedeutung des Vorfahrenden. In welchem Wagen (Fabrikat? Chauffeur? Taxi? Car sharing? Wappen? Stander?), mit welcher Eskorte?, in welcher Reihenfolge?, wer noch? scheinen hier die zentralen Fragen zu sein (→ Standarte). Eine V. mit Begrüßung am Wagen ist schließlich das Nonplusultra. Bemerkenswert ist auch die V. des US-Präsidenten mit jeweils zwei identischen Wagen. Aus Sicherheitsgründen weiß man bis zur Ankunft nicht, in welchem er wirklich sitzt.

Manchen Gästen scheint die V. wichtiger als der eigentliche Termin zu sein. Kein Wunder also, dass über Fragen der Vorfahrtsberechtigung erbittert gestritten werden kann. Demnach ist man auf eine verbindliche Regelung derselben angewiesen. Schon bei Julius Bernhard von Rohr heißt es etwa: »In Ansehung der Einfahrt der Carossen in den innern Schloß-Platz, hat man bey einigen grossen Höfen ebenfalls gewisse Reglemens. […] Wenn iederman erlaubt würde in den innern Schloß-Platz zu fahren, so würde, bey der Stellung der Carossen und Pferde, durch das Geschrey und Gelärme der ein- und ausfahrenden Kutscher mancherley Ungelegenheit verursacht werden […]«.

Zu den bekanntesten V. im Ehrenhof von Schloss Bellevue gehört die von Hape Kerkeling als Königin Beatrix im Jahre 1991.

————————— VORSTELLUNG —————————

Jeder wird aus eigener Erfahrung wissen, wie unangenehm eine steife V. für alle Beteiligten sein kann. Mit einem solchen Start lässt sich keine gute Konversation beginnen. Letztlich hilft hier wirklich nur Übung! Die Kunst ist es, die Gesprächspartner ebenso konzentriert wie locker und unverkrampft – also *con Sprezzatura* (→ Aufmerksamkeit; Bekanntmachung; Herr) – einander vorzustellen. Dabei sollte man auf alle nonverbalen Aspekte achten, vor allem aber Blickkontakt halten.

Der Vorstellende informiert – gewissermaßen als Dritter – andere Gesprächspartner über deren Identität. Weil diese in einem Rangverhältnis zueinander stehen, ist die V. etwas förmlicher als die Bekanntmachung von Gleichrangigen.

Wenn sich dann alle kennen, kann die Konversation beginnen (→ Anrede). Um sie zu beflügeln, beschränkt sich der Vorstellende nicht auf die schlichte Nennung der Namen, sondern liefert nach Möglichkeit noch einige Hintergrundinformationen und Anknüpfungspunkte.

Je nach den Usancen können vor, während und nach der Ansprache besondere Formen der gestischen Begrüßung, Ehrerbietung oder Huldigung (»Reverenz«) üblich sein (→ Knicks; Verbeugung; früher: Kniefall). In einer etwas unübersichtlichen oder lauten Umgebung können Handzeichen hilfreich sein.

In jedem Einzelfall muss entschieden werden, wer wem vorgestellt wird. Die Reihenfolge richtet sich nach tradierten Vorstellungsgrundsätzen. Diese orientieren sich an den Kriterien Rang, Alter (→ Anciennität), Geschlecht (→ Herr, Dame) und der Funktionszuweisung Gast oder Gastgeber sowie dem Umstand, welche Person bereits anwesend ist und welche später hinzutritt.

Grundsätzlich gilt, dass der Herr der Dame, der Rangniedere dem Ranghöheren, der Jüngere dem Älteren vorgestellt wird. Für sich allein betrachtet, ist keines dieser Kriterien entscheidend. Kollidieren sie etwa, muss man eine dem Einzelfall angemessene

Lösung suchen. Sofern es sich beispielsweise um eine sehr junge Dame und einen sehr alten, höherrangigen Herrn handelt, wird es richtiger sein, die Dame dem Herrn vorzustellen. Der Hinzutretende wird einer Gruppe vorgestellt, sodann die Einzelnen dem Hinzugetretenen. Früher galt die Regel, dass ledige den verheirateten Damen vorgestellt wurden. Aus heutiger Sicht kaum nachzuvollziehen und ein Beispiel dafür, wie wichtig es ist, die sozialen Normen zu hinterfragen.

Nicht vorgestellt wird der später Hinzukommende dem sich gerade verabschiedenden Gast. Welche Konversation soll hier auch noch möglich sein? Ferner sollte ein Gespräch grundsätzlich nicht unterbrochen werden, schon gar nicht für eine V.

Die sich in Deutschland breitmachende Unsitte, seinem Gesprächspartner nach einer längeren Konversation zum Abschied zuzurufen: »Ich bin übrigens …«, ist somit alles andere als *comme il faut*.

Sich selbst vorzustellen, ist zwar weniger elegant, als vorgestellt zu werden. Im kommunikativen Alltag der Gegenwart ist die Selbstvorstellung allerdings oftmals unerlässlich. Dies haben *The Rolling Stones* mit ihrem Lied »Sympathy for the Devil« bereits 1968 festgestellt, allerdings beschränkt auf einen übernatürlichen Kommunikationskontext: »Please allow me to introduce myself / I'm a man of wealth and taste / [...] Pleased to meet you / Hope you guess my name«.

VORTRITT

In dem auch Präzedenz genannten V. manifestieren sich in geradezu sinnbildlicher Weise alle Aspekte eines Rangverhältnisses. Weit über den Aspekt der physischen Fortbewegung hinaus lautet die Kernfrage hierbei, wem der Vorrang zukommt (→ Anrede; Distinktion; Vorfahrt; Vorstellung).

Da aber Rangfolgen in der heutigen posthöfischen Zeit nur selten verbindlich festgelegt und publiziert sind, bedient sich das Protokoll einer Art systemtheoretischer Black-Box-Methode. Die Entscheidungen über Rang und V. bleiben damit für Viele im Dunkeln.

Fragen des V. können auch heute noch brisant sein. Im Angelsächsischen wird hierzu eine treffende Feststellung tradiert: »One of the most complicated aspects of court life is precedence«. Über den V. – und in Deutschland besonders die Vorfahrt – wurde und wird allerorten und immer wieder gestritten.

In manchen Fällen wird auch einfach gehandelt. So etwa von US-Präsident Trump, als er 2017 den Premierminister von Montenegro Markovic beim Phototermin der Staats- und Regierungschefs auf dem NATO-Treffen in Brüssel einfach beiseiteschob, um in der ersten Reihe stehen zu können. Kein Wunder, dass in jeder Zeit versucht wurde, diesen Anlass für Streit und Krieg durch offizielle und inoffizielle Regelungen zu entschärfen (»Ius praecedentiae«). Schon in der *Goldenen Bulle* von 1356 war als Ziel niedergeschrieben: »alle Anlässe zu Zwistigkeiten und Verdächtigungen auf ewig beseitigt werden, die wegen des Vorrangs oder der Würde bei ihrer Sitz(ordnung) auf kaiserlichen und königlichen Reichstagen künftig entstehen könnten [...]«.

Der »Londoner Kutschenstreit« (»Guerre de préséance«) vom 30. September 1661 ist ein eindrückliches Beispiel dafür, dass ein Streit um den V. leicht tödlich enden konnte. Bei diesem schweren diplomatischen Zwischenfall stritten die in London akkreditierten Botschafter Frankreichs und Spaniens um die Frage, wessen Wagen an der Spitze eines Zuges fahren dürfe. Was war geschehen? Zwischen Frankreich, das von dem dreiundzwanzigjährigen Ludwig XIV. regiert wurde, und Spanien, dessen König Philipp IV. auch *Philipp der Große* oder *König der Welt* genannt wurde, schwelte seit langem ein massiver Rangstreit. Erst 1659 war – nach 24 Jahren Krieg – der Pyrenäenfrieden geschlossen worden. Der französische Botschafter Godefroi d'Estrades stritt aus Anlass der Akkreditierung des neuen schwedischen Botschafters mit Jean Charles de Watteville als spanischem Botschafter darüber, wer an der Spitze des Kutschenzuges fahren solle. Da die Botschafter zu dieser Zeit ihre Krone repräsentierten, ging es eigentlich um die Frage, welcher

der beiden Monarchen dem anderen überlegen sei. Beide Botschafter waren zuvor instruiert worden, auf den Vorrang zu bestehen. Die französische Delegation war 150 Mann stark, 40 davon bewaffnet. Die spanische Delegation zählte nur 40 Mann. Zur Kompensation dieses Kräftemissverhältnisses hatte die spanische Seite jedoch einige Schaulustige bestochen.

Auf dem Wege zum Whitehall Palace kam es zu einem Handgemenge mit mehreren Toten. Da es der spanischen Seite gelungen war, neben einigen Mitgliedern des französischen Gefolges auch die Pferde zu töten, konnte sich der spanische Botschafter an der Spitze des Zuges behaupten. Die Freude über die erstrittene Vorfahrt dürfte jedoch nur von kurzer Dauer gewesen sein. Ludwig XIV. verstand den Vorfall als das, was er war: ein Rangstreit und eine – aus seiner Sicht – Beleidigung der französischen Krone. Als er von den Geschehnissen erfuhr, soll er so heftig von der Tafel aufgesprungen sein, dass diese beinahe umgestürzt wäre. Er verwies den in Frankreich akkreditierten spanischen Botschafter des Landes und zog seinerseits den französischen Botschafter aus London ab. Ferner forderte er von König Philipp IV. eine Entschuldigung und drohte mit Krieg. Wissend, dass Spanien nach dem vierundzwanzigjährigen Krieg über keine ausreichenden Ressourcen für eine erneute Kontroverse verfügte, verlangte er ferner den V. Frankreichs an allen Höfen Europas. Seine Rechnung ging auf, er konnte die protokollarische Niederlage in einen außenpolitischen Sieg ummünzen. Spanien erkannte daraufhin den V. Frankreichs an fast allen Höfen an.

Mit dieser Aktion, die man als »Provokation durch Protokoll« zusammenfassen könnte, gab Ludwig XIV. seine Visitenkarte auf dem internationalen Parkett ab. Der »Londoner Kutschenstreit« gilt als erster großer Auftritt des »Sonnenkönigs«. Im Sinne einer ebenso planvollen wie radikalen Selbstbehauptung ist er ein Musterbeispiel für die Staatsraison.

War jedoch eine Einigung über Rang und V. nicht zu erzielen (oder zu erstreiten), wurde es kompliziert. Es liegt auch an den ungeklärten Rangfragen, dass es zwischen dem *Ancien Régime* und

1815 zu relativ wenigen Herrscherbegegnungen in Europa kam.
Blieb die Rangfrage ungeklärt, traf man sich also lieber gar nicht.
Oder man traf sich unter Ausblendung der Frage des V. inkognito. Ansonsten musste die Begegnung unter den Bedingungen
absoluter Gleichrangigkeit, der sog. Rangegalität, erfolgen. Der
Vertragsschluss des Pyrenäenfriedens von 1659 ist hierfür ein
bekanntes Beispiel. Dieser fand auf der noch heute kondominial
zwischen Frankreich und Spanien verwalteten Fasaneninsel (*Île
des Faisans; Île de la Conférence*) statt, die im Fluss Bidassoa liegt.
Kardinal Mazarin und Luis Méndez de Haro mussten demnach
nicht ihr eigenes Land verlassen, als sie sich in einem auf der
Grenze errichteten Zelt trafen.

Eine auch die Frage des V. entschärfende »zeremonielle Abrüstung« ergab sich durch die zahlreichen Begegnungen der Monarchen von Russland, Preußen und Österreich in den Befreiungs-
kriegen und durch den Wiener und Aachener Kongress.

In manchen Situationen ist es klug, auf den V. zu verzichten.
Als kleiner Ausbruch aus der normierten Welt des Protokolls kann
eine solche Geste dazu beitragen, die Situation zu entspannen. Als
etwa Reichspräsident von Hindenburg mit der protokollarischen
Belehrung »Herr Feldmarschall, Sie haben als Staatsoberhaupt
nicht nur das Recht der absoluten Präzedenz, sondern es ist auch
ihre Pflicht, allen Menschen vorzugehen« konfrontiert wurde, weil
er einer jungen Dame den V. ließ, soll er entgegnet haben: »Danke,
daß Sie mich daran erinnern, aber so rasch kann ich meine gute
Erziehung nicht vergessen.« Interessant übrigens, dass statt der
Anrede »Reichspräsident« der »Feldmarschall« verwandt wurde.
Ein weiterer Hinweis auf das tragische Versäumnis der Weimarer
Republik, sich symbolisch zu definieren (→ Symbol).

Freilich gelingt es einem nicht immer, auf den V. zu verzichten.
Dies hat etwa der französische Präsident Sarkozy erfahren, als er
2008 vor dem Bahnhof von Windsor für seine Gastgeberin den
Kutschenschlag öffnen wollte, um ihr den V. zu lassen. Königin
Elizabeth II regelte die Angelegenheit mit einer knappen Geste
ihrer Hand – und schon stieg ihr Gast als Erster ein.

W

WAGEN

Fortbewegungsmittel waren schon immer wichtig für das Zeremoniell. Außer Pferden, Kutschen, Sänften, der *Sedia gestatoria* des Papstes, Luftfahrzeugen, Schiffen und Booten sind dies vor allem Kraftwagen und Krafträder (→ Akkreditierung; Eskorte; Staatsbesuch; Standarte; Übergangsriten; Vortritt).

Der W. des Bundespräsidenten mit dem Kennzeichen 0-1 und Stander ist geradezu ein Symbol für das Protokoll (→ Standarte). Im protokollarischen Alltag sind die Auswahl des Fortbewegungsmittels und die Wagenfolge oftmals Gegenstand intensiver, ja leidenschaftlicher Verhandlungen. Über ihren logistischen Gehalt hinaus lassen diese Fragen (Wer fährt in welchem W.? Welcher W. fährt wann und an welcher Stelle der Wagenfolge? Welcher W. fährt zu welchem Eingang?) Rückschlüsse auf den tatsächlichen und vermeintlichen Rang der Beförderten zu.

Auch die Möglichkeit, im W. des Prinzipals mitzufahren, wird seit jeher als Privileg empfunden. Heute wird den wenigsten bewusst sein, dass dieser besondere Ehren- und Gunsterweis schon in römischer Zeit bekannt und rechtlich ausgestaltet war. Damals sprach man vom *consessus vehiculi*.

Eine völlig andere Funktion hatte der W. auf Einladungskarten des 19. und frühen 20. Jahrhunderts: War dort »Wagen ein Uhr« notiert, wusste alle, bis wann die Abendgesellschaft dauern solle. Spätestens eine Viertelstunde vorher hatte man sich verabschiedet (→ Abschied). Hin und wieder findet sich diese Formulierung auch heute noch.

WEIN

Über W. wird ebenso gerne gesprochen, wie er getrunken wird. Vielleicht hängt dies auch mit seiner kultischen und religiösen Bedeutung zusammen. Miteinander ein Glas W. zu trinken, kann auch heute noch ein Ritual des Friedens, der Aussöhnung und Verbundenheit sein (→ Tischsitten; Toast). Für viele Kulturen und Religionen hat W. eine herausragende sakrale Bedeutung, für manche gar eine – im Einzelnen komplizierte – Nähe zum Blut.

W. ist in der staatlichen und gesellschaftlichen Repräsentation des Westens fest verankert (→ Etikette; Protokoll; Zeremoniell). Bei kaum einem gesellschaftlichen Ereignis wird er fehlen. In der Sprache der Diplomatie hat man es hin und wieder gar mit einem *vin d'honneur* zu tun, einem Stehempfang zu Ehren einer Person, etwa im Anschluss an eine Ordensverleihung.

Die Weinauswahl kann eine komplizierte Sache sein. Zunächst muss es natürlich ein qualitativ guter W. sein (wobei man trefflich darüber streiten kann, ob diese Voraussetzung im Einzelfall erfüllt ist). Ferner muss er zur angebotenen Speise passen, mit ihr also »korrespondieren«. Als ob dies nicht bereits schwer genug wäre, gibt es in der Repräsentation schließlich auch noch übergeordnete Interessen und Ziele. So lassen sich mit einer besonders liebevollen und sorgfältigen Auswahl dezente Botschaften verbinden. Der Gastgeber kann beispielsweise für seine eigene Weinkultur werben, oder seinen Gast mit der kleinen *Geste* überraschen, eigens dessen Lieblingswein oder aber einen W. mit einem sonstigen – z.B. regionalen – Bezug auszuschenken. Hier bieten sich auch spezielle Jahrgänge an, mit denen Gast oder Gastgeber etwas verbinden.

Manche Staaten beschränken sich bei der öffentlichen Repräsentation darauf, W. aus dem eigenen Land (etwa »aus deutschen Landen«) anzubieten. Diese relativ junge Entwicklung hat ihren Ursprung im Marketing. Gerade ausländischen Gästen soll die eigene Weinkultur und vor allem natürlich die Qualität der W. gezeigt werden. So sind seit einiger Zeit auch in den Weinkellern von Schloss Bellevue ausschließlich deutsche W. eingelagert. Bei deutschen Botschaften wird dies jedoch flexibler gehandhabt.

In der Diplomatie ist aber auch das mitunter erhebliche Konfliktpotential alkoholischer Getränke zu beachten. Dieses manifestiert sich, wenn einer Seite der Verzehr von Alkohol aus religiösen Gründen – über die im Einzelnen durchaus gestritten werden könnte – verwehrt ist und diese das Verbot auch noch so auslegt, dass gar allen Anwesenden der Alkoholkonsum untersagt sei. Klar ist zunächst, dass niemand Alkohol trinken muss. Gerade, wer sich häufig auf dem Parkett bewegt, wird sich zurückhalten und vor allem mittags gerne zu Wasser und Saft greifen. Gastgeber deren Pflicht es ja ist, die Bedürfnisse des Gastes vorherzusehen, halten deshalb auch immer nichtalkoholische Getränke vor. Klar ist weiterhin, dass kein W. getrunken werden darf, wenn der Konsum nach den vor Ort geltenden Gesetzen verboten ist. Dieses vorausgeschickt, lässt sich der erwähnte Konfliktfall mit einem Kollisionsgrundsatz des 4. Jahrhunderts lösen: »Si fueris Romae, Romano vivito more; si fueris alibi, vivito sicut ibi« (»Wenn Du in Rom sein solltest, lebe wie die Römer; wenn Du woanders sein solltest, lebe so wie die dort Lebenden«). Mit diesem Satz des Heiligen Ambrosius wird den rechtlichen und sozialen Normen des Gastgeberstaates im Zweifel der Vorzug gegeben. Gerade wegen des in der Regel vorliegenden Besuchsaustausches erscheint dies auch als angemessen. Bei der nächsten Begegnung wird sich der Gastgeber seinerseits als Gast wiederfinden und sich den rechtlichen und sozialen Vorstellungen des Gastgeberstaats anschließen. Dies bedeutet, dass ein religiöses Alkoholverbot im beschriebenen Umfang keine Außenwirkung entfaltet. Konkret kann in Deutschland niemand auf die Einhaltung eines religiösen Alkoholverbots durch andere beharren. Der Konsum von Alkohol ist grundsätzlich erlaubt, ja der Verzehr von W. gehört sicher zur kulturellen Identität unseres Landes.

Was die Trink- und Tischsitten (früher: »Zechkunst«) angeht, ist W. schließlich kein angemessener Gegenstand für die Konversation. Sich außerhalb nachgewiesener Fachkreise in einer önologischen Sprache einzulassen, ist ein wenig albern.

Z

ZEREMONIELL

Die Gesamtheit der Regeln, die für die Gestaltung und den Ablauf feierlicher Handlungen und Rituale maßgeblich sind. Im 18. Jahrhundert hatte sich hierfür der Begriff »Zeremonialwissenschaft« (»Scientia Ceremoniarum«) herausgebildet.

Protokoll und Z. werden heute oft synonym verwendet, dabei ist im staatlichen Bereich das Z. nur ein – wenn auch wesentlicher – Teil des Protokolls. Die Gestaltung des Schriftguts (aus historischen Gründen »Kanzleizeremoniell« genannt) gehört wiederum nicht zum Z., teilweise aber zum Protokoll. Dieses hat sich in Deutschland als Begriff für das diplomatische und innerstaatliche Z. erst nach dem Ersten Weltkrieg durchgesetzt. Zuvor sprach man eher von Z. oder Etikette.

Ordnung und Akribie sind zwei Schlüsselbegriffe von Protokoll und Z. (→ Ablauf). Vom Z. ist der Begriff der »Zeremonien« zu unterscheiden. Er bezeichnet die zuvor erwähnten Handlungen, Abläufe, Rituale und Ereignisse.

Zum Wesenskern des Z. gehört, dass diese Handlungen und Rituale Normen unterworfen sind. In diesem Sinne gehörten die Zeremonialwissenschaften in früherer Zeit auch zu den Rechtswissenschaften. War das Z. früher durch Hofordnungen, »Ceremoniel = Nachrichten« und andere Quellen unterschiedlichster Art rechtlich normiert, ist dies heute meist nicht mehr der Fall. Und doch sollen die zeremoniellen Festlegungen den Ablauf sichern, was ihnen jedoch nur gelingt, wenn sie von allen beachtet werden.

Das diplomatische Z. diente schon immer der Vermeidung von Rang- und sonstigen Streitigkeiten. Andererseits hat es seine Wurzeln in der höfischen Kultur.

Gewiss herrscht zwischen Z., individueller Selbstentfaltung
und dem allgemeinen Gleichheitssatz zuweilen ein Spannungsverhältnis. Doch keinesfalls sollte man das Z. als Korsett oder
gar Zwangsjacke begreifen. Es wäre ein Missverständnis, denn
letztlich geht es nur darum, eine dem Anlass angemessene Form
zu finden.

Es ist wahr, in früheren Zeiten war das Korsett sehr eng
geschnürt. Julius Bernhard von Rohr beklagte etwa, dass die
»Könige in Spanien [...] viel weniger Freyheit haben als alle ihre
Unterthanen, indem sie, nach denen über hundert Jahr einge-
führten Hof-Reguln, im Sommer des Nachts um 10 Uhr, und
des Winters um 9 zu Bette gehen müssen.« Heute dient das Z.
vor allem der Sicherheit des Ablaufs und dem auszudrückenden
Inhalt – welcher Art dieser auch immer sei. Das Z. ist damit ein
wichtiges Mittel von Staat und Diplomatie, früher sprach man gar
von einer »Herrschaftstechnik« (→ Adel; Hof). Auch moderne
Demokratien und gesellschaftliche Gruppen sind auf ein passen-
des Z. angewiesen (→ Symbol). Für unser privates Leben gilt dasselbe. Das Z. ist omnipräsent und bedarf stets einer emotionalen
Inszenierung. In Abwandlung des bekannten Clausewitz-Zitates
könnte man sogar davon sprechen, dass das Z. die bloße Fortset-
zung der Politik mit anderen Mitteln ist.

Es ist kein Widerspruch, dass das Z. stets auch die Schaffung
zeremoniefreier Räume vorsah. Beispiele hierfür sind etwa das *Petit
Trianon* in *Versailles*, in dem sich Marie Antoinette dem strikten
Reglement des Hofes entziehen konnte, bukolische Veranstaltungen (»Divertissiments«), Bunte Reihen (*Pêlê-mêle*) und die überall
beliebten Maskeraden (»Mummereien«). Dies alles für ein paar
Stunden ohne den höfischen Zwang. Ferner Inkognito-Reisen,
die sich in der Geschichte immer dann einer großen Beliebtheit
erfreuten, wenn sich Gastgeber und Gast nicht über die Rangfolge
einigen konnten. Als König Edward VII. etwa auf einer Mittel-
meerreise 1903 in Neapel eintraf, wünschte er, dort inkognito empfangen zu werden. Sein zweiter Privatsekretär nannte die Situation
rückblickend absurd, denn: »no other human being in the world

could come with eight battleships, four cruisers, four destroyers, and a dispatch vessel«.

Als Disziplin der Ästhetik weist das Z. schließlich zahlreiche Schnittmengen mit den anderen Formen der Zeichenregelung auf, etwa Architektur, Bildende Künste, Musik, Poetik oder Rhetorik. Die Kunst des Z. ist es, sich dieser verwandten Künste zu bedienen.

Das Z. vollzieht sich immer in einem Spannungsverhältnis zwischen Tradition und Modifikation. Eine moderate Anpassung der Zeremonien scheint mir der richtige Weg zu sein, sie vor einem Bedeutungsverlust zu bewahren. Es geht also weder darum, Traditionen stupide zu wiederholen, noch, sie ständig radikalen Reformen zu unterwerfen. Mit der Abschaffung allen Z. geht nämlich oftmals auch die Gefahr eines Bedeutungsverlustes einher. 1810 hat dies Goethe zutreffend beschrieben: »[…] Josef (II.) wirft die äußeren Formen weg … Maxime, der Regent sey nur der erste Staatsdiener. Die Königin v. Frankreich entzieht sich der Etikette. Diese Sinnesart geht immer weiter bis der König von Frankreich sich selbst für einen Misbrauch hält«.

Jede Zeit hat ihr Z. Die Gegenwart ist von der Globalisierung und Digitalisierung geprägt. Unsere Aufgabe ist es, die Zeremonien aller öffentlichen und privaten Lebensbereiche – also etwa der Politik, Diplomatie, Kirchen, Kultur, Wirtschaft und des Alltags – so zu gestalten, dass sie uns ein Maximum an Sicherheit und Halt gewähren, aber auch das zum Ausdruck bringen, was wir mit ihnen beabsichtigen. Eine besondere Herausforderung und Verantwortung, wenn man bedenkt, dass sich durch die Sozialen Netzwerke die Bilder kleinster Ereignisse im Handumdrehen auf der ganzen Welt verbreiten und eine unverhältnismäßige Bedeutung erlangen können.

ZURÜCKHALTUNG

Respekt, Rücksicht und Z. sind als Trias guter Manieren eine entscheidende Voraussetzung für weltläufiges Benehmen (→ Höflichkeit). Ein zurückhaltendes Verhalten ist von Bescheidenheit, Affektsteuerung, Ruhe, Dezenz und Feingefühl geprägt. Übermaß ist meist schädlich. Im Ideal richtet sich derjenige, der Z. pflegt, nach dem aristotelischen Tugend-Maß der Mitte (Mesotes). Seine Umgangsformen sind immer in sich stimmig und angemessen. Die Grenze zwischen Z. und Untertreibung (»Understatement«) ist jedoch fließend.

Grundsätzlich sollten wir uns mit der Kundgabe und Zurschaustellung eigener Leistungen (»Ich bin eine europäische Singularität!«), Erfolge und Lebensverhältnisse (Besitz, Vermögen, Familienglück etc.) zurückhalten. Dasselbe gilt für Schicksalsschläge und Misserfolge.

Gerade auf dem Parkett ist weniger oft mehr. Für nahezu alle Aspekte des Umgangs und Protokolls gilt dieses Gebot der Z. – ob bei der Konversation, den Tischsitten oder der Vorbereitung eines Staatsbesuchs. Nicht nur, weil es höflich ist, sondern weil wir mit einer zurückhaltenden Art – gewissermaßen der Reduktion auf eine Botschaft – mehr erreichen. Wer seinen Gastgebern Blumen, Geschenke für jedes Familienmitglied, Spielzeug für den Hund, einen Nachtisch und eine schriftliche Gegeneinladung zu einem Abendessen mitbringt, wirkt eher wie ein Lieferservice.

Eine Grundvoraussetzung guter Manieren bleibt die Fähigkeit, sich und seine Bedürfnisse zurücknehmen zu können. Ob durch eine umsorgende Assistenz, ob durch aufmerksames Zuhören oder geduldiges Warten in einer Schlange oder aber durch Pünktlichkeit. Es ist ferner nicht angebracht, jedem Gesprächspartner zu jeder Gelegenheit das gesamte Œuvre des eigenen Wissens zuteilwerden zu lassen (→ Konversation).

Jeder auf dem Parkett vollzogene Schritt sollte von Contenance geprägt sein (→ Haltung). Die Kontrolle über sich selbst und damit

»sein Gesicht« zu verlieren, ist mit einem weltläufigen Benehmen
kaum vereinbar. Wer sein eigenes soziales Kapital so vorsätzlich
vernichtet, muss damit rechnen, vom Parkett verwiesen zu werden
(→ Fauxpas).

LITERATUR-
VERZEICHNIS

Albertinus, Aegidius: Institutiones vitae aulicae oder Hofschul;
Faksimiledruck der von Albertinus betreuten ersten Überset-
zung (Erstauflage 1600) des 1539 erschienenen Standarwerks
Aviso de privados y doctrina de cortesanos von Antonio de
Guevara; Herausgegeben und eingeleitet von Michael M.
Metzger und Erica A. Metzger, Bern u. a. 1978. Die Original-
ausgabe ist als Digitalisat verfügbar: http://reader.digitale-
sammlungen.de/resolve/display/bsb10191715.html.

Antonelli, Attilio (Hrsg.): Cerimoniale del viceregno spagnolo e
austriaco di Napoli 1650–1717, Soveria Mannelli 2012.

Asserate, Asfa-Wossen: Manieren, Frankfurt/M. 2003.

Baudissin, Wolf Graf von/Baudissin, Eva Gräfin von: Spe-
manns goldenes Buch der Sitte, Stuttgart 1901, als Digitalisat verfügbar: http://www.zeno.org/Kulturgeschichte/M/
Baudissin,+Wolf+Graf+und+Eva+Gr%C3%A4fin/
Spemanns+goldenes+Buch+der+Sitte.

Berns, Jörg Jochen/Rahn, Thomas (Hrsg.): Zeremoniell als höfische
Ästhetik in Spätmittelalter und Früher Neuzeit, Berlin/Boston
1995.

Biefang, Andreas/Epkenhans, Michael/Tenfelde, Klaus (Hrsg.): Das
politische Zeremoniell im Deutschen Kaiserreich 1871–1918,
Düsseldorf 2009.

Bischoff, Johann Nicolaus: Handbuch der teutschen Canzley-Praxis
für angehende Staatsbeamte und Geschäftsmänner, Helm-
stedt 1793. Die Originalausgabe ist als Digitalisat verfügbar:
http://reader.digitale-sammlungen.de/de/fs1/object/display/
bsb10388213_00001.html.

Bradley, Keith: Slavery and Society at Rome, Cambridge 1994.

Bundesministerium des Innern: Ratgeber für Anschriften und Anreden, Stand Dezember 2016, im Internet verfügbar: http://www.protokoll-inland.de/SharedDocs/Downloads/PI/DE/Allgemeines/Anschriften.pdf?__blob=publicationFile.

Buschmann, Arno: Kaiser und Reich. Verfassungsgeschichte des Heiligen Römischen Reiches Deutscher Nation vom Beginn des 12. Jahrhunderts bis zum Jahre 1806 in Dokumenten; Teil 1: Vom Wormser Konkordat 1122 bis zum Augsburger Reichsabschied von 1555, Baden-Baden 1994.

Cameron, Averil: »The construction of court ritual: the Byzantine Book of Ceremonies«, in: *Cannadine, David/Price, Simon* (Hrsg.): Rituals and Ceremonial in Traditional Societies, Cambridge 1987, S. 106 ff.

Della Casa, Giovanni: Der Galateo. Traktat über die guten Sitten, hrsg. und übersetzt v. *Michael Rumpf*, Heidelberg 1988.

Della Casa, Giovanni, Galateus: Das Büchlein von erbarn, höflichen und holdseligen Sitten, 1597, verdeutscht v. *Nathan Chytraeus*, hrsg. von *Klaus Ley*, Nachdruck Tübingen 1984.

Della Casa, Giovanni, Galateo, hrsg. von *Claudio Milanini*, Mailand 2008.

Castiglione, Baldassar: Il libro del Cortegiano, hrsg. v. *Giulio Carnazzi*, Mailand 2010.

Castiglione, Baldassare: Der Hofmann. Lebensart in der Renaissance; aus dem Italienischen von *Albert Wesselski*; mit einem Vorwort v. *Andreas Beyer*, Berlin 1996. Leicht erhältliche Ausgabe in Auszügen des »Cortegiano«. Die Ausgabe von 1587 ist als Digitalisat verfügbar: http://reader.digitale-sammlungen.de/de/fs1/object/display/bsb10191626_00013.html.

Craig, Gordon Alexander: Über die Deutschen, München 1985.

Daniel, Ute: Hoftheater: Zur Geschichte des Theaters und der Höfe im 18. und 19. Jahrhundert, Stuttgart 1995.

Droemer, Willy/Pfeiffer-Belli, Erich (Hrsg.): Lebensweisheit. Schopenhauers Aphorismen und Gracians Handorakel, München 1960.

Duchhardt, Heinz: »Der Wiener Kongress und seine ›diplomatische Revolution‹. Ein kulturgeschichtlicher Streifzug«, in: Aus Politik und Zeitgeschichte, Bonn 65. Jahrgang, 22 – 24/2015, S. 27 ff.

Ehrhardt, Fritz: Das Buch der Lebensart. Ein Ratgeber für den Guten Ton in jeder Lebenslage, Berlin 1905.

Erben, Dietrich/Tauber, Christine (Hrsg.): Politikstile und die Sichtbarkeit des Politischen in der Frühen Neuzeit, Passau 2016.

Elias, Norbert: Über den Prozeß der Zivilisation. Soziogenetische und psychogenetische Untersuchungen. Erster Band, 2. Auflage, Frankfurt/M. 1969.

Elias, Norbert: Über den Prozeß der Zivilisation. Soziogenetische und psychogenetische Untersuchungen. Zweiter Band. Wandlung der Gesellschaft. Entwurf einer Theorie der Zivilisation, Frankfurt/M. 1976.

Federn, Karl: Mazarin, München 1922.

French, Mary Mel: United States Protocol: The Guide to Official Diplomatic Etiquette, Lanham 2010.

Friedrich II.: Das Politische Testament von 1752, hrsg. v. *Eckhard Most*, übersetzt von *Friedrich von Oppeln-Bronikowski*, Stuttgart 1987.

Frijhoff, Willem: »The kiss sacred and profane, reflections on a cross-cultural confrontation«, in: *Bremmer, Jan N.* (Hrsg.): A cultural history of gesture: from antiquity to the present day, Cambridge u. a. 1991, S. 210 ff.

Fuhrmann, Horst: »Willkommen und Abschied. Über Begrüßungs- und Abschiedsrituale im Mittelalter«, in: *Hartmann, Wilfried* (Hrsg.): Mittelalter. Annäherungen an eine fremde Zeit, Regensburg 1993, S. 111 ff.

Gerbore, Pietro: Formen und Stile der Diplomatie, Reinbek 1964.

Goffman, Erving: Wir alle spielen Theater. Die Selbstdarstellung im Alltag, München 2009.

Graudenz, Karlheinz/Pappritz, Erica: Das Buch der Etikette, Marbach 1961.

Gross, Johannes: Die Deutschen, Frankfurt/M. 1967.

Harsdörffer, Georg Philipp: Vollständiges und von neuem vermehrtes Trincir-Buch, Nürnberg 1657. Die Originalausgabe ist als Digitalisat verfügbar: http://digital.slub-dresden.de/werkansicht/dlf/17244/1/.

Hartmann, Jürgen: Staatszeremoniell, 4. Aufl., Köln u.a. 2007.

Haslinger, Ingrid: »»Am meisten wird im Essen und Trincken excediret«. Die Tafeln der Wittelsbacher und der Habsburger vom letzten Drittel des 17. Jahrhunderts bis 1816«, in: *Vavra, Elisabeth* (Hrsg.): Verbündet Verfeindet Verschwägert. Bayern und Österreich, Band II, Augsburg 2012, S. 43 ff.

Hofmann-Randall, Christina: Das spanische Hofzeremoniell 1500–1700, Berlin 2012.

Kantorowicz, Ernst H.: The King's two Bodies. A study in medieval political Theology, Princeton 1957.

Kertzer, David Israel: Ritual, Politics, and Power, New Haven 1989.

Kircher, Karl: Die sakrale Bedeutung des Weines im Altertum, Gießen 1910.

Knigge, Adolph Freiherr von: Über den Umgang mit Menschen, hrsg. v. *Gert Ueding*, Frankfurt/M. 1977.

Löwenstein, Uta: »Vom Tafelzeremoniell«, in: *Bußmann, Klaus/Matzner, Florian/Schulze, Ulrich* (Hrsg.): Johann Conrad Schlaun 1695–1773. Architektur des Spätbarock in Europa, Stuttgart 1995, S. 553 ff.

Luhmann, Niklas: Der neue Chef. Hrsg. und mit einem Nachwort v. *Jürgen Kaube*, Berlin 2016.

Lünig, Johann Christian: Theatrum Ceremoniale Historico-Politicum, oder Historisch-Politischer Schauplatz des Europäischen Canzley- Ceremoniels etc., Leipzig 1720. Die Originalausgabe ist als Digitalisat verfügbar: http://diglib.hab.de/drucke/ge-2f-5-2b-2s/start.htm.

Machiavelli, Niccolò: Der Fürst, übersetzt von *Rafael Arnold*, Wiesbaden 2013.

Machiavelli, Niccolò: Il Principe, hrsg. von *Raffaele Ruggiero*, Mailand 2010.

Malortie, Ernst von: Der Hof-Marschall. Handbuch zur Einrichtung und Führung eines Hofhalts, Hannover 1846. Die Originalausgabe ist als Digitalisat verfügbar: http://reader.digitale-sammlungen.de/resolve/display/bsb10300584.html.

Mansel, Philip: The Court of France 1789–1830, Cambridge 1988.

Mauss, Marcel: Die Gabe. Form und Funktion des Austauschs in archaischen Gesellschaften, Frankfurt/M. 1990.

Meissner, Hans-Otto: Junge Jahre im Reichspräsidentenpalais. Erinnerungen an Ebert und Hindenburg 1919-1934, Esslingen 1988.

Meyer, Michael: Symbolarme Republik? Das politische Zeremoniell der Weimarer Republik in den Staatsbesuchen zwischen 1920 und 1933, Frankfurt/M. 2014.

Michaels, Axel (Hrsg.): Die neue Kraft der Rituale, Heidelberg 2007.

Morgan, John (Hrsg.): Debrett's New Guide to Etiquette & Modern Manners: The Indispensable Handbook, London 1996.

Moser, Friedrich Carl von: Teutsches Hof=Recht, enthaltend eine Systematische Abhandlung Von der Geschichte des Teutschen Hof-Wesens. Von den Rechten eines Regenten in Ansehung seines Hofs überhaupt, der Hof=Policey und Oeconomie. Von den persönlichen Rechten, Titulaturen, Bedienung, Bewachung des Regenten, dessen Betragen gegen Fremde, Sterben und Begräbniß. Von der Verlobung und Vermählung des Regenten, den Rechten der Gemahlin und Wittwen. Von der Geburt, Taufe, Erziehung, Reisen und Hofstaat dessen Familie. Von den Hof=Bedienungen, Erb= und andern Aemtern, den Dames, dem Adel, den niedrigen Bedienten und den Rang an Hof. Von den Residenz= und andern Schlössern, Meubles, Pracht= Lust= und Oeconomie=Gebäuden. Von der Kleidung an Hofe, der Gala, Trauer und Livree, Von Gesellschaften, Tafel, Audienzen, Lustbarkeiten und Reisen. Von dem Hof=Gottesdienst und dazu gehörigen Personen und Gebäuden. Von Ehrenzeichen, Ordens, militärischen Ehren=Bezeugungen und Geschen-

cken an Hof. Von der Hof=Gerichtsbarkeit, dem Burgfrie-
den, Hofmarschall=Amt und Strafen bey Hof. Nebst vielen
ungedruckten Hof=Ordnungen und Ceremoniel=Nachrichten,
2 Bde, Franckfurt 1754 und 1755.

Muir, Edward: Ritual in early modern Europe. New approaches
to European history, Cambridge 2005.

Nicolson, Harold: Diplomacy, London u.a. 1950.

Ottomeyer, Hans/Völkel, Michaela (Hrsg.): Die öffentliche Tafel:
Tafelzeremoniell in Europa 1300–1900, Wolfratshausen 2002.

Paravicini, Werner (Hrsg.): Höfe und Residenzen im
spätmittelalterlichen Reich. Bilder und Begriffe. Teilband I:
Begriffe, bearb. v. *Jan Hirschbiegel* und *Jörg Wettlaufer*, Ostfil-
dern 2005.

Paulmann, Johannes: Pomp und Politik: Monarchenbegegnungen
in Europa zwischen Ancien Régime und Erstem Weltkrieg,
Paderborn 2000.

Post, Emily: The blue book of social usage, New York u.a. 1932.

Post, Emily: Emily Post's Etiquette, 12. Aufl., New York u.a. 1969.

Raddatz, Fritz J., Tagebücher 2002-2012, Reinbek 2014.

Rathenau, Walther: Schriften und Reden, Ausw. u. Nachw. von
Hans Werner Richter, Frankfurt/M. 1964.

Rauchensteiner, Meinhard: Das kleine ABC des Staatsbesuches,
Wien 2011.

Roberts, Sir Ivor (Hrsg.): Satow's Diplomatic Practice, Oxford
2011.

Rohr, Julius Bernhard von: Einleitung zur Ceremoniel-Wissen-
schafft der Privat-Personen / Welche Die allgemeinen Regeln /
die bey der Mode, den Titulaturen / dem Range, den Com-
plimens, den Geberden, und bey Höfen überhaupt, als auch
bey den geistl. Handlungen, in der Conversation, bey der
Correspondenz, bey Visiten, Assembleen, Spielen, Umgang
mit Dames, Gastereyen, Divertissemens, Ausmeublirung der
Zimmer, Kleidung, Equipage u. S. w. Insonderheit dem Wohl-
stand nach von einem jungen Teutschen Cavalier in Obacht
zu nehmen / vorträgt, Einige Fehler entdecket und verbessert,

und sie hin und wieder mit einigen moralischen und historischen Anmerckungen begleitet, Berlin 1728. Die Originalausgabe ist als Digitalisat verfügbar: http://digital.slub-dresden.
de/werkansicht/dlf/62996/1/.

Rohr, Julius Bernhard von: Einleitung zur Ceremoniel-Wissen-
schafft Der großen Herren, Die in vier besondern Theilen
Die meisten Ceremoniel-Handlungen / so die Europäischen
Puissancen überhaupt / und die Teutschen Landes-Fürsten
insonderheit, so wohl in ihren Häusern, in Ansehung ihrer
selbst, ihrer Familie und Bedienten, als auch gegen ihre Mit-
Regenten, und gegen ihre Unterthanen bey Krieges- und
Friedens-Zeiten zu beobachten pflegen, Nebst den mancherley Arten der Divertissements vorträgt, sie so viel als möglich
in allgemeine Regeln und Lehr-Sätze einschlüßt, und hin
und wieder mit einigen historischen Anmerckungen aus dem
alten und neuen Geschichten erläutert, ausgearbeitet von
Julio Bernhard v. Rohr, Berlin 1729 [zitiert: Julius Bernhard
von Rohr]. Die Originalausgabe ist als Digitalisat verfügbar: http://reader.digitale-sammlungen.de/resolve/display/
bsb10557476.html.

Rotterdam, Erasmus von: Ausgewählte Schriften, Ausgabe in
acht Bänden, Lateinisch und Deutsch, hrsg. v. *Werner Welzig*,
Band VIII., De Conscribendis Epistoli. Anleitung zum Brief-
schreiben (Auswahl); Übersetzt, eingeleitet und mit Anmerkungen versehen v. *Kurt Smolak*, Darmstadt 1980.

Rotterdam, Desiderius Erasmus von: Libellus de civilitate morum
puerilium. De civilitate morum puerilium, Salzburg 1530, als
Digitalisat verfügbar: http://reader.digitale-sammlungen.de/
resolve/display/bsb10190919.html.

v. S., P. [anonym]: Der herrschaftliche Diener. Anleitung zur
Erwerbung der für einen gewandten herrschaftlichen Diener
nöthigen Kenntnisse und Fertigkeiten. Auch zur Selbstinst-
ruktion, 2. Aufl., Berlin 1879.

Sarcinelli, Ulrich: »Politik als Theater. Zu Sinn und Unsinn
politischer Inszenierung«, in: *Bernd Feininger* (Hrsg.):

Orte – Worte – Wege. Beiträge zu Kultur, Altern und Lernen, Frankfurt/M. 2010, S. 193 ff.

Schenk, Gerrit Jasper: Zeremoniell und Politik. Herrschereinzüge im spätmittelalterlichen Reich (Forschungen zur Kaiser- und Papstgeschichte des Mittelalters. Beihefte zu *J. F. Böhmer*, Regesta Imperii, Bd. 21), Köln 2003.

Schramm, Hermine: Das richtige Benehmen. Ein Ratgeber für den Verkehr in der Familie, bei Tische, in der Gesellschaft und im öffentlichen Leben. Ein Führer, in dem man Belehrung über das findet, was sich schickt und sich nicht schickt, wie man sich in diesem oder jenem Falle zu benehmen hat, Berlin 1919. Als Digitalisat verfügbar: http://www.zeno.org/Kulturgeschichte/M/Schramm,+Hermine/Das+richtige+Benehmen.

Schramm, Percy Ernst: Herrschaftszeichen und Staatssymbolik. Beiträge zu ihrer Geschichte vom 3. bis zum 16. Jahrhundert, 1954–1956, München 1978.

Schwengelbeck, Matthias: Die Politik des Zeremoniells. Huldigungsfeiern im langen 19. Jahrhundert, Frankfurt/M. 2007.

Ségur, Louis Philippe de: Etiquette du Palais Impérial, Paris 1806. Die Ausgabe von 1806 ist als Digitalisat verfügbar: http://reader.digitale-sammlungen.de/de/fs1/object/display/bsb10678432_00001.html.

Seibt, Gustav: »Wenn das Brandenburger Tor Trauer trägt«, Süddeutsche Zeitung vom 4. April 2017.

Serner, Walter: Letzte Lockerung. Ein Handbrevier für Hochstapler und solche die es werden wollen, Berlin 1964.

Sgrelli, Massimo: Il Ceremoniale. Il ceremoniale moderno e il protocollo di Stato. Regole scritte e non scritte, Martinsicuro 1998.

Sinding-Larsen, Staale: The Burden of the Ceremony Master. Image and action in San Marco, Venice, and in an Islamic Mosque, Roma 2000.

Smend, Rudolf: Verfassung und Verfassungsrecht, München u.a. 1928.

Spengler, Oswald: Der Untergang des Abendlandes. Umrisse einer Morphologie der Weltgeschichte, München 1963.

Sterchi, Bernhard: »Regel und Ausnahme in der burgundischen Hofetikette. Die Honneurs de la cour von Éléonore de Poitiers«, in: *Malettke, Klaus/Grell, Chantal/Holz, Petra* (Hrsg.): Hofgesellschaft und Höflinge an europäischen Fürstenhöfen in der Frühen Neuzeit (15.–18. Jh.), Forschungen zur Geschichte der Neuzeit, Marburger Beiträge, Bd. 1., Münster 2001 S. 305 ff.

Stillfried-Alcántara, Rudolf von: Ceremonial-Buch für den Königlich Preußischen Hof I–XII., Berlin 1877. Die Originalausgabe ist als Digitalisat verfügbar: http://www.zeno.org/ Kulturgeschichte/M/Stillfried-Alc%C3%A1ntara,+Rudolf+von/ Ceremonial-Buch+f%C3%BCr+den+K%C3%B6niglich+Preu% C3%9Fischen+Hof+I-XII.

Stollberg-Rilinger, Barbara: Rituale, Frankfurt/M. 2013.

Stollberg-Rilinger, Barbara: »Kneeling before God – Kneeling before the Emperor: The Transformation of a Ritual during the Confessional Conflict in Germany«, in: *Petersen, Nils Holger/ Østrem, Eyolf/ Bücker, Andreas* (Hrsg.): Resonances. Historical Essays on Continuity and Change, Turnhout 2011, S. 149-172.

Stollberg-Rilinger, Barbara: Des Kaisers alte Kleider. Verfassungsgeschichte und Symbolsprache des alten Reiches, München 2008.

Stollberg-Rilinger, Barbara: »Symbolische Kommunikation in der Vormoderne. Begriffe – Forschungsperspektiven – Thesen«. in: Zeitschrift für Historische Forschung, 2004, S. 489–527.

Stollberg-Rilinger, Barbara: »Zur moralischen Ökonomie des Schenkens bei Hof (17.–18. Jahrhundert)«, in: *Paravacini, Werner* (Hrsg.): Luxus und Integration. Materielle Hofkultur Westeuropas vom 12. bis zum 18. Jahrhundert, München u.a. 2010, S. 187–202.

Stollberg-Rilinger, Barbara: »Offensive Formlosigkeit? Friedrich der Große, Aufklärung und Zeremoniellkritik«, in: *Stockhorst, Stefanie* (Hrsg.): Epoche und Projekt. Perspektiven der Aufklärungsforschung, Göttingen 2013, S. 181–214.

Stollberg-Rilinger, Barbara: »Zeremoniell, Ritual, Symbol. Neue

Forschungen zur symbolischen Kommunikation in Spätmittelalter und Früher Neuzeit«, in: Zeitschrift für Historische
Forschung, 2000, S. 389 ff.

Stollberg-Rilinger, Barbara/Neu, Tim/Brauner, Christina (Hrsg.):
Alles nur symbolisch? Bilanz und Perspektiven der Erfor-
schung symbolischer Kommunikation, Köln 2013.

Tebbe, Karin: Das Tafelsilber der Kurfürstin Elisabeth Augusta
von der Pfalz, Berlin 2010.

Urschitz, Karl: Protokoll mit Zeremoniell und Etikette, Graz 2002.

Uthmann, Jörg von: Die Diplomaten. Affären und Staatsaffären
von den Pharaonen bis zu den Ostverträgen, Stuttgart 1985.

Vanderbilt, Amy: Amy Vanderbilt's Complete Book of Etiquette:
A Guide to Gracious Living, New York 1954.

Vec, Miloš: Zeremonialwissenschaft im Fürstenstaat: Studien zur
juristischen und politischen Theorie absolutistischer Herr-
schaftsrepräsentation, Frankfurt/M. 1998.

Visser, Margaret: The Rituals of Dinner. The Origins, Evolution,
Eccentricities, and Meaning of Table Manners, New York 1991.

Wohlan, Martina: Das diplomatische Protokoll im Wandel, Tübingen 2014.

Zschackwitz, Johann Ehrenfried: Ceremoniel grosser Herren
und deren Abgesandten, als eine mit dem Wappen=Wesen
verknüpfte Sache beygefüget wird, an: Heraldica Oder
Wapen=Kunst, Worinnen der wahre Ursprung der Wapen
und deren Bedeutung behörig, und sonderlich aus denen
Alterthümern aufgesuchet, zugleich deren eigentlicher Nutz
und Gebrauch hinlänglich gewiesen, die vornehmsten Wapen
erkläret, nicht weniger zum Verständniß dessen allen eine
Nachricht von dem Alten Kriegs=Wesen, samt denen verschiedenen Arten der Waffen […] beygefüget wird, Leipzig 1735.

Zwanzig, Zacharias: Theatrum Praecedentiae, Oder Eines Theils
Illustrer Rang-Streit / Andern Theils Illustre Rang-Ordnung /
Wie nemlich Die considerablen Potenzen und Grandes in der
Welt etc., Berlin 1705.

DANKSAGUNG

Ich hätte dieses Buch nicht geschrieben, wäre ich nicht immer wieder zu Umgangsformen und protokollarischen Dingen um Rat gefragt worden. All denjenigen Damen und Herren, die mir zuweilen eindringlich ihre Erfahrungen auf dem Parkett schilderten, möchte ich herzlich für ihr Vertrauen danken.

Für einen langjährigen Meinungsaustausch bin ich vielen Kolleginnen und Kollegen der „Protokolle" zu Dank verpflichtet, vor allem jenen des Bundespräsidialamtes, des Deutschen Bundestages, des Auswärtigen Amtes, des Bundesministeriums des Innern, des Bundesrates, des Bundesverfassungsgerichts, ausländischer Behörden und Haushalte sowie der Länder und Kirchen.

Die Unterstützung durch zahlreiche Archive und Bibliotheken war entscheidend. Neben den Bibliotheken des Bundespräsidialamtes und des Deutschen Bundestages gebührt mein besonderer Dank den Mitarbeiterinnen und Mitarbeitern der Staatsbibliothek zu Berlin sowie des Bundesarchivs und des Geheimen Staatsarchivs Preußischer Kulturbesitz.

Vor allem aber danke ich allen, von denen ich lernen durfte oder die mir mit Rat und Tat zur Hilfe standen. Ein spezieller Dank gilt: Ronny Archut · Prof. Dr. Rafael Arnold · Botschafter Konrad Arz von Straussenburg · Dr. Christina Bär · Dr. Patricia Bär · Ministerialrätin Dr. Ilsebill Barta · Jan-Göran Barth · Birgit Behn · Prof. Dr. Dr. h. c. Prof. h. c. Klaus von Beyme · Jessica Bielecke · Prof. Dr. Michael Brenner · Dr. Ettore und Katharina Brissa · Ulrike Demmer · Botschafter Axel Dittmann · Dr. Natalie Ebert · Rechtsanwalt Christoph Fey · Katharina Fey · Prof. Dr. Aris Fioretos · Ferdos Forudastan · Otto Fricke, MdB · Ministerialrat Dr. Georg Frölichsthal · Botschafter Pablo García-Berdoy · Staatssekretär a. D. Prof. Dr. Hansjörg Geiger · Prof. Dr. Luca Giuliani · Ministerialrat

a. D. Dr. Manfred Günther · Petra Gute · Mario Haddzis · William Alistair Harrison CMG CVO · Dr. Sabine Heiser · Florian von Hennet · Ilka von Hennet · Norbert Hertrampf · Alexander Heuken · Rabbiner Prof. Dr. Dr. h. c. Walter Homolka · Eva-Maria Jenkins · Julika Jenkins · Saskia Kalkreuter · Rechtsanwalt Dr. Ulrich Karpenstein · Andreas Kleine-Kraneburg · Dr. Elena Klien · Jennifer Klook · Roland Koberg · Ministerialrätin Sybille Koch · Dr. Florian Langenscheidt · Ministerialrat Dr. Markus Langer · Sabrina Liebing · Botschafter a. D. Jörg Kastl † · Botschafter Prinz Stefan von und zu Liechtenstein · Rena Lindenau · Ministerialrat a. D. Martin Löer · Dr. Michael Maar · Ute Marquard-Heine · Botschafter Dr. Nikolaus Marschik · Verena Mayer · Sir Simon McDonald KCMG KCVO · Prof. Dr. Anja Middelbeck-Varwick · Jakob Maria Mierscheid, MdB · Botschafter Jürgen Christian Mertens · Palmerston, resident Chief Mouser of the Foreign & Commonwealth Office (FCO) at Whitehall, London · Lizanne Richle-van Oudtshoorn · Pavel Richter · Prof. Dr. Sandra Richter · Michael Rimmel · Boris Ruge · Dr. Majda Ruge · Rechtsanwalt Dr. David von Saucken · Klaus und Ingrid Schäffner · Ruth „Tata“ Schellmann · Staatssekretär a. D. André Schmitz-Schwarzkopf · Andreas Schulze · Ministerialrat Dr. Stefan Sinner · Dr. Thomas Sparr · Kurt Steinmann · Ministerialdirigent Johannes Sturm · Dr. Carola Titgemeyer · Renate Tomberg · Doreen Trittel · Prof. Dr. Johannes Varwick · Staatssekretärin Christiane Wirtz · Botschafter a. D. Karl-Albrecht Richard Wokalek.

In besonderer Weise danke ich meiner Agentin Elisabeth Ruge und meinem Lektor Jens Dehning, die mich beide großartig unterstützt und beraten haben. Birgit Schössow danke ich für die wunderbaren Illustrationen.

Vor allem aber bin ich meiner Frau Elke dankbar für ihre Ermutigung und ihren Zuspruch. Und auch dafür, dass sie meine langjährige Beschäftigung mit Umgangsformen immer auch mit viel Humor und Augenzwinkern genommen hat. Carlotta, Cosima, Nikolaus und Chiara danke ich, weil sie stoisch hingenommen haben, dass ich ihnen immer wieder die alles überragende Bedeutung der „guten Kinderstube“ klar machen wollte.

REGISTER